복음을 설교하라

복음을 설교하라

2024년 4월 25일 초판 1쇄 인쇄
2024년 4월 25일 초판 1쇄 발행

저 자 - 이의행
발행인 - 이의행
발행처 - 생명나무
        경기도 용인시 수지구 성복1로164번길 13
등록번호 - 제 2024-000055호
연 락 처 - 010-4302-6494
전자우편 - mokmin-@hanmail.net

편 집 - 영문당
인 쇄 - 영문당 / 02.2277.4359

가격 : 20,000원
ISBN 979-11-978831-1-8

프레임을 알면 저절로 되는

복음을 설교하라

이의행 지음

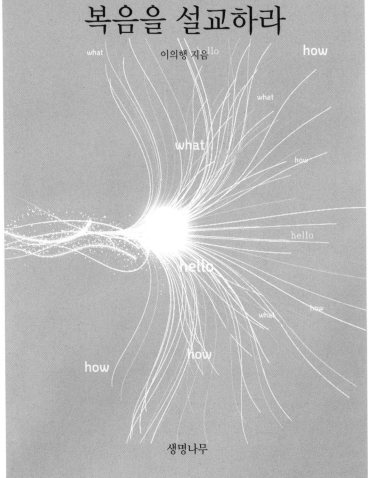

what
hello
how
what
what
how
hello
hello
how
what
how
how

생명나무

추천사

예수그리스도, 그분이 복음입니다. 세상의 모든 종교는 저마다 가지는 교훈으로 유지되지만, 기독교만은 유일하게 교훈이 아니라 예수그리스도를 중심으로 이어집니다. 교훈이 아니라 생명인 것입니다. 그렇기에 그분이 강조되고 전파되지 않는 한 기독교가 아닙니다. 오늘날 강단에서 이 생명 되신 예수그리스도가 전파되지 않고 있습니다. 아름다운 말, 감동적인 이야기, 듣기 편한 설교가 대부분입니다. 아닙니다. 복음인 예수그리스도가 설교 되어야 합니다. 그분을 전할 때 생명이 살아나고 진정한 죄의 용서와 새로운 사랑이 전개되며 부흥이 일어날 것입니다. 그리고 한국교회가, 세계 교회가 다시 살아날 것입니다. 모든 인생의 답인 예수그리스도를 알게 하는 복음. 이 복음으로 가득한 이 책의 출간을 진심으로 축하하며, 기쁘게 추천합니다.

홍정길 목사(남서울은혜교회 원로목사)

추천사

한평생 교회의 강단을 섬긴 이의행 목사께서 자신의 목회 경험과 설교 경험을 근거로 "복음을 설교하라"는 귀한 책을 출판하셨다. 신학의 꽃은 설교라는 말이 있다. 왜냐하면 성경을 공부하고 교리를 공부하는 것이 곧 그리스도의 피로 값 주고 산 교회를 양육하기 위해서이기 때문이다. 교회에서 설교는 성도들을 양육하는 데 가장 큰 역할을 한다. 이의행 목사님은 본서에서 성경 중심의 설교를 강조하시고, 지저스 프레임(Jesus Frame)을 강조하심으로 철저하게 "계시 의존 사색"(啓示依存思索)을 통한 설교를 강조하신 것이다. 그리고 본서의 특장은 성경의 교훈을 목회 현장에 잘 적용하는 방법들을 제시해 주고 있다는 점이다. 이의행 목사께서 가끔 언급하는 학자들의 견해도 신학계에서 인정받고 존경받는 분들의 견해라는 점은 독자들에게 평안한 마음을 제공한다고 생각한다. 이의행 목사님의 "복음을 설교하라"는 책은 매 주일 설교를 해야 하는 목사님들은 물론 모든 성도에게도 유익하다고 생각하여 일독을 권한다.

박형용 박사(합동신학대학원대학교 명예교수)

추천사

　세계가 역사를 표기할 때 BC와 AD로 표기한다. 이것은 우연이 아닌 역사의 주인이신 하나님의 섭리요 필연이다. 이 세상의 역사는 하나님의 역사이다. 그리고 하나님의 역사는 설교의 역사라고 해도 틀림이 없다. 구약 시대에는 선지자들을 통해 말씀하신 하나님이 마지막에는 아들을 통해 말씀하셨다. 이것이 십자가와 부활의 복음이다. 그리고 주님께서 승천하시면서 이 복음을 설교자에게 부탁하셨다. 그런데 포스트모더니즘의 괴물이 온 세상 사람의 마음을 점령하고 있는 이 시대, 강단에서 복음을 설교하는 설교자는 희귀한 존재가 되었다. 이런 조국교회 현실을 보신 하나님께서 이의행 목사님을 통해 '복음을 설교하라'는 책을 내게 하셨다. 이는 하나님의 다급하신 마음이 고스란히 반영된 결과물이다. 부디 이 책을 읽고 하나님의 마음으로 복음을 설교하는 설교자가 이 땅에 수없이 일어나기를 간절히 소망하며 기쁨으로 추천한다.

　　　　　　　　　　김 의원 교수(전 총신대 총장, 현 AETA 총장)

추천사

우리의 주변에서 주님의 교회를 향해 하는 말을 보면 주님께서 에베소 교회를 향해 너희가 처음 사랑을 버렸다고 하시는 책망의 소리가 들려온다. 이 처음 사랑은 첫사랑이라기보다 궁극적인 사랑, 아카펜 프로텐 즉 복음을 통해 나타난 하나님의 사랑에 대한 믿음이다. 설교의 강단에서 예수그리스도의 복음을 듣기 어려운 시기에 이의행 목사의 '복음을 설교하라'는 마치 가뭄의 단비 같은 제목을 받고 기쁜 마음으로 추천한다. 종교 개혁자 마틴 루터는 하나님께서는 설교라는 도구를 통해서 죄인들을 그리스도에게 인도한다고 했다. 사도 바울의 말처럼 '내가 복음을 부끄러워하지 아니하노니 이 복음은 모든 믿는 자에게 구원을 주시는 하나님의 능력이 됨이라' 한대로 이 책을 통해 조국교회 모든 강단에서 복음의 능력이 나타나는 부흥의 날을 기대하며 이 책을 강력히 추천한다.

성 주진 교수(전 합동신학대학원대학교 총장)

추천사

하나님은 참 선지자, 거짓 선지자 얘기를 하시면서, "누가 여호와의 회의에 참여하여 그 말을 알아들었느냐?"라고 말씀하십니다. (예레미야 23:18) 오늘 하나님과 회의해 본 적이 없는 설교자들이 많고, 그들에 의해서 거짓 말씀들이 온 세상에 널리 퍼지고 있습니다. 그 결과로 거짓 성도들이 나날이 늘어나고 있습니다. 이런 시대에 하나님과 회의하며, 그분의 말을 알아듣고, 설교하려고 애쓰는 저자가 힘을 다해 "복음을 설교하라"는 책을 펴냈습니다. 모든 설교자에게 큰 도전과 도움을 주는 귀한 책입니다. 모든 설교자의 필독을 권합니다.

박은조 (목사, 한동대 교목실장, 글로벌 문도 하우스 원장)

추천사

미국의 10대 설교자 중 한 사람인 존 파이퍼 목사가 '하나님을 설교하라'는 책을 썼다. 설교는 인간의 이야기가 아닌 하나님의 이야기이기 때문이다. 그런데 이 의행 목사님은 좀 더 구체적으로 '복음을 설교하라'는 책을 이번에 내셨다. 아마 하나님께서 한국교회에 간절히 바라시는 하나님의 마음을 대변하는 책이라고 확신한다. 하나님께서 인간을 구원하시는 유일한 방법은 바로 복음이다. 시대가 급변해서 이 시대는 전달력을 중요하게 생각한다. 그런 청중에게 기, 승, 전, 결의 스토리텔링 방식의 지저스 프레임(Jesus Frame) 속에 하나님의 관점과 복음을 담아 매 주일 강단에서 복음이 선포된다면 한국교회가 다시 부흥을 맞이할 것이라 믿는다. 나는 이 책을 한국의 모든 설교자가 반드시 읽고 주일마다 강단에서 복음을 선포함으로 영혼을 살리는 일이 들불처럼 번지기를 간절히 기도하며 이 책을 추천한다.

이재서 교수 (총신대 전 총장)

추천사

복음을 설교하라는 책이 나오게 된 것을 진심으로 축하드리고, 신학생들과 목회자들에게 적극적으로 추천합니다. 저자 이 목사님은 성실하게 강단을 위해서 평생을 헌신하여 온 목회자로서 초지일관 설교에 모든 역량을 집중하여 마침내 실천적인 가이드 북을 완성했습니다. 여기에 담긴 내용들은 그 어느 설교학 교수의 기교나 재주보다도 더 탁월하고, 체계적이며, 종합적입니다. 그냥 정보를 모아놓은 정도로 그친 것이 아니라, 목회자로서 저자의 현장 체험과 노력이 모여져서 하나의 체계로 집약되었으며, 가장 성경적인 관점을 강조하는 특징을 드러내고 있습니다. 성경이 전하는 복음이란 오직 예수그리스도의 인격과 사역을 증거하는 것입니다. 이 목사님이 목회와 경험을 통해서 터득한 지혜와 설교자를 위한 지침들은 지금 혼란스러운 시대에 처한 한국교회에 아주 귀한 지침이 되리라고 확신합니다.

김재성 교수(국제신학대학원대학교 부총장)

추천사

"… 양식이 없어 주림이 아니며 물이 없어 갈함이 아니요 여호와
의 말씀을 듣지 못 한 기갈이라"(암8:11) 모든 시대가 겸허히 받고
엎드려야 할 경고의 메시지가 아닐까? 매일 같이 쏟아져 나오는 기
독교 출판물들, 강단의 메시지들은 생명의 복음일까? 지칠 대로 지
쳐 희망을 잃은 영혼들의 영적 갈증과 배고픔을 해결해 줄 복음은,
설교자는 과연 만날 수 없는 걸까? 저자는 만들어질 수 있다고, 변
하지 않는 진리는 고수하되 변화하는 시대를 따라 옷을 적절히 갈
아입는 노력을 하면 된다고 강조한다. 하나님의 관점을 갖는 법, 검
증된 프레임을 통한 준비와 방법, 과정 등을 섬세하게 공개했다. 설
교자가 평범하든 탁월하든 모든 강단 책임자들은 노력해야 한다.
노력하면 만들어진다고 강조한다. 겸손과 성실로 좁은 길을 선택한
이들을 통해 영혼 구원, 예수 제자의 열매가 가득한 주님 나라가 임
할 것을 기대하며 기쁘게 이 책을 추천한다.

최석범 (일산 사랑의교회 원로 목사)

추천사

필라델피아 소재 제10th 장로교회의 반 하우스(Donald Barnhouse) 목사님은 미국 CBS 라디오를 통해 이런 설교를 했다. "만약 이 도시를 사탄이 정복한다면 무슨 일이 발생할까요? 그때는 모든 술집이 문을 닫을 것이고, 길에서는 단정한 행인들이 서로 웃으며 인사를 나눌 것이며 모든 교회에 매 주일 신자들로 꽉 차 있을 것입니다. 그런데 그리스도는 전파되지 않을 것입니다." 한마디로 그리스도를 전파하지 않으면 다른 것은 다 소용이 없다는 설교이다. 이 말은 "복음을 설교하라"는 의미이기도 하다. 이의행 목사님 역시 본 책에서 하나님이 기뻐하시는 설교를 하려면 다른 관점 다 버리고 지저스 프레임(Jesus frame)으로 복음을 설교하라고 강조하고 있다. 숫자적 부흥이나 인위적 감동이 아니라 설교를 통한 성도들의 진정한 변화를 원한다면 이 책을 강력히 추천한다.

정승원 교수
(현, 총신대 신학대학원 조직신학 교수, 전(前), 부총장 겸 신학대학원장)

들어가는 글

사랑하고 존경하는 독자 여러분,

저는 이 책이 하나님 아버지께서 만드시고 예수 그리스도께서 기록하시고 성령님께서 가르치고 깨우쳐서 많은 독자의 목회와 설교에 선한 영향력을 제공하기를 간절히 기도했다. 저의 이 기도가 여러분을 통해 이루어지기를 간절히 바라는 마음으로 한 문장, 한 문장을 기록했음을 먼저 고백한다.

먼저 여러분에게 저를 소개하는 것이 예의라고 생각한다. 현재 나는 목양 아카데미와 행복한 설교 아카데미를 섬기고 있다. 이렇게 바쁜 내가 왜 또 책상 앞에서 몸부림을 치는가? 나는 지금부터 18년 전까지는 내 설교에 대해 전혀 만족하지 못하는 C급 목사였다. 나는 설교에 대한 열등감이 아주 컸던 목사였다. 왜, 내 설교에 대해 스스로 만족하지 못했는가? 내가 만든 설교가 아니었기 때문이다. 더 솔직히 말하면 남의 설교를 매주 표절해서 마치 내 것인 양 큰소리를 치며 설교를 했다. 그런 비양심적인 목사에게 하나님께서 은혜의 기회를 주셨다. 나만의 설교를 할 수 있는 내 브랜드를 자신 있게 소개할 수 있는 설교 기법을 접하게 되었다. 그것은 다름 아닌 현대 설교학에서 만든 설교 프레임 덕분이었다. 나는 그 후 지금까지 프레임으로 구성된 설교를 한다. 단순히 프레임만 가진 것이 아니다. 프레임 설교를 발전시키는 과정에서 하나님께서 **토미 테니**가 쓴 '**하나님의 관점**'이라는 책을 만나게 하셨다. 나는 이 책을 통해 성경을 보는 탁월한 눈을 갖게 되었다.

기승전결의 프레임 속에 하나님의 목적과 하나님의 의도와 하나님의 방법이 선포되는 하나님의 관점이 이끄는 설교를 지금까지 하고 있다. 동시에 표절 설교에서 벗어나지 못하고 마치 표절 설교의 노예처럼 사역하는 설교자들에게 진정한 자유를 맛보는 설교 독립의 날을 누리게 하려고 2011년부터 지금까지 행복한 설교 아카데미를 섬기고 있다. 그동안 이 탁월한 설교 레시피를 비밀스럽게 다루다가 후배들과 한국 교회를 위해 사막에 작은 나무 한 그루 심는 심정으로 지저스 프레임을 완전히 공개하기로 했다.

　바라기는 이 책을 통해 많은 설교자가 자기 맛을 내는 설교 레시피 (프레임)를 가지고 자기 목양지에 맞게 복음을 날마다 선포하는 그림을 설레는 마음으로 그려본다. 그러나 여러분에게 전하려는 설교는 단순한, 강해 설교나 혹은 주제 설교가 아닌 복음 설교이다. 기억을 더듬어 올라가면 70년대 후반 유관순 기념관에서 이동원 목사의 세미나가 있었다. 이 목사를 통해 그때 평생을 잊을 수 없는 도전을 받았다. 매 주일 복음을 설교하라는 것이다. 막 설교의 길을 출발한 애송이 설교자인 나에게 엄청난 도전이고 비전이었다.

　그 후 40여 년의 세월이 흐르는 동안 어떻게 하면 매 주일 강단에서 복음을 선포할 수 있을까? 과연 그것이 가능할까? 설교의 본문을 매주 신약만 하는 것도 아니고 많은 경우 구약의 본문으로 설교를 해야 하는데 이런 때도 과연 복음을 설교할 수 있단 말인가? 도저히 불가능한 일로 여겨졌다. 그런데 정말 이상한 일이 벌어지기 시작했다.

하나님의 관점으로 성경을 보기 시작하고 지저스 프레임으로 설교를 작성하기 시작하면서 나 스스로 의심이 될 정도로 매주 설교에서 복음이 선포되고 있는 것이 아닌가?

이것은 물론 내가 신경을 쓰면서 의도적으로 그렇게 설교를 만드는 것은 절대 아니다. 너무 자연스럽게 **지저스 프레임**이 복음을 설교하도록 나를 이끌어가고 있다. 마치 자의에 의한 것이 아니고 강권적으로 성령께서 이끄시는 복음 설교가 너무 자연스럽게 만들어지는 것이다. 이것은 설교자인 나에게 먼저 충격이었고 동시에 우리 설교 아카데미의 목사들에게도 충격이었다. 정말 전혀 의도하지 않은 복음 설교가 아주 순리적으로 펼쳐지는 것이다. 이것은 그야말로 나에게는 천상의 기적에 가까운 일이었다. 아니 어떻게 이것이 가능하지?

그런데 일 년 365일 설교 속에서 언제나 복음은 선포되고 있다. 그것은 하나님의 관점과 **지저스 프레임**이 복음을 설교하도록 우리를 이끌어 가기 때문이다. 복음은 무엇인가? 복음은 하나님께서 그의 아들 예수 그리스도를 통해서 죄인인 인간들을 구원하기 위해 하신 일을 말한다. 이 복음은 우리가 매일 세 끼 밥을 먹고 빵을 먹듯이 매일 듣고 먹어야 하는 말씀이다. 영혼의 양식이다. 복음은 들어도, 들어도 기쁜 소식이고 놀라운 소식이다. 생명을 살리고 치유하고 회개시키는 놀라운 능력이 있다. 이 복음을 한국의 모든 강단에서 일 년 365일 선포한다고 생각해 보라. 한국 교회가 지금처럼 사회의 손가락질을 받는 일은 사라질 것이다. 그리고 이 땅에 다시 부흥의 불길이 솟아오르고 하나님의 나라가 힘있게 확장될 것이다. 나는 이런 꿈을 가지고 이 책의 제목을 감히 '**복음을 설교하라**'로 정했다.

솔직한 고백은 나는 신학적인 설교 전공자가 아니다. 그래서 이 책에서도 수많은 설교의 이론들과 신학자들의 이론을 굳이 소개하지 않겠다. 혹 다른 이의 주장이나 말을 인용한다고 할지라도 굳이 각주를 달지 않는 것을 양해해 주기를 바란다. 다만 탁월한 복음 설교를 여러분들이 어떻게 쉽게 만들 수 있는지 하나님의 관점으로 하는 **지저스 프레임** 사용법을 완전히 공개할 것이다. 그래서 이 책을 3번쯤 읽으면 얼마든지 설교 작업에 적용할 수 있도록 구체적으로 내용을 기술하겠다. 바라기는 독자 여러분들이 인내심을 가지고 내용을 읽기 바란다. 가능하면 쉽고 단순하게 설명하도록 하겠다.

이 책을 쓰기로 하고 준비하는 시점에 저녁에 혼밥을 먹으면서 잠시 TV를 보게 되었다. 마침 맛집을 소개하고 있었다. 메뉴는 갈비 김치찜이었다. 보기에도 먹음직스러웠다. 손님들은 연신 엄지척했다. 그런데 의외로 그 가게의 사장은 31세 청춘이었다. 열심히 돈을 벌어 가게를 오픈했는데 현재 11년째 식당을 운영한다고 했다. 리포터가 식당을 하는 보람이 무엇이냐고 물으니 내가 정성을 다해 만든 음식을 손님들이 맛있게 먹고 즐거워하는 모습을 보면서 자신은 땀 흘리는 보람을 느낀다는 것이다. 순간, 그 말이 영혼의 음식을 만들어 먹이는 설교 사역과 연결이 되었다. 과연 이 땅의 설교자들은 영혼의 음식인 설교를 맛깔스럽게 만들기 위해 설교 레시피를 연구하고 설교의 재료인 말씀을 최고의 품질로 만들기 위해 잠을 설치며 땀을 흘리는가?

오늘도 변함없이 내 곁에서 나를 응원해 주는 아내 옥춘자 사모, 가정을 이루고 세 자녀를 낳아 아름답게 양육하는 아들 이현민 집사, 하늘에서 내려온 천사 며느리 전유미 집사, 시현, 유하, 하이 손자 손녀. 그리고 아직 미혼인 예쁜 딸 은지, 오늘이 있기까지 응원하고 밀어준 성진교회 황일동 원로 목사님, 김종천 담임 목사님, 그리고 전국에서 열심히 하나님 나라를 섬기는 설교 아카데미 목사님들, MRA 목양 아카데미 목사님들, 모두에게 사랑의 감사를 전한다.

목회의 위기에서 많은 물질과 기도로 도운 이수행 집사님 그리고 바울 곁에 브리스길라와 같이 평생 곁에서 수고한 이건숙 집사님께 이 지면을 통해 진심으로 감사의 인사를 전한다.

* 천하보다 귀한 한 영혼을 진리 가운데로 인도하기 위해
   고민하는 이들에게

한 편의 설교를 만드는 데는 여러 가지 요소들이 있다. 그래서 설교는 종합 예술이라고 한다. 그리고 설교는 쉽지 않고 어렵다고 한다. 그러다 보니 어떤 설교자는 설교는 절대 배워서 되는 것이 아니라는 확신 아닌 확신이 있다. 나는 그런 사람에게 묻고 싶다. 그러면 세상에 배워서 안 되는 일은 또 무엇이 있느냐고? 예를 들어 우리는 학문도 배우고, 기술도 배우고, 운동도 배우고, 노는 것도 배우고, 심지어 행복하게 사는 것도 배운다. 그런데 왜? 설교는 배워서 안 되는가? 이것은 사탄의 속임수임이 틀림없는 것이다.

영적 전투의 현장에서 가장 강력한 말씀의 칼을 무용지물로 만들려는 고도의 전략에 많은 설교자가 속는 것이다. 나는 단언한다. 설교는 배우면 반드시 해결된다. 그 표본이 바로 지금 이 책을 쓰는 이 의행 목사이다. 문제는 안타깝게도 많은 목사가 착각에 빠져서 설교를 배우려고 하지 않는다. 게으른 목사들은 설교는 배우지 않아도 얼마든지 할 수 있다고 생각한다. 홍수처럼 넘쳐나는 설교 관련 정보를 이용하고 또 탁월한 짜깁기 기술을 접목하고 벌써 AI를 이용하면 일주일 내내 머리를 싸매고 고민하지 않아도 토요일 책상 앞에서 몇 시간이면 뚝딱하고 한 편의 설교 원고가 출력된다.

그런 설교를 하는 목사들에게 묻고 싶다. 양심의 가책이 되지 않느냐고? 먼 훗날 주님 앞에 섰을 때 주님께서 왜 그렇게 했느냐고 물으시면 무엇이라고 대답하겠는가? 더욱 문제는 수많은 인스턴트 불량 식품이 비만과 질병을 양산하고 있듯이 이런 설교가 과연 여러분 성도의 영혼에 진정한 은혜를 공급할 수 있을까? 그래서 세상을 이기고 마귀를 이기고 죄와 싸워 이기는 영적 군사들을 만들어 낼 수 있을까? 세상만사가 쉬운 것이 없다. 심지어 재미있게 놀기도 쉽지 않다. 그러므로 세상만사가 배우지 않고 되는 일은 없다. 우스운 말이지만 늦게 배운 도둑 밤새는 줄 모른다. 는 말이 있지 않은가? 수많은 시행착오를 거치고 실패를 거쳐 성공을 거둔다면 그것은 더욱 가치 있는 일이다.

최근 2년 동안 MRA 목양 아카데미에서 한 기수에 40여 명의 목사를 멘토링을 하면서 섬겼다. 그런데 목회에서 가장 중요한 것이 바로 열정이다. 우리에게는 죽기까지 십자가를 지신 그리스도의 열정이 있어야 한다. 나는 오래전 Passion of Christ라는 영화를 보면서 죽기까지 사명을 감당하시는 주님의 열정에 부끄러워 흐느꼈던 적이 있다. 우리는 천하보다 귀한 한 영혼을 앞에 놓고도 불을 토하는 열정으로 설교해야 하는 것이 우리의 사명이라고 생각한다.

이를 위해 목회자는 가장 먼저 설교를 정복하는 일이 최우선으로 되어야 한다. 물론 죽는 날까지 어찌 설교를 완전히 정복할 수 있겠는가? 그러나 설교자는 자기가 전하는 설교를 통해 자신이 가장 먼저 은혜를 받고 기뻐해야 한다. 그렇지 않고 어떻게 다른 사람을 이해시키고 설득하고 감동을 주고 변화시킬 수 있겠는가? 음식을 만드는 쉐프가 손님상에 내놓을 음식을 만들어 반드시 자신이 먼저 맛을 본다. 자신이 맛본 음식이 맛있다는 미소가 지어지고 확신이 있을 때 요리사는 비로소 그 음식을 손님에게 내놓는다.

나는 항상 설교를 하나님의 관점과 **지저스 프레임**으로 준비하는 과정에서부터 은혜를 받고 기뻐하고 감사하고 감격한다. 이런 일은 표절 설교를 할 때는 평생을 통해 느껴보지 못한 은혜임을 고백한다. 어떻게 이렇게 설교자가 준비하는 과정에서부터 은혜에 빠져들 수 있는가? 그것은 하나님께서 우리에게 주신 탁월한 프레임 때문이다. 나는 겸손히 그리고 감히 여러분에게 말할 수 있다. 현존하는 세계 설교 학계가 내놓은 수많은 프레임 중에 우리가 받은 **지저**

스 프레임만큼 탁월한 설교 프레임을 지금까지 발견하지 못했다.

우리의 프레임은 쉽고 파워가 있는 그야말로 탁월한, Excellent 한 프레임이다. 그러므로 복음을 설교하려면 탁월한 프레임을 정복하면 된다. 그래서 이 책에서는 굳이 설교에 필요한 수많은 요소에 대해 다루지 않겠다. 한 편의 설교를 위해서는 많은 재료가 필요하다. 본문, 해석, 신학, 연관성, 적용, 결단, 이미지, 수사, 전달 기술, 감성, 논리, 스피치 등 이렇게 많은 요소를 굳이 다루지 않겠다. 다만 여러분이 당장 어떻게 하면 탁월한 복음 설교를 만들어 낼 수 있는가? 여기에 초점을 맞추고 글쓰기에 몰입할 작정이다.

단언하건대 이 책을 여러분이 성실히 집중해서 읽는 동안 아, 길이 보인다! 하는 감동이 일어날 것이다. 그리고 이 책이 안내하는 **지저스 프레임**을 정복하면 여러분은 당장 탁월한 설교자가 될 수 있다. 지금 우리 사회는 오래전부터 자기 계발 분야에 많은 관심을 기울인다. 이것을 다른 말로 코칭이라고 한다. 이 코칭 분야의 전문가들은 혼자서 씨름하면 10년이 걸릴 일을, 코칭을 잘 받으면 6개월이면 자기를 끌어올린다고 말한다. 지금 당신의 손에 들려 있는 이 책이 바로 당신을 탁월한 복음 설교자로 끌어올린다고 확신한다.

이제 본론으로 들어가기 전에 하나의 도표를 보도록 하자. 이 도표의 이름은 '빙산 이론'이다. 혹시 FT라는 말을 들어보았는가? FT 는 Facilitation의 약자이다. 그룹의 참여자들이 효과적인 기법과 절차에 따라 적극적으로 참여하고 상호 작용을 촉진해서 목적을 달성하도록 돕는 활동이다. 여기서 빙산 이론은 굉장히 중요한 이론인데 이것을 살짝 변용해서 설교자에게 접목해 보았다.

빙산 이론

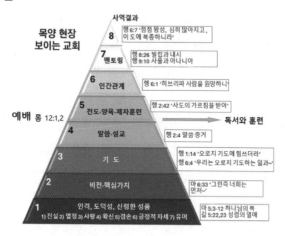

우리 사회의 각 분야에서는 효율성을 굉장히 중요시한다. 기업에서는 투자한 비용에 대한 효율성을 극대화해야 이익을 창출한다. 노동 현장에서도 노동의 효율성이 높아야 생산성을 높일 수 있다. 교육 현장에서도 학습의 효율성이 높아야 학습자의 학업 성취도가 높아진다. 그렇다면 목회 현장의 효율성은 왜 따지지 않는가? 물론 우리는 영혼을 살리는 신성한 일을 한다. 그렇더라도 밑 빠진 독에 물붓기식의 목회는 지양해야 한다.

목회의 효율성을 위해서는 목회 Building이 중요하다. 목회자는 교회의 Builder이다. 목회자의 수준만큼 교회는 세워진다. 빌딩은 말 그대로 기초를 놓고 집을 짓는 것과 같다. 좋은 교회를 세우기 위해서는 10층짜리 건물의 비전을 가지고 지하 1층 정도의 땅을 파면 안 된다. 10층짜리 건물을 지으려면 적어도 지하에 4, 5층의 땅을 파야 한다. 이런 기초가 없이 터를 닦지 않고 속성으로 지은 건물은 지속성과 내구성을 가지지 못하고 원래 비전과 핵심 가치를 담아내지 못하고 쉽게 붕괴한다.

판교에 있는 어느 교회 건물은 지상이 8층인데 지하를 무려 6층까지 팠다. 그러니 얼마나 견고하고 다양한 용도로 공간이 활용되는지 알 수 있다. 빙산 이론에서는 눈에 보이는 1/8보다 눈에 보이지 않는 7/8이 훨씬 더 중요하다. 이것을 설교자 개인에게 적용해 보자. 성도들의 눈에 보이지 않는 설교자의 내면과 여러 분야가 결국은 눈에 보이는 교회의 오늘을 결정한다는 사실을 명심, 또 명심하기를 바란다. 그중에서 목사에게 가장 중요한 것은 설교이다.

2년 전 소천한 메시지 성경의 저자인
유진 피터슨은 "설교는 사람을 구원하고 회심시키며 그들의 행위를 변화시키는 하나님의 유일한 방법이다"라고 한다.

이렇게 중요한 설교의 문제를 해결할 답을 얻기 위해서 당신은 지금 이 책 속으로 들어왔다. 지금부터 우리는 함께 손을 잡고 이 책에 들어가 숨겨진 탁월한 복음 설교라는 금맥을 찾도록 하자.

프롤로그

청중들 속에 파고드는 설교

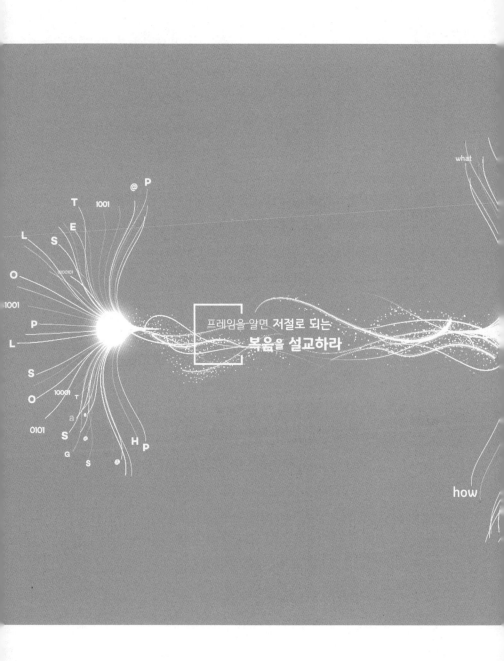

프레임을 알면 저절로 되는
복음을 설교하라

PART 1

청중들
속에
파고드는
설교

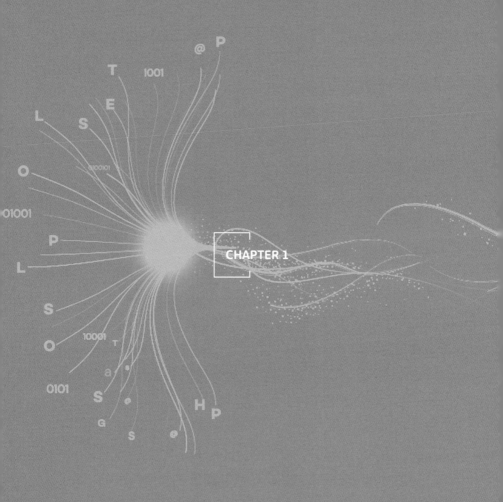

CHAPTER 1

왜 설교를
다시 배워야 하는가

존 위트모어는 스포츠 코치이다.

그는 어떻게 자신을 변화시킬까? 에서
4가지 질문을 하면 쉽게 자신이 변화된다고 한다.

1. 무엇 때문에 목회하는가?
2. 왜, 사명을 감당해야 하는가?
3. 어떻게 하면 사명을 잘 감당할 수 있는가?
4. 그래서 어쩌란 말이냐?

존 파이퍼 목사는 미국 10대 설교자 중의 한 사람이다. 그는 '하나님을 설교하라,'는 책을 썼다. 그는 초등학교에서 국어 시간에 읽거나 발표할 수 없었다. 그 결과 국어인 영어에서 C 학점을 받았다. 대학에 들어갔는데 교목이 채플 시간에 기도 한번 하라고 한다. 얼마나 할까? 30초도 좋고 1분도 좋다고 한다. 순간 그는 기도를 1분 동안 떨리지 않게 해주시면 제가 주님을 위해 말하는 일에 헌신하겠다 하고 약속한다. 하나님께서 그가 난생처음으로 공중 앞에서 떨지 않고 말하게 해 주셨다. 그리고 의대에 갔지만 그 기도 때문에 의사 되는 것을 포기하고 신학교에 갔다. 그리고 교수가 되었다. 또 얼마 후 교수를 사표 내고 설교자가 되었다. 존 파이퍼는 현재 미국의 10대 설교자다. 그가 말하기를 "목회의 여러 분야 중에서 무엇보다 가장 중요한 것이 설교"라고 한다.

예배의 핵심에는 두 가지 부분이 있다. 하나님께 우리 자신을 내어드리는 부분과 하나님을 받아들이는 부분이다. 우리를 하나님께 내어드리는 부분은 기도, 찬송, 고백, 봉헌이다. 그리고 받아들임은 설교이다. 예배에서 내어드리는 요소들을 강조하느라 설교가 위축되는 것은 바람직하지 않다. 하나님께 우리의 것을 내어드리는 것도 중요하지만 그보다 우리가 하나님의 것을 받아들이는 것이 더 중요하다. 그러므로 내어드리는 요소들은 궁극적으로 설교를 위한 것이어야 한다. 예를 들어 기도는 우리가 설교받을 준비가 되도록 먼저 하나님 나라와 그의 의를 구해야 한다. 이것은 평소 삶 속에서 하나님 왕의 통치에 순종하지 못한 부분에 대해서 회개와 자백이 있고 동시에 하나님의 말씀을 알아듣도록 성령의 역사를 구해야 한다. 또 찬송은 말씀을 통해서 우리 가운데 임재하시고 은혜를 주시는 하나님을 높여야 한다. 명심할 것은 교회가 부흥의 시대에는 항상 말씀이 강조되었다. 그러나 쇠퇴의 시기에는 설교 외에 다른 프로그램이 강조된다. 이것은 개 교회도 마찬가지로 적용된다. 그러므로 목사는 절대 설교를 2선이나 3선으로 후퇴시키면 안 된다.

종교 개혁자 **마틴 루터**는 "설교를 통해 그리스도께서 우리에게 오시고 그리스도는 설교를 통해 우리를 그리스도께 데려간다,"고 한다. 최근에, 합동신학대학원에서 네덜란드 아펠도른신학대학교의 **헤르만 J. 셀더하위스** 교수를 초청해서 강의를 들었다. 그가 말한다. "설교는 생명에 관한 것이기 때문에 설교자는 말씀을 위해 죽을 각오를 해야 한다." **셀더하위스**는 "오늘의 상황이 루터나 칼뱅의 상황과 아주 다르지만, 말씀은 같은 말씀이고 이 말씀을 전하는 설교자에게 주어진 책임도 똑같다. 무엇보다 복음 선포를 통해 죄인들을 구원하시는 하나님은 어제나 오늘이나 여전히 동일하시다. 그리고 설교는 사람의 말이 아니라 하늘에서 내려오는 하나님의 말씀"이라고 한다.

설교는 훈련이다.

예수님의 제자는 태어나는 것이 아니고 훈련으로 만들어진다. 설교자 역시 저절로 태어나는 것이 아니고 수많은 훈련을 통해 훌륭한 설교자로 만들어지는 것이다. 마치 수많은 단련을 통해 순금이 나오듯이 탁월한 설교자는 부단한 훈련이 필수이다. 기도가 지식으로 되는 것이 아니고 쉬지 않고 기도함으로 기도의 사람이 되듯이 설교 역시 열심히 훈련해야만 영혼을 살리는 설교자가 될 수 있다. 운동선수가 저절로 되지 않듯이 설교자도 저절로 되지 않는다.

맬컴 글래드웰은 베스트셀러 '아웃 라이어'(Out-Lier)에서 1만 시간의 법칙을 꼭 기억하고 실천하기를 주장한다. 어떤 분야에서든지 탁월한 경지에 이르기 위해서는 1만 시간의 체계적이고 정밀한 연습이 필요하다는 법칙이다. 어느 정도의 기본적인 기능을 갖춘 사람은 누구든지 1만 시간의 체계적인 훈련으로 탁월한 경지에 이를 수 있다. 1만 시간의 법칙을 '10년의 법칙'이라고도 한다. 하루 3시간씩 10년 동안 반복해서 연습하면 그 분야의 대가가 된다는 뜻이다.

나는 18년 전 아마 이 10년의 법칙을 3년 정도에 끝낸 경험이 있다. 그때 나는 잠을 자면서 꿈속에서 프레임으로 아주 논리적으로 설교를 하고 있었다. 그러면 옆에서 잠을 자던 아내가 갑자기 놀라 나를 흔들어 깨우면서 여보, 왜 그래요? 하고 놀랐던 것이 한두 번이 아니다. 그 후로는 하나님의 관점을 연구하는데 자정이 되어도 풀리지 않는다. 그러면 너무 피곤해서 안 풀리니 내일 맑은 정신으로 풀자고 잠자리에 든다. 그런데 잠을 자는데 꿈속에서 글씨가 쭉 써진다. 그리고 나는 그 내용을 읽으면 잠자기 전 내가 풀지 못한 하나님의 관점에 관한 성경의 해석이 된다. 그리고 아침에 일어나 그 내용을 그대로 글로 옮기면 틀림없는 하나님의 관점으로 본 본문 해석이다. 이런 일을 한두 번이 아니라 여러 번을 겪으면서 사도 바울이 예수에게 미쳤다는 말이 무슨 뜻인지를 실감하며 알게 되었다. 설교는 이렇게 미치도록 훈련하면 반드시 고수가 된다. 그리고 이런 사람에게는 하나님께서 비밀스러운 복음을 허락하신다.

설교는 국어다.
국어는 1. 읽기 2. 쓰기 3. 말하기 4. 듣기다. 설교도 이 범주에서 진행된다.
1) 읽기- 본문 읽기, 본문 해석:독해력

2) 글쓰기- 설교 원고 작정하기
3) 말하기- 스피치, 전달력
4) 듣기- 하나님의 음성 듣기, 청중의 소리 듣기, 다른 설교자의 설교 듣기다.

　신언서판(身言書判)이라는 말을 아는가? 설교자는 먼저 몸이 건강해야 한다. 그래서 나는 건강을 유지하기 위해 아침에 일어나면 QT를 하기 전에 가장 먼저 스트레칭을 10분 정도 한다. 그리고 평소에는 주중에 2~3회 정도 테니스를 한다. 곽선희 목사님은 현역시절 항상 새벽 3시경에 일어나 한 시간 정도 아령과 헬스를 하고 새벽 설교 준비를 했다고 한다.

　두 번째 설교자는 말을 지혜롭게 유창하게 듣기 좋게 은혜롭게 할 수 있어야 한다. 물론 하나님의 말씀이 능력이 있다. 그러나 특별은총을 경험하기까지 사람은 일반은총을 통해 관계를 맺는다. 그러므로 비판하는 말이나 부정적인 말이나 상처를 주는 말이나 목에 힘을 주고 하는 말이 아닌 청중이 들었을 때 은혜가 되고 기쁘고 신이 나고 힘을 얻는 특히 이야기식으로 말해야 한다. 세 번째 설교자는 글을 잘 써야 한다. 세계적인 설교자들은 모두 원고 설교를 한다는 특징이 있다. 아무리 말을 잘해도 말은 글의 깊이와 풍성함과 논리와 감성을 따라가지 못한다.

　우리 설교 아카데미에서는 설교 원고를 작성하는 **논리 프레임**이 10가지가 있다. 이 **논리 프레임**을 따라 설교를 작성하면 탁월한 복음 설교를 만들 수 있다. 이 논리 프레임은 **지저스 프레임**을 설명하고 나서 구체적으로 여러분에게 전달하도록 하겠다. 이 논리 프레임은 한 마디로 프레임을 채우는 탁월한 방법이다. 마지막으로 설교자는 판단력이 뛰어나야 한다. 이 판단력은 지혜에 해당한다. 하나님께 구해야 한다. 상황의 판단이나 진리에 관한 판단이나 사람에 관한 판단이 설교와 목회의 열매에 큰 영향을 미친다.

설교의 기본기

어떤 분야든지 가장 중요한 것이 기본기다. 설교에도 꼭 필요한 기본기가 있다.

1. 성경 본문을 해석하는 것.
2. 본문에서 중요한 메시지를 찾아내는 것.
3. 설교의 목적과 목표를 찾는 것. 즉 하나님의 관점을 찾는 것.
4. 청중에게 필요한 것과 청중이 원하는 것을 파악하는 것 즉 청중이 무엇에 은혜를 받고 무엇에 우선순위를 두고 사는지, 청중의 관심을 얻는 방법이 무엇인지 알아야 한다.
5. 설교의 구조 즉 설교의 프레임을 알아야 한다.
6. 메시지를 어떻게 만들고 전하는지 프레임 사용법을 알아야 한다.
7. 설교 원고를 작성하는 방법을 알아야 한다.

영국의 프리미어리그인 토트넘에서 구단 역사상 처음으로 동양인이 주장을 맡은 손흥민 선수를 나는 사랑한다. 그의 아버지 손웅정 감독은 손흥민이 고등학교 2학년 때까지 축구 시합을 뛰지 못하게 하고 오직 축구의 기본기만 가르쳤다고 한다. 오른발로 골대에 슛하는 것을 천 번, 또 왼발로 슛하는 것을 천 번씩 하루에 반드시 이 훈련을 시켰다고 한다. 그리고 원하는 만큼 성과가 나타나지 않으면 밤중에도 기본기를 훈련 시켰다고 한다. 손흥민은 발 크기가 255mm이고 게다가 평발이다. 신체적으로 엄청난 핸디캡을 극복하고 월드클래스의 선수가 된 것은 그가 기본기를 끊임없이 연습한 결과이다.

설교자인 우리도 앞서 소개한 설교의 기본기를 피나는 훈련을 통해 정복한다면 반드시 우리의 복음 설교를 듣는 수많은 영혼이 주님께 돌아올 것이다. 성경의 수많은 인물 중에 가장 탁월한 인물을 꼽으라면 나는 개인적으로 사도 바울을 꼽겠다. 그 사도 바울이 지금 현존했다면 7개의 박사학위를 가지고 있을 정도로 탁월한 학문성을 지녔다고 신학자들은 말한다. 그렇게 뛰어난 실력을 갖춘 그가 "내가 달려갈 길과 주 예수께 받은 사명 곧 하나님 은혜의 복음을 증언하는 일을 마치려 함에는 나의 생명조차 조금도 귀한 것으로 여기지 아니하노라"(행 20:24)라는 열정으로 복음을 전하지 않는가? 우리에게도 이렇게 생명조차 조금도 귀한 것으로 여기지 않는 열정으로 설교의 기본기를 훈련하고 또 훈련하자고 감히 제안한다. 왜 그런가? 그래야 우리를 통해 복음의 능력이 나타나서 천하보다 귀한 한 영혼이 우리의 설교를 듣고 주님을 믿고 구원을 얻기 때문이다.

설교란 무엇인가?

지난 세기 복음주의 최고의 신학자인 존 스토트는 '설교란 무엇인가'에서

설교자는 누구인가를 5가지로 정의한다.

1) 설교자는 선지자가 아니다. 설교자는 사도도 아니다.

설교자는 말쟁이도 아니다. 설교자는 청지기다.

고전 4:1,2 - "사람이 마땅히 우리를 그리스도의 일꾼이요 하나님의 비밀을 맡은 자로 여길지어다 그리고 맡은 자들에게 구할 것은 충성이니라"

설교자는 하나님 복음의 비밀을 맡은 하나님의 계시를 맡은 청지기이다. 그러므로 설교자는 복음을 근거로 설교해야 한다. 청지기는 자기 것으로 무엇을 하는 사람이 아니다. 주인이 맡긴 것으로 주인을 위해서 목숨을 바친다.

2) 설교자는 사자이다.

즉 주님의 복음을 전파하는 심부름꾼이다. 헬) 케릭스(κῆρυξ)다.

사자인 설교자는 주님의 복음을 선포함과 동시에 호소해야 한다. 이때 호소는 육신의 귀에 호소하는 것이 아니다. 거듭난 성도의 영혼을 향한 영적인 호소이다. 그러므로 절대적으로 설교자에게는 뛰어난 영성이 뒷받침되어야 한다. 만일 설교자에게 영성이 뒷받침되지 않는다면 그 설교는 소리 나는 구리와 울리는 꽹과리에 불과하다. 사람의 귀만 울릴 뿐 영혼 속으로 파고 들어가지 못한다. 이런 설교자는 주님의 종으로 악하고 게으른 종이다.

3) 설교자는 증인이다.

설교자는 자신이 알고 자신이 믿고 자신이 만나고 자신이 목숨을 다해 섬기는 삼위일체인 하나님의 세상을 향해 목숨 걸고 '증언'하는 것이다. 성경에서 증인은 헬라어로 말투스이다. 그리고 영어에서 순교자는 martyr이다. 무엇을 말하는가? 복음의 증인은 자기의 목숨까지도 아까워하지 않고 복음의 증인으로 사역을 감당해야 한다는 말이다. 시대는 변하지만, 하나님은 어제나 오늘이나 동일하시다. 초대 교회의 주님은 오늘날도 교회의 머리이고 우리의 주님이시다. 그 주님께서 우리에게 요구하시는 것은 생명을 바치는 충성이다.

4) 설교자는 영적 아버지요 어머니이다.

아버지에게는 권위가 있고 애정과 이해심과 온유함과 진지함과 모범과 기도가 있다. 어머니에게는 헌신과 사랑과 눈물이 있다. 설교자도 영적 부모와 같다. 부모는 자녀를 위해서 자신의 목숨까지 내어놓는다. 설교자는 설교를 위해 자신의 생명까지 바치는 심정으로 설교에 임해야 한다. 이것이 설교자로 부름을 받은 목회자에게 가장 먼저 요구되는 덕목이다. 다른 것은 열심히 하면서 설교는 적당히 다룬다면 여러분을 전도자로 부르신 주님께서 보실 때 여러분은 게으르고 악한 청지기이다. 영적 자녀인 청중 처지에서는 나쁜 부모다.

5) 설교자는 하나님의 종이다.

하나님의 종인 설교자에게는 하나님의 말씀과 복음과 능력과 거룩함과 진실함과 헌신과 확신과 겸손함이 있어야 한다. 무엇보다 하나님의 종은 자기 주인이 전하기를 원하는 복음만 힘써 설교해야 한다. 만일 복음은 전하지 않고 수많은 세상 지식이나 혹은 축복이나 행복만을 강조한다면 주님께서 보실 때 '나는 너를 나의 종으로 부르지 않았다,'고 분명히 말씀하실 것이다.

존 스토트는 "설교는 하나님과 청중 사이에 다리를 놓아주는 것이다."라고 한다. 설교는 과거에 기록된 성경이 오늘을 사는 청중에게 무슨 의미가 있는지 그 연관성(relevance)을 분명히 해야 한다. 그래서 성경의 하나님을 오늘을 사는 청중이 만나고 체험하게 해서 그 하나님을 믿고 사랑하게 해야 한다.

여러 해 전 아들의 결혼식 주례를 맡은 목사님이 주례사를 하기 전에 나는 오늘 성경 이야기만 하겠다고 한다. 또 설교를 좀 길게 하겠다고 한다. 아마 기억에 결혼식 주례사가 45분 정도였던 것으로 기억된다. 신부는 마치 벌을 서듯이 그날 결혼식을 하지 않았을까? 그런데 결혼식이 끝나고 식당에서 어느 신실하신 집사님 한 분이 이런 불만을 토한다. 성경만, 성경만 이야기하면 자기는 좋고 자기는 편할지 모르지만 우리는 어떻게 하라고! 이 여집사님은 교사 출신이고 아주 점잖으신 인격적인 분이다. 나는 그분이 평소에 그렇게 화를 내는 것은 처음 경험했다. 설교자가 하나님과 청중 사이의 다리 역할을 해야 하는 데 오히려 관계를 막는 설교자의 횡포가 무엇인지 알게 된 날이다.

한편 진보주의자들은 현대적이지만 성경적이지 않다. 이 시대에 능력 있는 설교, 청중을 사로잡는 설교는 성경적이면서, 현실 속으로 파고드는 설교일 것이다. 설교는 청중의 귀를 사로잡으려고 하지 말고 마음을 사로잡아야 한다. 왜냐면 마음은 생명의 근원이 나오는 곳이기 때문이다. 이런 말이 있다. 사람이 귀가 둘인 것은 한 귀로는 듣고 한 귀로는 흘려보내 버리라고. 그런데 종종 귀에서 마음으로 내려가는 말이 있다. 그 말은 마음에 자리를 잡고 뿌리를 내리고 자라고 나중에는 열매를 맺는다. 설교는 이렇게 마음을 사로잡아야 한다.

얼마 전 소천한 **유진 피터슨**은 **'목회자의 영성'**이라는 책에서 "만약 목회자 자신이 잔잔한 물가 즉 하나님의 은혜 속에서 살지 않으면 자기 양 떼를 은혜 속으로 이끌 방법을 알기는 어렵다"라고 한다. 지금 우리 사회는 자본주의라는 괴물에 중독되고 오염되어 있다. 우리 자신이 오염되어 있는 그것조차 모르는 상황에서 목회자들은 수단과 방법을 가리지 않고 프로그램, 시스템, 이벤트, 교회 건축을 통해 목회의 성공을 거두려고 혈안이 되어 있다. 소위 이런 성공 신학은 마귀의 바이러스임을 명심해야 한다. 하나님께서는 우리에게 절대 사람을 많이 모으라고 하지 않으셨다. 다만 복음을 전하라고 하셨다.

유진 피터슨은 '균형 있는 목회자'라는 책에서
"많은 목회자들이 교회를 기업체로 만들고 있다"라고 책망한다.

사회학자들은 문화는 물과 같고 산소와 같다고 한다. 물고기가 물을 떠나 살 수 없듯이 사람이 산소를 마시지 않고 살 수 없다. 이 시대 사람들은 아무리 하나님을 믿는 사람이라고 해도 이 시대의 문화를 무시하고 살 수는 없다. 그래서 요즈음 교회를 건축할 때 가장 좋은 장소에는 반드시 카페를 만든다. 또 주차장 시설을 확보하는 것은 필수이다. 마찬가지로 설교자는 이 시대의 문화의 속성들을 속속들이 파악하고 있어야 한다. 동시에 세속적 문화에 굴복하지 않도록 성도들에게 복음 설교를 듣도록 해서 복음으로 무장시켜야 한다.

여기서 우리는 잠시 **존 스토트**가 설교하기 전에 여러 해 동안 드렸던 기도의 정신을 돌아보기를 원한다.

"하늘에 계신 아버지여, 당신의 임재 앞에 굴복합니다.
 당신의 말씀이 우리를 다스리시고
 당신의 성령이 우리의 교사가 되시며
 당신의 더 큰 영광이 우리의 최고 관심사가 되게 하소서,
 우리 주 예수 그리스도의 이름으로 기도합니다," 아멘!

* 설교학 정의
 가) 하나님의 사람이/ 설교자
 나) 하나님의 백성에게/ 청중
 다) 하나님의 말씀으로/ 성경
 라) 하나님 나라를 살도록/ 현실 천국
 마) 대언하는 것이다./ 하나님을 대신하는 사역. 이것이 설교학의 정의다.

여러 해 전 유튜브를 통해 설교학을 전공한 목사님의 강의를 들었다, 그는 설교를 이렇게 정의했다. '설교는 대지고 소지고 나발이고 은혜가 되어야 한다' 여기서 우리가 알 수 있는 것은 설교란 은혜가 없으면 설교일 수 없다는 말이다. 그럼 은혜가 무엇인가? 성도들은 자기들이 필요한 내용이 담긴 설교를 들으면 은혜가 되었다고 생각한다. 그래서 쇼맨십을 가진 목사나, 전달력이 좋은 목사가 속이 뻥뻥 뚫리도록 축복받아라! 치유 받아라! 혹은 성경을 잘 쪼개는 목사가 성경을 잘 설명해 주면 은혜받았다! 고 생각한다. 또 목사가 어쩌다가 자기가 고민하는 문제에 해답을 주는 말씀을 전하면

오늘 은혜받았다고 한다. 그러다 보니 많은, 목사들이 성도들 비위를 맞추는데, 초점을 두고 설교를 한다. 한마디로 하나님 중심의 교회가 되어야 하는데, 소비자 중심의 교회가 되어버린 것이다. 인간 중심의 교회가 되어버린 것이다.

메시지 성경을 쓴 **유진 피터슨**은 말하기를
"소비자 중심의 교회−인간 중심의 교회는 사탄의 교회다"라고 한다.

이제 실제적인 이야기로 들어가 보자.

* 설교자의 설교 고민에는 어떤 것들이 있는가?

a) 성경 해석이다. 성경은 읽었는데 도대체 무슨 말인지 모르겠다.

창 6:1~3절− "사람이 땅 위에 번성하기 시작할 때에 그들에게서 딸들이 나니, 하나님의 아들들이 사람의, 딸들의 아름다움을 보고 자기들이 좋아하는 모든 여자를 아내로 삼는지라, 여호와께서 이르시되 나의 영이 영원히 사람과 함께 하지 아니하리니 이는 그들이 육신이 됨이라 그러나 그들의 날은 백이십 년이 되리라 하시니라"

여기서 중요한 것은 하나님의 아들들과 사람의 딸들이라는 말이다. 하나님의 아들들은 여호와 하나님을 믿고 섬기는 사람들의 자녀라는 말이고 사람의 딸들은 여호와 하나님을 믿지 않는 불신자들의 자녀들을 말하는 것이다. 이 외에 다른 의미를 부여하려고 하는 시도는 잘못된 성경 해석의 결과를 낳는다.

두 번째는 그들의 날은 백이십 년이 되리라는 말이다. 이 말은 홍수 후에 인간의 수명이 120년으로 한정되었다는 말이 아니다. 왜냐면 홍수 심판 이후에도 사람들의 수명이 한동안 4, 5백 년을 기록하고 있기 때문이다. 창 11장에 보면 홍수 심판 후 노아의 아들 셈은 602년을 살았고 그 아들 아르박삿은 438년을 살았고 그 아들 셀라는 433년을 산다. 한참 후 아브라함도 175세를 살고 아들 이삭도 180세를 살았다. 그러므로 그의 날이 120년이 된다는 것은 120년 후에 하나님께서 인류를 홍수로 심판해서 모두 멸망된다는 말이다.

하나의 본문만 더 살펴보자. 이 본문은 전후 문맥만 살펴도 쉽게 해석이 된다.

> **사 58; 5~7절─** "이것이 어찌 사람이 자기의 마음을 괴롭게 하는 날이 되겠느냐 그의 머리를 갈대같이 숙이고 굵은 베와 재를 펴는 것을 어찌 금식이라 하겠으며 여호와께 열납 될 날이라 하겠느냐, 내가 기뻐하는 금식은 흉악의 결박을 풀어주며 멍에의 줄을 끌러주며 압제당하는 자를 자유하게 하며 모든 멍에를 꺾는 것이 아니겠느냐, 또 주린 자에게 네 양식을 나누어 주며 유리하는 빈민을 집에 들이며 헐벗은 자를 보면 입히며 또 네 골육을 피하여 스스로 숨지 아니하는 것이 아니겠느냐,"

이 말씀은 금식 기도의 능력을 말씀하는 것인가, 아니면 하나님께서 기뻐하시는 금식 기도의 방법을 말씀하는 것인가? 금식 기도는 단순히 먹는 것을 굶는 것이 아니라 이웃에게 선을 행하는 것이다. 그런데 많은 설교자가 이 본문을 놓고 마치 금식 기도가 우리를 얽어매고 있는 흉악한 가난과 실패와 질병의 결박을 풀어주는 능력이 있다는 식으로 해석한다. 너무 아전인수격인 해석이 아닐 수 없다. 이 본문은 금식 기도의 능력이 아니라 하나님께서 기뻐 받으시는 금식 기도의 방법을 말씀하는 것이다. 금식하면서 이웃에게 악을 행할 것이 아니라 차라리 먹으면서 억울하게 결박당한 이웃의 결박을 풀어주고 굶주린 이웃에게 양식을 주고 헐벗은 이웃에게 입을 것을 주라는 것이다. 다시 말하면 이웃을 진정으로 사랑하는 것이 금식보다 낫다는 것이다.

여러분, 성경 해석이 왜 중요한가?

마치 영어 문장을 읽고 해석하지 못한다면 영어를 전혀 모르는 것과 마찬가지이다. 그런 사람은 외국인과 대화가, 불가능하다. 마찬가지로 성경을 읽고 자신이 읽은 성경을 올바로 해석하지 못한다면 일단 설교자의 자격이 제대로 갖추어졌다고 할 수 없다. 왜냐면 성경을 읽고 마치 동문서답식의 설교를 진행할 수 있는 확률이 너무 크기 때문이다.

b) 이 본문을 가지고 청중에게 무슨 이야기를 해주어야 하는가?

성경은 알겠는데 이 말씀으로 청중에게 무슨 이야기를 해주어야 은혜를 받을지 그런 좋은 설교를 어떻게 만드는지 도무지 모르겠다는 것이다.

마 4:17- "회개하라 천국이 가까이 왔느니라 하였으니,"

회개도 알고 천국도 알겠다. 그런데 이 말씀으로 교만하고 자존심이 강한 오늘을 사는 청중에게 어떻게 설교해서 진정한 회개를 하게 하고 하나님 나라를 누리게 할 수 있을까? 우리 시대는 이 세상 나라가 마치 천국처럼 느껴지는 시대이다. 의식주의 문제가 해결되고 수많은 쾌락을 즐길 수 있는 문화가 홍수를 이루고 있다. 이 세상이 삶의 전부라고 해도 전혀 억울할 것 같지 않은 좋은 환경들이 넘쳐난다. 이런 청중을 향해 무엇이 죄이고 무엇이 진정한 행복

인지 이해시키고 설득해서 진정한 행복을 주는 하나님 나라를 살도
록 복음으로 설교하는 이것이 문제이다.

c) 어떻게 설교를 만들어야 하는가?

성경도 알고 할 말도 있는데 어떻게 설교를 만들어야 할지 모르
겠다. 마치 맛있는 소고기 불고기를 해 먹기 위해 한우 1등급 ++
소고기도 사고 버섯도 준비하고 무와 파, 시금치, 당근도 준비하고
양념 진간장도 준비했다. 그런데 이 모든 재료와 양념을 어떤 순서
로 조리해서 불고기를 만드는지 모르는 것과 똑같다. 설교는 반드
시 청중을 향해 메시지를 전달해야 한다. 그래야 청중이 귀를 기울
여 듣는다. 청중이 화들짝 놀랄만한 메시지가 없으면 항상 뻔한 설
교를 하게 된다.

나는 종종 설교 시간에 조는 성도 이야기를 목사들이 하는 것을
듣는다. 우리 설교 아카데미 2기 출신 목사가 있다. 중형 교회를 신
실하게 섬기는 목사이다. 이분이 설교 아카데미에서 **지저스 프레임**
설교를 배웠다. 우리 프레임은 기승전결, 즉 이야기식으로 전개되
는 프레임이다. 그리고 설교의 내용은 철저히 프레임이 만들어 낸
다. 이 부분을 미리 꺼내는 이유는 그래야 지금부터 프레임에 관심
을 두기 때문이다. 교회에 장로가 세 분이 있는데 예배 시간이면 대
부분 장로가 맨 앞자리에 자리를 잡는다. 이 교회의 장로 한 분도
항상 맨 앞자리에서 예배한다.

그런데 설교를 시작하면 그때부터 졸기 시작해서 설교가 끝난다

는 공지도 하지 않는데 정확하게 1분 전이면 눈을 뜨고 나는 지금까지 졸지 않았다는 식으로 목사를 말똥말똥한 눈으로 쳐다본다는 것이다. 그러면 설교자인 목사는 그 순간 얼마나 열을 받겠는가? 그런데 이런 일이 십수 년 이어지기 때문에 아예 그쪽은 보지도 않고 목사는 설교를 진행한다고 한다. 그런데 **지저스 프레임**으로 복음 설교를 시작한 지 한 달쯤 지난 시점에 예배를 마치고 성도들과 인사를 나누는데 누가 목사의 옆구리를 쿡 찌르더란다. 누구지? 하고 보니 예배 시간이면 단골로 조는 장로가 목사님, 저 이제는 설교 시간에 졸지 않죠? 하더란다.

아마 이런 일은 어찌 그 교회에 국한되겠는가? 얼마든지 일상처럼 일어나는 일이다. 그러면 왜 예배에서 가장 중요한 설교가 마치 자장가처럼 느껴지게 만드는가? 이것은 전적으로 청중의 책임이 아니고 영적 아비요 어미인 설교자의 책임임을 솔직히 인정해야 한다. 음식이 맛이 있으면 아이들은 절대 음식 투정을 하지 않는다. 마찬가지로 설교가 은혜롭고 듣기에 즐거우면 청중은 절대 졸지 않는다. 이를 위해서 설교자는 맛있는 설교를 만들어 청중에게 먹여야 한다. 맛있는 설교는 바로 날마다 프레임으로 복음을 전하는 설교이다.

d) 어떻게 전달해야 성도들이 은혜를 받을까?
성경 해석도 하고, 설교도 만들고, 원고도 외웠다. 그런데 강단에만 서면 긴장이 되어 얼굴은 굳어 버리고 목소리조차 경직되어 버린다. 이런 설교의 고민을 어떻게 해결할 수 있는가? 이 시대는 미디어 시대이다. 얼마나 많은 미디어를 통해 전달력이 뛰어난 배우와 탤런트와 강사를 접하는가? 이런 시대의 청중은 어쩌면 설교의 내용 이전에 설교자의 전달력이 좋아야 한다고 생각한다. 우리 설교 아카데미에 오는 목사들, 백이면 백이 이구동성으로 이렇게 말한다.

가. 이렇게 좋은 것을 왜, 신학교에서는 안 가르치는가?
나. 목사님, 설교 아카데미 커리큘럼으로 유명 대학원 박사과정 개설합시다!
다. 여기저기 섭렵하신 목사들이 H, P, A 강의가 대한민국 최고다!

이들이 왜 이런 평가를 할까? 앞서 말한 그들의 설교의 문제를 속 시원하게 해결해 주는 설교 코칭이 있기 때문이다.

설교자가 설교를 다시 배워야 하는
* 첫 번째 이유는 설교를 신학교에서 제대로 배우지 못했기 때문이다.

수많은 목사가 신학을 졸업하고 나면 그다음부터 별로 공부하지 않고 또 책을 읽지 않는다. 내가 그랬다. 특히 설교에 대해서는 자존심이 걸려 있는 문제이기 때문에 고집스럽게 자기가 설교를 잘한다고 스스로 착각하도록 자기 최면을 건다. 이러니 한국 교회가 이 상황이 될 수밖에 없다. 나는 한국 교회의 문제는 목사들의 문제요 목사들의 문제는 설교의 문제라고 확신한다. 설교 아카데미를 섬기면서 비교적 다양하고 많은 목사를 접한다. 물론 나도 독서를 많이 하는 목사는 아니다. 그런데 아카데미에서 만나는 목사들의 공통점이 하나 있다. 지독하게 독서하지 않는다는 것이다. 설교자는 분명히 전문가이다.

전문가는 반드시 자기 분야에 해박한 전문적인 지식이 있어야 한다. 부동산 중개인에게는 현재 부동산의 문제, 앞으로의 부동산에 대한 전망이 분명해야 자기 고객을 관리할 수 있다. 이런 부동산 전문가를 믿고 소비자는 찾아온다. 주식도 마찬가지다. 내 주변에는 요즈음 목사들이 주식에 투자하는 것을 심심찮게 볼 수 있다. 목사의 이 중직이 이제 당연시되는 비상 상황이기 때문이다. 그러면 주식에 투자할 때 필요한 것이 주식 관련 전문 지식이다. 해서 주식에 투자하는 사람들은 나름 엄청나게 연구한다. 심지어 투자자들끼리 모여 그룹으로 정기적인 스터디를 한다.

그런데 과연 복음으로 영혼을 살리는 복음 전문가인 설교자에게 이런 열정이 끓어오르고 있는가? 분명히 한국의 신학 교육은 문제가 있다. 그래서 신학교의 총장을 역임한 분이 한국의 교회가 다시 회복하려면 반드시 목사의 재교육이 필요함을 역설함으로 세워진 것이 바로 MRA 목양 아카데미이다. 특히 설교는 신학교에서 변죽만 울리고 끝나버린다. 우리 시대만 그런 것이 아니다. 지금 막 신학교를 나온 젊은 목사들에게 물어보면 이 문제는 지금도 여전하다. 더 심각해졌다고 말하는 이도 있다. 만일 오늘부터 한국 교회 강단에서 진정한 복음을 설교하기 시작한다면 한국 교회는 더는 개독교 소리를 듣지 않게 될 것이다.

* 설교에는 설교만이 가지고 있는 독특성 5가지가 있다.

1. 하나님을 아는 지식- 설교는 인간의 이야기가 아니고 삼위일체인 하나님의 이야기다. 그러므로 우리는 하나님과 그리스도와 성령

님을 설교해야 한다.

2. 성경 해석- 성경은 설교자에게 유일한 텍스트다. 그리고 이 성경은 자기 마음대로 보이는 대로 보고 해석하는 것이 아니다. 철저히 하나님의 눈, 즉 하나님의 관점으로 보고 하나님의 관점에서 해석해야 한다. 왜냐면 성경은 말씀인 살아계신 하나님의 말씀이기 때문이다.

3. 청중 이해- 텍스트가 중요할 뿐만 아니라 오늘날의 콘텍스트 역시 중요하다. 그러므로 이 시대의 청중이 아픈 소리를 내는 이유가 무엇인지 귀를 기울이고 자세히 들어야 한다. 그래서 하나님의 말씀으로 그들을 치료해야 한다.

4. 설교 전달 능력- 21c는 미디어 시대다. 그러므로 청중은 설교자에게 뛰어난 전달력을 요구한다. 이런 요구를 무시하는 것은 영적 아비요 어미는 아니다.

5. 청중 변화능력- 설교는 지식 전달이 아니다. 설교는 육신을 사는 사람들이 영혼으로 살도록 거듭나게 만들고 또 거듭난 영혼들이 영이신 하나님 나라를 기쁘게 살도록 그들을 하나님 나라의 시민답게 양육하는 것이다. 오늘날은 이 중에서 하나님 조금, 성경 조금, 그것이 전부이다. 죄송하지만 지금부터 우리는 겸손히 설교를 다시 배워야 한다. 그리고 배우면 반드시 발전이 있다.

전북 완주에서 300여 명 성도를 목회하는 목사님이 있다. 우리

아카데미에 등록했다. 원래 설교학 박사학위 과정을 공부하려다 뒤로 미루고 아카데미에 왔다. 2개월쯤 지나 본인이 간증하겠다고 한다. 그동안 성도 중에 자기 설교에 만족하지 못하는 사람이 딱 두 사람이 있었다고 한다. 목사의 사모와 목사의 대학생 아들이다. 그런데 **지저스 프레임**으로 복음 설교를 한 주일날 설교를 마치고 목양실로 갔다. 조금 후 누군가 노크를 해서 들어오세요! 하니 사모님이 들어오면서 두 엄지손가락을 하늘로 치켜세우고 동시에 '여보, 내가 원했던 설교가 바로 이거야!' 하면서 목사를 와락 끌어안아 주더란다.

강원도 동해시에서 목사님과 사모님이 함께 설교 아카데미에 참석했다. 이분은 지금까지 20년 넘게 목회하면서 표절 설교에서 벗어나지 못하고 심하게 양심의 가책을 느끼고 있었다. 그리고 설교하면서 종종 논리가 삼천포로 빠지는 일로 설교가 끝나면 사모로부터 항상 지적받아서 부부 사이도 썩 좋지 않은 상태였다. 이분들이 부부 문제를 치유하려고 논산에 있는 유명한 부부 치유센터에도 여러 번 합숙했다고 한다. 그런데 우리 아카데미에서 공부한 **지저스 프레임**으로 설교하면서 점점 설교가 좋아지기 시작한다. 강의가 끝나기 일 개월 전쯤 간증을 하겠다고 한다. 두 분이 나란히 앉아서 서로 손을 꼭 붙잡고 "요즈음 우리 부부는 참 행복합니다," 라고, 말한다. 설교를 통해서 맨 먼저 사모님이 가장 은혜를 받는다. 그리고 성도들이 은혜를 많이 받는다. 무엇보다 목사님이 이제는 설교하는 일이 너무 즐겁고 행복하다고 한다. 전에는 설교하는 일이 그렇게 부담이 되었는데 이제는 설교를 자꾸 하고 싶다고 한다.

* 설교를 다시 배워야 하는 두 번째 이유는 시대가 변했기 때문이다.

시대가 얼마나 바뀌었는가? 1962년 박정희 씨가 혁명을 일으켰을 때 국민 1인당 GNP가 67달러였다. 그런데 지난해 GDP는 3만 불이 넘었다, 국민소득이 400배 이상 늘었다. 나는 고등학교를 졸업할 때까지 다른 곳에 여행 한번 하지 못했다. 그러나 지금 유치원생들이 해외여행을 다녀온다. 그러므로 기존의 구 설교학을 배운 설교자들은 하루빨리 자기의 과거 설교의 패러다임을 깨트려야 한다. 종종 전주에서 강의한다. 그러면 숙소에서 가까운 콩나물, 국밥집에서 아침을 해결한다. 즐기는 콩나물, 국밥집이 공교롭게도 두 곳이 함께 이웃하고 있다. 3백 집이라는 음식점은 일찍이 퓨전식 레시피를 개발해서 식당 안에 손님이 앉을 자리가 거의 없어서 가면 기다리는 경우가 대부분이다. 그런데 바로 옆 삼일 옥은 여전히 전통 레시피를 고집한다. 식당은 넓은데 항상 손님이 서너 명 앉아 있는 썰렁한 분위기다. 나도 한 번 맛이 어떤가 하고 갔다가 다시는 삼일 옥에 가지 않는다. 이유는 분위기가 너무 썰렁하기 때문이다.

* 설교를 다시 배워야 하는 세 번째 이유는 배우면 반드시 발전이 있다.

아이들은 영어, 수학, 국어, 미술, 음악, 컴퓨터, 피아노 등 학원에 다니면서, 심지어 어린이집에서부터 배운다. 그런데 설교로 먹고사는 목사들은 솔직히

1) 너무 안일하게 설교를 대한다.

설교는 그냥 적당히 되는 것으로 생각한다. 대충 아니까, 대충해도 된다고 생각한다. 자신들을 너무 과신한다. 반대로 청중을 너무

무시한다. 몇 해 전 글쓰기를 배우기 위해 한번 수강료가 30만 원하는 강의를 들었다. 강사가 마침 교회의 집사였다. 대화를 나누던 중 자신은 헬라어는 이미 어느 정도 혼자서 신약을 읽을 정도 수준이 되었다고 한다. 그래서 이번에는 히브리어에 도전해서 강의를 마치면 히브리어 공부를 하러 간다고 한다. 우리가 상대하는 청중의 수준을 절대 개무시 하지 말아야 한다.

2) 표절 설교로 해결한다.

표절 설교에는 성령님의 역사하심이 정말로 미미하다. 표절 설교는 무엇보다 내 목회 현장과 설교 내용이 잘 맞지 않는다. 정확한 연결성과 적용이 있어야 변화가 되고, 은혜를 받는데 동떨어진 연관성과 적용을 하고 마음에 와닿지 않는다. 그 결과 표절 설교는 은혜가 없고 말씀의 능력이 현저히 약화 된다. 지금부터 10여 년 전 교회갱신협의회에서 한국 기독교 100주년 기념관에서 신학자들과 대형교회 목사들이 2박 3일 동안 뜻깊은 모임을 했다. 아젠다는 '한국 교회 이대로 좋은가?'였다. 그들은 갑론을박을 펼친 가운데 한국 교회가 사회에 개독교 소리를 듣게 만든 주범이 '표절 설교'라고 결론을 내렸다.

그 후 제100회 통합 측 총회에서 목회자 개인 윤리 강령 10개 항을 발표한다. 그 첫 번째가 '우리는 설교를 준비하는 과정에서 절대로 표절하지 않는다.'이다. 이것은 표절 설교의 병폐가 얼마나 큰지를 바로 보여준 표본이다. 그런데 그 후 통합 측 교단이나 혹은 신학교에서 이 문제를 해결하려는 적극적인 시도는 전혀 없었다. 필자는 **지저스 프레임**으로 설교하면서 지금까지 단 한 번도 남의 설교를 표절하지 않았다. 우리에게 하나님께서 주신 이 좋은 무기가 있는데 왜 목사들은 배우려고 하지 않는지 참으로 안타깝기만 하다.

3) 돈을 아까워한다.

여러분이 정말 간절히 기도하면 하나님께서 돈은 반드시 주신다. 나는 하나님께서 한국 교회의 표절 설교 문제를 해결하는 소명을 주셨다고 믿고 목사님들을 섬기려고 한다. 목사들이 성도들에게는 돈으로 헌신하라고 한다. 그러나 목사들은 사역을 위해 돈을 투자하는 것에 인색하다.

전주에서 강의하는데 강의 시간마다 목사님 한 분이 항상 20분 정도 늦게 출석한다. 그리고 항상 땀에 흠뻑 젖은 모습으로 헐떡거리며 참석한다. 몇 주가 지나 궁금해서 여쭈었다. 이분은 설교 문제를 꼭 해결하겠다는 열정이 아주 강했다. 큰 교회의 부목사로 재직하면서 교회에 수강료를 요청할 수가 없어 쓰레기 재활용장에 가서 새벽 6시부터 9시 30분까지 온갖 먼지를 뒤집어쓰고 아르바이트해서 수강료를 내고 공부하고 있었다. 나는 기도한다. 이분에게 분명한 하나님의 은혜가 충만히 부어지기를!

4) 자기 설교에 자만한다. 스스로 만족에 취한다.

우리 아카데미에 오는 목사들이 너무 강의가 좋아 가까운 친구에게 배울 것을 권유한다고 한다. 그러면 돌아오는 반응 대부분이 "아직도 설교 배워요?" 대부분, 목사들이 이렇게 말한다고 한다. 그런데 안타까운 것은 그 목사의 설교가 형편없을 정도인데도 자신은 모르고 크게 착각하고 있다는 것이다.

5) 배워도 안 되니까 불신한다.

좋은 기관을 만나야 한다. 우리는 확실하게 설교를 해결하도록 끝까지 섬긴다. 많은 목사가 비싸면 좋다는 명품 착각을 한다. 어느 백화점에서 드레스를 만들어 백화점 맨 앞에 진열하고 가격표에 20만 원이라고 붙여 놓았다. 그런데 일 년이 지나도 아무도 거들떠보지도 않는다. 하루는 백화점 직원이 장난기가 발동해서 가격표에 0을 하나 덧붙여 그 자리에 다시 걸어 놓았다. 그랬더니 그날 오전에 없어지더란다. 우리는 비싸면 좋다는 자본주의의 사기성에 놀아나고 있는 지 오래되었다. 절대 비싸면 무조건 좋은 것이 아니다. 우리는 제일 비싼 설교학교의 1/10 수준의 수강료와 1/4의 시간만 투자하면 얼마든지 설교를 해결할 수 있도록 길라잡이 역할을 하고 있다.

전남, 광주에서 개척하신 목사님이 우리 아카데미에 계시다. 어느 날 설교를 하고 내려왔다. 낯선 남자 한 분이 자신은 서울의 모 교회의 장로라고 소개하더니 "목사님의 설교 프레임은 옥한흠 목사님보다 좋고, 김 양재 목사님보다 좋습니다. 제가 만일 광주로 이사를 온다면 목사님 교회를 섬기겠습니다,"한다. 이런 이야기를 하자면 밤을, 세워가면서 이야기해도 다 하지 못한다.

교회를 잘 지어서 목회하는 목사님 한 분이 아카데미에 왔다. 교회 위치도 좋고 건축도 완공해서 부흥을 기대했는데, 부흥이 안 된다. 이분이 부친의 교회를 이어받아 목회하는 중이다. 부친이 주일 예배를 마치고 집에 간다. 부친으로부터 전화가 온다. 설교를 놓고 한 시간 정도 말씀을 하신다. 그리고 나면 모친이 또 30분 정도 설교를 하신다. 스트레스가 이만저만이 아니다. 교회가 부흥이 안 되니 점점 재정도 어려워진다. 돌파구를 뚫어보려고 설교학 박사학위를 받으려고 하는데 우리 아카데미 신문광고를 보았다.

그리고 아카데미를 수강하는데 새벽 2시, 3시까지 강의안을 복습한다. 어느 날 드디어 우리 아카데미의 **지저스 프레임**으로 설교한다. 설교하는 내내 부친께서 맨 앞자리에서 펑펑 우시면서 설교를 들으신다. 설교가 끝나자, 어떻게 짧은 기간에 그렇게 설교가 좋아질 수 있느냐고 감탄하신다. 오후 예배를 마치고 돌아가시더니 전화하신다. "보고 싶으니 빨리 우리 집으로 오시게나. 뵌 지 30분 전인데요? 그래도 보고 싶으니 와서 고기 구워 먹자!" 이분이 오픈 세미나 전날 우연히 전화했다. 세미나 기간이라고 하니 목사님, 꼭 안 목사 이야기해 주세요! 하고 세 번씩이나 반복해서 말한다. 놀라운 변화가 일어나고 있다.

* 설교를 다시 배워야 하는 네 번째 이유는 현대 설교학의 등장이다. 구 설교학과 현대 설교학의 차이점은 무엇인가?

가. 구 설교학의 특징
 a. 명제적인 설교다. 명제적인 설교는 일방적이다. 집에서도 부모가 아이들에게 이렇게 말하면 도망간다. 지금은 정반대이다. 서로

대화가 요청되는 시대다.

b. 연역적으로 구성된 3대지 설교다. 연역적 설교는 결론을 먼저 말해버린다. 그러므로 흥미 유발이 안 되고 뻔한 이야기를 끌고 간다. 그 결과 집중력이 떨어지고 호소력이 약화 되고 커뮤니케이션이 안된다. 사실 연역적 논리는 지금부터 2천5백 년 전 아리스토텔레스에 의해 주장된 논리 방식이다. 이제는 시대가 변해도 너무 많이 변했다. 빨리 여러분의 설교라는 옷을 바꿔 입어야 한다.

c. 설교를 선포라고만 생각한다. 설교는 논리를 동원해서 설득하고, 이해시키고, 감동을 줘야 한다. 호소해야 한다. 청중과 설교자가 커뮤니케이션이 이루어져야 한다. 설교는 커뮤니케이션이다.

d. 권위적이고 수직적이다. 현대는 포스트모더니즘 시대이다. 포스트모더니즘은 프랑스 68 파리 혁명을 기점으로 폭발적으로 확산한다. 그 이전 1917년 이탈리아의 공산주의 이론가요 전략가인 안토니오 그람시는 공산주의의 최대 적은 기독교다. 기독교를 지상에서 말살시켜야 공산혁명이 성공한다. 기독교를 말살하기 위한 첫 번째 전략은 성 혁명을 통해 기독교의 윤리를 뒤엎어야 한다고 주장한다. 그 후로 급속도로 성 혁명과 동성애와 포스트모더니즘의 가치관들이 세계 곳곳에 독버섯처럼 퍼지기 시작한다.

포스트모더니즘의 특징은

첫째, 전통주의가 해체주의로 변한다. 모든 전통이 해체되었다. 부모 공경은 오랜 자랑스러운 전통이다. 그런데 이 부모 공경의 전통이 해체된 지 오래되었다. 얼마 전 토요일인데 피곤해서 잠시 침대에 누웠다. 막 누웠는데 아들이 침실에 들어와 눈을 감고 있는 아버지를 보더니 왈 '어, 뻗었네' 나는 그 순간 용수철처럼 튀어 올라 아들의 면상을 향해 강력한 펀치를 날릴 순간, 두 주먹을 부르르 떨면서 화를 삭여야만 했다. 모든 바람직한 전통을 깡그리 해체한다. 그런데 여기에 사탄의 교묘한 술수가 깔려 있다. 성경의 모든 전통, 기독교의 모든 전통까지 무조건 해체한다. 그래서 지금 유럽의 기독교는 고사 직전의 상태에 놓여 있다. 이것이 포스트모더니즘이다.

둘째, 절대주의가 상대주의가 된다. 과거, 사랑은 절대적이었다. 그러나 지금은 당신이 잘해야 나도 잘한다는 식이다. 기독교의 하나님은 절대 주권자시다. 그런데 이 하나님의 절대 주권이 인간의 욕구와 같이 상대적으로 취급이 된다. 이것 역시 교묘한 사탄의 속임수이다.

셋째, 일원 주의가 다원주의로 변한다. 과거 가정에서 가장은 절대적 권위를 행사했다. 그러나 지금은 자녀들이 더 중요해졌다.

몇 년 전 일간지에 박스 기사가 눈에 띄었다. 시골의 아버지가 갑자기 상처하고 혼자 사는 모습이 서울의 아들에게 좀 거시기했던 모양이다. 아들이 아버지에게 종종 전화해서 아버님, 손자들 재롱 떠는 모습도 보시면서 우리와 함께 사시죠. 여러 번의 전화에 아들의 진정성이 느껴져서 아버지는 가방에 간단한 짐을 챙겨 서울의 아들 집으로 들어왔다. 들어온 지 사흘 만에 아들 집의 서열이 파악되더란다. 아들이 출근하고 나면 손자들을 학교에 보내고 며느리는 어딘가로 바쁘게 가더란다. 오후 2시쯤이면 며느리가 들어와서 도우미 아줌마에게 이렇게 묻더란다. 아주머니, 우리 아이들 밥 차려주었어요? 그다음에 우리 강아지 밥 줬어요? 그것으로 끝. 시아버지 식사는 '식' 자도 꺼내지 않더란다.

아버지는 아들 가정의 화목을 위해 끓어오르는 화를 꾹꾹 누르고 한 달을 채운 날 아침, 아들이 출근하자 아들의 책상 위에 쪽지 한 장을 남기고 귀향을 해버렸단다. 그 쪽지에 아버지는 이렇게 썼단다. "4호야 잘 있거라. 5호는 간다." 아들 집의 서열은 1호가 손자들이고 2호가 며느리고 3호가 강아지고 4호가 아들이고 5호가 시아버지였더란다. 요즘은 사람이 강아지만도 못한 존재로 취급되는 시대이다. 이것이 포스트모더니즘이라는 괴물의 모습이다.

넷째, 이성주의가 가고 감성주의가 도래한다.
과거에는 이성에 호소했다. 그러나 지금은 감성에 호소해야 한다. 현대는 3F 시대이다. Feeling(감성), Female(여성), Fiction(상상력) 이다.
이런 영향으로 1971년 F, B 크레독이 **"권위 없는 자처럼"**이라는 책을 내놓으면서 현대 설교학이 등장했다.

나. 현대 설교학의 특징

a. 현대 설교학은 설교를 성경에서 시작하는 것이 아니라 청중의 삶의 문제, 상황, 경험으로부터 시작한다. 그 결과 청중의 적극적 참여를 유도한다.

b. 청중을 능동적인 위치로 끌어올려 질문법, 대화법, 소통법을 강조한다.

c. 현대 설교학은 이야기식 설교이다.

기, 승, 전, 결 / 또는 발단, 전개, 위기, 절정, 결말/ 정, 반, 합 등이다.

다. 두 가지 설교학의 문제점

구 설교학은 청중을 무시했고, 현대 설교학은 성경을 무시했다. 그 결과

a. 전달이 진리 자체보다 더 중요하게 여길 소지가 있다.

b. 잘못된 성경 관에서 출발한다. 천의 관점을 지나치게 공언합니다.

c. 청중의 역할을 지나치게 강조한다. 그 결과 하나님보다 청중이 더 중요하게 여겨질 소지가 있다.

d. 불충분한 성경 해석이 이루어지기 쉽다.

e. 직접 적용이 없다. 청중을 향해 절대 회개하라고 하지 않는다.

생각해 보라.

만일 청중을 향해 회개하라는 설교가 잘못되었다면 예수님의 설교가 잘못된 설교이고 세례 요한의 설교 역시 잘못된 설교란 말인가? 이것이 현대 설교학의 맹점 중의 맹점이다. 인간을 하나님보다

더 소중하게 여긴다.

　이와 같은 문제점들을 극복하기 위해서는 하나님의 관점이 필요하다는 인식을 하게 되었다. 이런 가운데 저는 설교의 프레임 속에 하나님의 관점을 반영시킨 이야기식 설교의 프레임을 만들게 되었다.

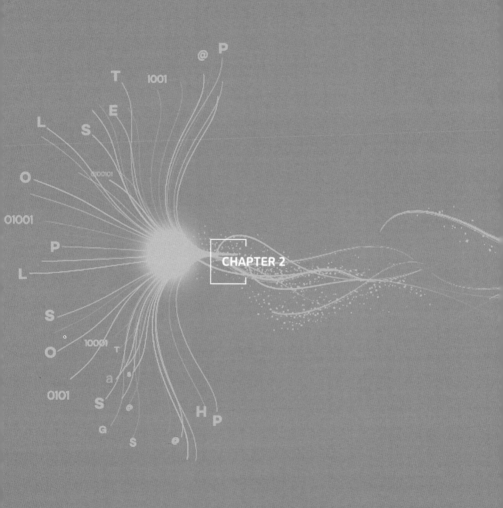

CHAPTER 2

CHAPTER 2	복음을 설교하라

1. 이 시대 설교자에게 가장 시급한 과제

에덴동산에서 하나님의 말씀에 순종하기를 거부하고 타락함으로 죄와 저주와 죽음의 운명에 이끌려 일생을 사는 불행한 인간에게 예수 그리스도의 복음은 가장 귀한 보물이고 선물이다. 예수 그리스도의 복음은 많은 진리 가운데 하나가 아니다. 무지한 인간이 진리라고 말하는 모든 진리 위에 가장 완벽한 최고의 하나뿐인 진리이다. 이 복음은 구원을 주시는 하나님의 능력이요, 사람들과 심지어 천사들에게까지 하나님의 각종 지혜를 알게 하는 계시다. (롬 1:16, 엡 3:10) 그래서 핍박자였던 사울이 복음의 주인공인 부활하신 예수님을 만난 후 바울이 되어 결혼도 하지 않고 자기의 전 인생을 복음을 전하는 일에 헌신한다. 그는 심지어 복음을 왜곡하는 사람들에게 저주가 있다고 선언한다.

모든 그리스도인이 복음을 전하는 전도를 사명으로 받았다. 그러나 설교자는 영적 교사로서 성도를 전도자로 훈련하고 양육하는 책임까지 맡았다. 그래서 모든 그리스도인은 복음을 맡은 청지기다. 하나님은 성령의 능력을 우리에게 부어주셔서 맡긴 복음을 잘 전하라고 하셨다. 나중에 우리 인생을 다 마치고 심판 주이신 주님 앞에 갔을 때 충성된 청지기라고 칭찬을 받으려면 복음이 무엇인지 연구하는 일에 몰두하고 최선을 다해 복음을 깨달으려고 힘써 기도하며 복음을 몸소 누리며 복음을 힘써 살아내겠다는 결심이 필요하다.

주님께서 누가복음 5장에서 밤새도록 헛그물질한 베드로에게 깊은 곳에 가서 그물을 던지라고 하신다. 베드로는 어릴 때부터 갈릴리 바다에서 어부로 잔뼈가 굵은 베테랑 어부다. 그러나 예수님은 지금까지 물고기의 비늘도 만져보지 못한 나사렛 목수 출신이다. 그런데 베드로는 순간 예수님 앞에서 자기의 경험이나 생각이나 경력이나 감정까지 다 죽인다. 즉 예수님께 내려놓는다. 그리고 내가 밤새도록 수고했어도 잡은 것이 없지만 말씀에 의지해서 깊은 곳에 가서 그물을 내리겠습니다. 하고 순종한다. 그 순간 그물이 찢어질 만큼의 물고기를 잡는다. 베드로는 자아는 죽이고 주님께는 순종했다. 그리고 만선의 축복을 맛본 다음 "주여, 나를 떠나소서 나는 죄인이로소이다." 하고 고백한다.

그러자 예수님께서 그에게 복음을 전하는 사명을 주신다. "이제 후로는 네가 사람을 낚는 어부가 되리라" 바로 이것이다. 전도자는 복음을 전하기 위해 먼저 복음의 주인이신 예수님께서 내 안에 살아계시도록 하고 나는 철저히 십자가에 못 박아 죽여야 한다. 그리고 내 안에 내가 아닌 예수님께서 살도록 해야 한다. 내가 이 책을 쓰게 되는 이유가 바로 여기에 있다. 나는 죄인 중의 괴수이고 참으로 어리석은 목사이다. 그런데 이 책이 나의 다섯 번째 책이다. 특히 이번에는 내 생애 가장 중요한 **복음을 설교하라!** 라는 주제를 주님께서 주셨기에 부득이 순종하는 마음으로 이 책을 쓰고 있다. 이 책을 막 쓰려고 하는 시간에 아내가 집에서 혼자 거실을 걷다가 미끄러져 오른팔이 부러졌다. 막 책 쓰기를 시작한 순간이다. 그리고 지금까지 꼬박 두 달여 동안 아내의 뒷바라지를 다 하고 가사 노동을 하면서 이 책을 쓰고 있다. 나는 지금 "내가 다시는…. 그 이름으로 말하지 아니하리라 하면 나의 마음이 불붙는 것 같아서 골수에 사무치니 답답하여 견딜 수 없나이다,"(렘 20:9)고 말한 예레미야와 같은 심정이다. 바울 사도 역시 "만일 복음을 전하지 아니하면 내게 화가 있을 것이로다"(고전 9:16)라고 했다.

복음은 좋은 소식을 뜻하는 헬) 유앙겔리온(εὐαγγέλιον)에서 왔다. 이 말은 하나님의 아들 메시아이신 예수 그리스도의 성육신과 삶과 죽음, 그리고 부활과 승천을 통해서 완성된 구원 사역의 메시지를 말한다. 창조주 하나님의 영원하신 아들이시며 하나님의 본체요 그분과 동등한 영광과 권세를 가지신 성자께서는 자원해서 기쁜 마음으로 하늘의 영광을 포기하셨다. 그리고 아버지 하나님의 기쁘신 뜻을 따라 성령으로 동정녀의 몸에서 잉태되어 하나님이시며 동시에 사람이신 나사렛 예수라는 목수인 요셉의 아들 신분으로 잠시 세상에 오셨다. (행 2:23, 히 1:13, 빌 2:6, 7, 눅 1:35)

예수님은 사람의 모습으로 세상에 사시는 동안 하나님의 율법에 완전히 복종하셨다. 그리고 끝내는 흉악한 죄수로 인정되어 십자가에 처형되셨다. 이 십자가에서 온 인류의 죄를 한 몸에 짊어지신 예수님은 하나님의 진노를 오롯이 담당하셨으며 죄인들을 대표해서 죽으셨다. (벧전 2:24, 5:18, 사 53:10) 그러나 하나님 아버지께서는 예수님이 죽으신 지 사흘 만에 다시 살리셨다. 이 부활은 하나님 아버지께서 아들의 죽음을 속죄의 제물로 받아들이셨다는 것을 만천하에 공표하는 사건이다.

예수님은 하나님께 불순종한 인간의 형벌을 감당하셨고 하나님 아버지의 의의 요구를 충족시키셨으며 하나님의 진노를 가라앉히셨다. (눅 24:6, 롬 1:4, 4:25) 그리고 부활하신 40일 후 본래 있던 하나님 아버지의 오른편에 앉으셨고 만물을 다스리는 존귀와 영광을 다시 회복하셨다. (히 1:3, 마 28:18) 그리고 지금은 하나님 아버지 앞에서 구원받은 자기 백성들을 위해서 대제사장으로서 기도하신다. (눅 24:51, 빌 2:9~11) 하나님 아버지께서는 자신의 죄인 됨과 무력함을 인정하고 복음을 통해 예수 그리스도를 구주로 믿는 모든 사람의 죄를 용서하시고 의롭게 하시고 또 하나님과 화목하게 하신다. (막 1:15, 롬 10:9, 빌 3:3) 이것이 하나님과 그분의 아들 예수 그리스도의 복음이다. 이 시대 그리스도인, 특히 설교자의 가장 큰 죄 가운데 하나는 복음을 소홀히 하고 또 복음을 다른 복음으로 변질시키는 것이다. 이에 따라 한국 사회에서는 개신교가 불교보다 더 저급한 종교로 신뢰를 잃고 추락한 지 오래되었다.

사실 복음은 종교가 아니고 생명인데 말이다. 지금 타락한 대한민국 사회는 복음에 무관심하기보다 복음에 무지하다. 복음의 핵심 주제는 하나님의 공의, 인간의 철저한 타락, 하나님의 사랑, 속죄의 보혈, 참된 회심이란 무엇인가, 구원의 확신은 무엇인가 등이다. 그러나 설교 강단에서 이런 복음의 주제를 다루지 않는 설교자가 부지기수다. 왜? 설교자가 복음에 무지하기 때문이다. 이런 식으로 복음을 무시하면서 회개하지 않는 사람들이 교회 안에서 힘을 얻고 활개를 친다. 또 입으로는 신앙을 고백하지만, 행위로는 부인하는 세속적인 사람들로 주님의 거룩한 교회를 세속화한다.

그리고 설교자는 마치 기업가가 자기 기업을 크게 만들려고 마케팅하고 비즈니스를 하는 것처럼 교회 마케팅 전략과 비즈니스 전력에 꽂혀 있다. 이렇게 복음을 변질시킨 설교자들과 교회는 삼위 하나님의 영광을 가리고 그 거룩한 이름을 욕되게 한다. 물론 이 시대를 사는 사람에게 문화적인 접근은 필수다. 그러나 복음의 능력은 완전히 무시하고 세상의 돈이나 시스템을 더 믿는다. 이제 우리는 엄위로우신 하나님 앞에 설 날을 생각하면서 하루를 살아도 하늘을 우러러 부끄러움이 없어야 한다.

2. 성경이 말하는 복음

1) 복음은 구원을 주시는 하나님의 능력이다.

롬 1:16- "내가 복음을 부끄러워하지 아니하노니"

우리 시대는 어떤 사실이나 용어를 규정할 때 의도적으로 모호하게 한다. 왜냐면 적을 만들지 않고 반대자까지도 적당히 우리 편으로 끌어들이겠다는 상업적인 생각에서 나온 전략이다. 그런데 이런 태도가 복음을 말할 때도 그렇다. 여기서 생각할 첫째 요소는 복음 앞에 붙은 정관사다. 바울은 자기의 특별한 복음을 말한 것이 아니다. 그는 마태의 복음이나 요한의 복음과는 다른 자신만의 복음을 가지고 있지 않았다. 예를 들어 4 복음서에는 저자들의 특별한 인격성이 묻어나지만, 그들이 전한 복음은 모두 똑같았다. 그들은 복음이 마치 여러 개라도 있는 것처럼 다양한 형태와 방식으로 복음을 말하는 요즘 사람들과는 아주 달랐다. 또 바울은 특정한 문화에 속한 복음을 전하지 않았다. 유대인에게는 이런 복음을, 이방인에게는 저런 복음을 전하지 않았다.

그는 문화의 차이를 이해하고 각 문화의 차이를 충분히 고려했지만, 복음을 그 문화에 적합하게 만들거나 반감을 축소하려고 노력하지 않았다. 오히려 바울은 유대인과 이방인 모두에게 복음을 있는 그대로 전했기 때문에 항상 위험에 직면해야 했다. 기존의 유대인들에게 심한 핍박을 받아야만 했고 또 이방인에게도 조롱과 멸시를 받았다. 또 바울은 역사상 한 시대에만 적용되는 복음을 전하지 않았다. 그가 처음 복음을 전할 때부터 그가 로마에서 순교할 때까지 그가 전한 복음은 항상 같은 예수 그리스도의 십자가와 부활이었다.

복음은 인간은 악하며 죄의 종노릇 하는 존재라고 가르친다. 인간은 나쁜 열매를 맺는 못된 나무다. (마 7:17) 인간은 자신의 모습을 적나라하게 폭로하는 하나님 계시의 빛을 미워하며 자신의 악한 행위가 드러날까 두려워해서 어둠 속에 숨는다. 그들의 마음에는 악한 생각, 살인, 간음, 음란, 도둑질, 거짓말, 비방, 미움이 가득하다. 심지어 가장 고상하다고 하는 도덕주의자들조차도 죽은 사람의 뼈가 가득 들어있는 회칠한 무덤과 같다. (마 23:27)

바울도 "모든 사람이 죄를 범하였으매 하나님의 영광에 이르지 못하더니"(롬 3:23)라고 인간의 죄인 됨을 고발한다. 이런 인간이 하나님 앞에서 심판받고 하나님의 진노가 그들 위에 머물러 있다고 한다. 빌라도에게 죽임을 당한 갈릴리 사람들과 실로암 망대가 무너져 죽은 열여덟 사람은 살아남은 사람들보다 죄가 더 크기 때문에 죽은 것이 아니다. 모든 살아있는 사람이 그런 죽임을 당해 마땅하다. 그런 불행에서 벗어날 수 있는 길은 오직 하나님의 긍휼뿐이다. 모두가 하나님의 진노 아래 죽임을 당해야 마땅하다. 회개하지 않으면 결국 인간은 망한다.

이런 인간에게 복음은 십자가가 구원의 핵심이라고 가르친다. 예수님은 십자가에서 하나님 진노의 잔을 남김없이 들이키시고 하나님 아버지께 버림을 받으셨다. 이렇게 그리스도께서 성경대로 우리 죄를 짊어지고 저주를 받아 하나님의 진노 아래 화목제물로 돌아가셨다. 이 복음은 대신 우리에게 회개와 믿음을 요구한다. 회개와 믿음을 거부하는 사람은 하나님의 진노 아래 멸망할 것이다. 참된 회개는 진지하고 값비싼 주님의 제자로서의 대가를 치른다고 한다.

> "무릇 내게 오는 자는 자기 부모와 처자와 형제와 자매와 더욱이 자기 목숨까지 미워하지 아니하면 능히 내 제자가 되지 못하고"(눅 14:16) "누구든지 나를 따라오려거든 자기를 부인하고 자기 십자가를 지고 나를 따를 것이니라 누구든지 제 목숨을 구원하고자 하면 잃을 것이요 누구든지 나를 위하여 제 목숨을 잃으면 찾으리라"(마 16 : 24, 25)

2) 복음의 배타성을 인정하자

설교자들이 종종 전도하다가 낙심하고 또 인간관계에서 어려움을 겪는 것을 본다. 자세히 살펴보면 인간 이해가 부족해서 오는 문제다. 대 사도인 바울에게 복음을 들은 사람들이 복음을 멸시하고 거부하고 적대시한 이유가 무엇인가? 복음은 모든 믿는 사람에게 구원을 주는 하나님의 능력이지만 타락한 사람의 귀에는 믿기 어렵고 거북하고 불쾌한 말씀이다. 육신적으로 생각하면 바울도 복음을 부끄러워할 이유가 충분했다. 복음은 당시 유대인들이 진리로 믿고 있던 모든 것과 정면으로 충돌하기 때문이다.

유대인에게 십자가에 죽은 나사렛 사람을 메시아라고 선포하는 복음은 신성을 모독하는 것이었고 또 자기 민족의 종교적 우월성에 수치를 안겨주는 것이었다. 또 헬라인에게 유대의 메시아가 육신을 입고 나타난 하나님이라고 말하는 복음은 웃어넘길 수밖에 없는 코미디 같은 것이었다. 당시 세계를 누비며 복음을 전한 바울 사도는 성령께서 개입하셔서 청중의 마음과 생각을 열어주지 않으시면 입을 열어 복음을 전할 때마다 멸시와 조롱을 받을 것이라는 사실을 잘 알고 있었다. 오늘날 타락한 사람들에게도 복음은 역시 거리끼는 것이다.

생각해 보라. 그 어느 때보다 인간의 지식이 최고로 발달했다. 문명 역시 꽃을 피웠다. 경제는 얼마나 여유와 풍요가 넘치는가? 이런 인간은 자신들이 곧 신이요 여기가 천국이다. 그런데 갑자기 설교자가 당신은 죄인이라고 협박하듯이 한다. 또 이곳은 지옥 같은 곳이고 천국은 따로 있다고 말하는데 속된 말로 열받지 않겠는가? 또 우리는 절대적인 것은 없다는 명제를 절대적으로 확신하고 있는 상대주의 문화에 잔뼈가 굵은 사람들이다. 진리를 찾는 사람들을 칭찬하지만, 기독교만이 진리라고 말하고 복음만이 진리라고 하면 우리에게 침을 뱉는 것을 주저하지 않는다. 진리는 하나가 아니고 얼마든지 진리가 많다고 한다. 해서 모든 종교에는 구원이 있다고 한다. 심지어 목사들도 그렇게 알고 있다. 우리는 이미 오래전부터 종교 다원주의 속에서 살고 있다. 사람의 손으로 만든 것을 신으로 숭배하는 세상은 고대만이 아니라 현대에도 넘쳐나고 있다.

'문화는 물과 같고 산소와 같다.' 이런 배타적인 문화 깊숙이 들어와 우리는 복음을 전하는 설교자로 살기로 결심했다. 설교자는 밥

빌어먹기 힘들어 전도자가 된 사람이 아니다. 적어도 바울 사도처럼 내가 복음을 전하지 않으면 저주를 받을 것 같은 심정이 있어 이 십자가 복음을 전하는 것이다. 그러므로 우리는 뱀같이 지혜롭고 또 비둘기같이 순결해야 한다. 특히 이 시대가 얼마나 복음에 배타적인지를 절대 잊으면 안 된다. 동시에 또 알 것은 참된 복음은 철저히 배타적이라는 사실이다. 복음은 "너희가 어느 때까지 둘 사이에서 머뭇머뭇하려느냐 여호와가 만일 하나님이면 그를 따르고 바알이 만일 하나님이면 그를 따르라"(왕상 18:21)라고 촉구한다. 예수님께서는 하나의 길이 아니라 유일한 길이시다. 다른 길은 없다. 만일 기독교가 관용을 중시하는 교회 일치 운동(Ecumenicalism)으로 유일한 길을 여러 길로 바꾼다면, 배타성은 사라지고 세상은 기독교와 친구가 될 것이다. 그러나 이런 일이 일어나면 기독교는 이제는 생명이 아니다. 모든 인류는 구원자를 잃어버리고 구원의 길도 잃어버릴 것이다.

3) 강력한 복음

인간 스스로 죄와 저주와 심판에서 구원할 수 없다는 것은 성경이 말하는 주제이면서 동시에 인류 역사가 태초 이래 지금까지 증명한 사실이다. 욥은 "내가 눈 녹은 물로 몸을 씻고 잿물로 손을 깨끗하게 할지라도 주께서 나를 개천에 빠지게 하시리니 내 옷이라도 나를 싫어하나이다"(욥 9:30, 31)하고 탄식한다. 구약 성도는 자신의 죄가 항상 자신 앞에 있다고 탄식했고, 바울 사도는 "오호라 나는 곤고한 사람이로다. 이 사망의 몸에서 누가 나를 건져내랴"(롬 7:24) 하고 부르짖었다.

이렇게 구원에 대해 인간이 전적으로 무능하다는 사실은 하나님께서 우리에게 말씀하시는 진리이다. 이 진리는 인간을 겸손하게 하고 복음의 구원 능력을 부각하는 중요한 의미가 있다. 이렇게 인간 구원을 인간에게만 맡겨놓으면 절대 소망이 없다. 그렇게 평생을 자기 구원을 스스로 이루려고 몸부림을 치면서 누워서 잠을 자지 않고 앉은 채로 잠을 자며 수양을 쌓았던 성철 스님조차 나는 내 억만 가지 죄악 중에 단 하나도 해결하지 못하고 억겁의 지옥으로 떨어진다고 외마디 비명과 함께 영원한 어둠 속으로 사라지지 않았는가?

바울 사도는 복음을 하나님의 능력이라고 한다. '능력'은 헬) 두나미스 이다. 바울은 하나님께서 능력을 베풀어 자기 백성을 구원하신 출애굽 사건과 그 외에 이스라엘 역사에 깊숙이 개입하신 하나님의 능력을 염두에 두었을 것이다. '두나미스'라는 용어가 사용된 곳이 두 군데 있다. 하나는 예수님을 죽은 자 가운데서 다시 살려 하나님의 아들로 선포한 능력을 가리키고(롬 1:4) 또 하나는 우주를 창조하시고 유지하는 사역을 통해 나타난 하나님의 능력을 가리킨다. (롬 1:20) 둘 다 하나님의 능력을 나타낸다. 그러나 복음의 능력은 여기에 조금도 뒤지지 않는다. 복음은 죽었던 인간의 영혼을 다시 살려 새 사람으로 만드는 중생 즉 거듭남을 통해 영적 부활을 주는 하나님의 능력이기 때문이다.

복음의 능력을 알려면 두 가지 질문을 던져야 한다.

첫째 죄인을 구원하려면 얼마나 큰 능력이 필요한가? 앞에서 구원은 인간 스스로는 절대 불가능한 일이라고 했다. 그러므로 구원은 오직 하나님만 하실 수 있는 일이다. (마 19:26) 인간은 타락해 하나님의 형상이 심각하게 훼손되었고 도덕적으로 부패했기 때문에 하나님의 의에 이를 수 없다. 이것을 성경은 하나님과 원수 관계에 놓였다고 한다. 인간은 철저히 하나님을 거부하고 그 존재를 인정하지 않는다.

"그 정죄는 이것이니 곧 빛이 세상에 왔으되 사람들이 자기 행위가 악하므로 빛보다 어두움을 더 사랑한 것이니라 악을 행하는 자마다 빛을 미워하여 빛으로 오지 아니하나니 이는 그 행위가 드러날까 함이요"(요 3:19, 20)

인간이 하나님을 대적해 쌓아놓은 타락의 성벽은 여리고 성벽보다 훨씬 강하고 단단하다. 인간은 스스로 힘으로는 그 벽을 허물 수 없다. 절대 자신의 부패한 성품을 바꿀 수 없다. 이것이 바로 죄인인 인간을 구원할 때 나타나는 하나님의 능력이 우주를 창조할 때 나타난 하나님의 능력보다 훨씬 강하다고 말하는 이유다. 타락하고 부패한 인간의 본성에서 선한 것을 재창조하니 차라리 무에서 선한 것을 창조하기가 더 쉽다. 그러므로 오늘날 사람을 전도하기 위해 사용되는 수많은 방법론과 마케팅 전략과 도구와 수단들이 무익하고 헛되다는 사실이다. 사람이 구원받으려면 복음 선포를 통해 초자연적인 하나님의 능력이 나타나야만 가능하다.

복음의 능력을 알려면 둘째, 구원의 능력은 오로지 복음에서만 발견되는가? 하는 질문이다. 예수 그리스도의 복음은 구원을 주시는 하나님의 유일한 능력이다. 복음은 구원받는 데 필요한 일부가 아니라 전부이다. 그러므로 복음을 적절하게 바꾸거나 이해하기 쉽게 조정하거나 힘써 변호하려고 애쓸 필요가 없다. 담대하게 순전하게 복음을 선포하기만 하면 복음은 스스로가 능력을 발휘한다. 육체적인 수단과 방법을 모두 포기하고 오직 복음만 선포하며 중보기도하고 희생적인 사랑으로 복음을 보여주는 설교자 한 사람이 모든 전략가와 경영자의 비법을 다 합친 것보다 영혼을 구원하는 일에 더 많은 일을 한다.

생각해 보라, 테슬라의 회장 일론 머스크가 가지고 있는 255조의 돈을 몽땅 투자한들 단 한 사람의 영혼을 구원할 수 있는가? 미국과 러시아가 가지고 있는 핵폭탄을 다 사용한들 한 영혼의 죄를 해결할 수 있는가? 지금까지 노벨상을 받은 모든 석학의 지식을 총동원한들 한 사람의 영혼을 거듭나게 할 수 있는가? 도저히 그런 일은 일어날 수 없다. 대한민국은 지금 총선 전쟁 일보 직전이다. 그런데 대한민국의 국회의원들이 가지고 있는 수백 개의 금배지의 권력으로 죽어가는 한 영혼을 구원할 수 있는가? 어림도 없다. 오히려 그 권력으로 배나 지옥 자식이 되게 할 뿐이다. 그러나 개척교회 설교자가 지하 교회에서 전하는 예수 그리스도의 복음을 듣고 수많은 사람이 회개하고 예수를 믿고 구원을 얻고 거듭나고 하나님의 자녀가 된다. 이것이 복음의 능력이다. 예수 그리스도 하나님 아들의 십자가 복음만이 능력이다.

그렇다면 구원이란 무엇인가?

첫째, 구원은 정죄함에서의 구원이다. 우리가 예수 그리스도의 복음으로 구원을 받으면 이제는 죄인이 아니고, 하나님의 자녀이다. 의로우신 하나님을 아버지라고 부르는 의인이 된 것이다. "그러므로 이제 그리스도 예수 안에 있는 자에게는 결코 정죄함이 없나니" (롬 8:1)

둘째, 죄의 권세로부터의 구원이다. 그리스도 안에서 선한 일을 시작하신 하나님은 그 선한 일을 마지막까지 완전하게 이루시고 모든 더러운 것과 우상 숭배에서 깨끗하게 하실 것이라고 약속한다. (빌 1:6)

셋째, 죄의 현실에서의 온전한 구원이다. 구원받은 그리스도인은 점차로 변화된다. 그래서 그리스도의 장성한 모습으로 변화된다. 그 안에 부패한 속성들이 제거되고 결국은 몸까지 그리스도처럼 될 것이다.

4) 죄를 가볍게 여기지 말라

복음의 핵심은 그리스도의 십자가다. 그리스도께서는 죄 때문에, 십자가에 죽으셨다. 그러므로 죄를 성경적으로 이해하지 않으면 복음을 옳게 선포할 수 없다. 설교자는 끊임없이 죄의 사악한 본성을 일깨우고 인간이 죄인인 것을 쉼 없이 보여주어야 한다. 죄를 명확하게 설명하는 것이 중요한 이유는 우리가 죄 가운데서 출생해 죄를 지으며 살기 때문이다. 우리는 마치 밥을 먹듯이 죄를 범한다. 우리가 밥을 즐겨 먹듯이 죄 또한 즐겨 행한다. 그러므로 죄와 인간의 부패함에 관한 성경의 가르침을 정확히 알고 있어야 한다.

죄를 어떻게 이해하느냐에 따라 하나님과 복음을 이해하는 것이 달라진다. 예수 그리스도의 복음을 위탁받은 청지기인 우리가 죄를 가볍게 여기거나 죄 문제를 회피한다면 사람들은 큰 피해를 볼 것이다. 지금은 은퇴한 한국 교회의 원로 한 분은 신학교에서 신학생들에게 교회 강단에서 설교하면서 절대 회개하라고 설교하지 말라고 아주 강하게 가르쳤다. 만일 죄 문제를 다루는 것이 설교자의 잘못이라면 예수님께서 회개하라고 하신 것도 잘못이란 말인가? 지금 러시아와 우크라이나의 전쟁, 하마스와 이스라엘의 전쟁, 수많은 내전, 북한의 처참한 인권유린, 이 모든 것의 뿌리는 무엇인가? 바로 인간의 죄이다. 이것을 부인하는 것은 바로 기독교의 근본 진리 가운데 하나를 부인하는 것이다.

사람들에게 죄인이라고 말하는 것은 사랑이 없는 것과는 아무런 상관이 없다. 오히려 그렇게 말하지 않는 것이 사랑이 없는 것이다. 하나님께서는 설교자인 우리가 죄와 임박한 심판을 경고하지 않으면 그로 인해 멸망하는 사람의 피 값을 우리 손에서 찾겠다고 하신다. (겔 33:8) 죄의 문제를 말하지 않고 설교하려는 것은 평안함이 없는데도 평안하다 평안하다고 말하면서 죄에서 구원하겠다는 것이나 다름이 없다. 로마서는 성경의 조직신학과 같은 책이다. 이 로마서 1~3장의 내용은 모두 죄 론을 주제로 한다.

바울 사도는 성령의 감동을 받아 모든 인간이 죄인이라는 사실을 입증했다. 그리스도인은 하나님께서 우리에게 정죄와 죽음의 직분이 아니라 의와 화해와 생명의 직분을 허락하셨음을 안다. 그러나 그렇다고 해서 죄에 관해 말하지 않거나 말씀을 통해 죄를 깨우치는 성령의 역사를 외면하라는 말로 오해하면 안 된다. 그리스도 예수 안에서는 결코 정죄함이 없다. 그러나 그리스도를 떠나서는 오직 정죄와 파멸 밖에는 없다. 율법은 구원의 수단이 아니고 죄를 깨닫게 하는 도구이다. 그래서 구원자이신 예수 그리스도에게 돌아오게 하는 것이다. 율법은 죄를 정죄하는 것만 목적이 아니다. 죄의 심각성을 일깨워 구원자이신 그리스도에게 향하는 것이다. 그래서 율법은 몽학 선생이다. 그러나 설교자의 사역 목표는 정죄가 아니다. 죄를 지적받은 사람들이 자신의 도덕적 부패함을 깨닫고 회개와 믿음을 통해 그리스도를 믿기 바라는 것이다.

> **고후 10:15-** "하나님 아는 것을 대적하여 높아진 것을 다 무너뜨리고 모든 생각을 사로잡아 그리스도에게 복종하게 하니"

설교자의 목표하는 바는 바로 이것이다. 우리의 설교가 이런 목적을 지향하고 있는지 자세한 점검이 필요하다. 청중에게 진리를 가르치고 죄를 드러내고 꾸짖을 만큼 그들의 영혼을 사랑하는가? 죄의 심각성을 뼈저리게 의식하고 오직 예수만 바라보기를 바라는 마음으로 진리를 가르칠 만큼 사람들을 불쌍히 여기는 마음이 끓어오르고 있는가? 사람들에게 구원의 복음을 가르치고 그들이 구원받을 수만 있다면 어떤 오해나 비난이나 고통을 감당할 마음이 있는가? 최근에 설교 아카데미를 수업한 목사 중에 긍휼 사역에 지나치게 에너지를 허비하는 분을 보았다. 목회가 물론 가난하고 불쌍한 이웃의 친구가 되셨던 주님처럼 우리도 이웃을 그리스도의 사랑으로 보살펴야 한다. 그러나 그 일 때문에 그들의 영혼을 살리는 일

에는 정작 에너지를 쏟지 못하고 지쳐버린다면 무엇이 목양의 목적
인지 착각하는 것이다.

진정으로 사람의 생명을 소중하게 여기는 의사는 질병의 원인을
찾고 그 심각성을 환자에게 소상히 알리는 것이 치료의 첫 단계이
다. 자신이 암에 걸린 것을 모르는 사람은 의사에게 도움을 구하지
않는다. 불이 났다는 사실을 알지 못하는 사람은 불이 타오르는 집
에서 뛰쳐나오지 않는다. 마찬가지로 자신이 죄로 인해 멸망의 지
름길로 가고 있다는 사실을 모르는 사람은 절대 하나님과 예수 그
리스도를 찾을 수 없다. 사람이 죄를 인정하게 하려면 설교자는 가
장 먼저 그 사람의 죄가 무엇인지 구체적으로 성경적으로 말해주어
야 한다. 위험에서 벗어나려면 그 사람이 지금 어떤 위험에 직면했
는지 알려주어야 한다. 오직 그리스도 안에서만 구원받을 수 있다
는 확신을 가져야만 비로소 자기의 의에 근거한 희망을 완전히 버
리고 주님께 달려 나올 것이다. 이처럼 인간이 죄를 깨닫게 하는 일
은 인간의 힘으로는 불가능하고 오직 성령께서 하신다.

> 요 16:8~11- "그가 와서 죄에 대하여 의에 대하여 심판에 대하여 세상을 책
> 망하시리라 죄에 대하여라 함은 그들이 나를 믿지 아니함이요 의에 대하여라
> 함은 내가 아버지께로 가니 너희가 다시 나를 보지 못함이요 심판에 대하여라
> 함은 이 세상 임금이 심판을 받았음이라"

예수님께서는 하나님께서 성령님을 보내신 이유가 사람들에게
죄와 의와 심판을 깨우쳐 주기 위해서라고 한다. 죄를 밝히 드러내
죄인을 회개하게 만드는 것은 성령님의 주된 사역 중 하나다. 그렇
다면 성령 충만한 설교자 역시 마땅히 그래야 하지 않겠는가? 성령

과 함께 사역하지 않는다면 어떻게 성령의 능력으로 복음을 설교할
수 있겠는가? 물론 성령께서는 인간이라는 도구를 절대적으로 의
존하지 않으신다. 그러나 하나님은 '전도의 미련한 것'으로 인간에
게 죄의 깨달음과 회개와 구주를 믿는 믿음을 허락하기로 작정하셨
다. (고전 1:21) 그러므로 설교자가 청중의 죄를 드러내거나 회개를
촉구하는 것을 두려워한다면 어떻게 성령께서 그 설교자를 도구로
사용하시겠는가? 성경은 하나님의 말씀이 성령의 칼이라고 가르친
다. (엡 6:17) 설교자들이 그 칼을 사용해 청중에게 죄를 깨우쳐 주기
를 주저한다면 그것은 성령님과 사역을 소멸하는 것이다.

　마지막으로 죄를 심각하게 다루어야 할 가장 큰 이유는 무엇인
가? 그렇게 함으로 복음의 능력과 영광을 밝히 드러내기 때문이다.
한낮에는 별들의 반짝이는 모습을 볼 수 없다. 햇빛이 별빛을 가
리기 때문이다. 그러나 해가 석양으로 넘어가고 칠흑 같은 어두움
이 하늘을 덮으면 그때 비로소 별들이 그 찬란한 빛을 반짝인다. 예
수 그리스도의 복음도 마찬가지다. 죄를 배경으로 할 때만 복음의
아름다운 빛을 확실히 볼 수 있다. 인간이 죄의 본질을 깊이 깨닫
고 자신은 아무 공로도 내세울 수 없는 영적 파탄자라는 사실을 알
기 전까지는 그리스도의 아름다움이나 복음의 가치를 알 수 없다.
인류 역사 동서고금을 막론하고 성령께서 죄와 의와 심판을 깨우쳐
주심으로 비로소 그리스도를 영접할 수 있었던 그리스도인들이 부
지기수이다. 그러므로 다시 한번 강조하건대 설교자는 설교에서 죄
의 심각성을 철저히 강조하고 또 가르치고 부각해야 한다.

3. 십자가

막 15:34- "제구 시에 예수께서 크게 소리 지르시되 엘리 엘리 라마 사박다니 하시니 이를 번역하면 나의 하나님, 나의 하나님 어찌하여 나를 버리셨나이까 하는 뜻이라"

눅 22:41~44- "그들을 떠나 돌 던질 만큼 가서 무릎을 꿇고 기도하여 이르시 되 아버지여 만일 아버지의 뜻이거든 이 잔을 내게서 옮기시옵소서 그러나 내 원대로 마시옵고 아버지의 원대로 되기를 원하나이다. 하시니 천사가 하늘로 부터 예수께 나타나 힘을 더하더라. 예수께서 힘쓰고 애써 더욱 간절히 기도하 시니 땀이 땅에 떨어지는 핏방울같이 되더라"

복음을 설교하라는 이 장에서 예수 그리스도의 십자가는 가장 중 요한 주제이다. 많은 그리스도인이 생각하는 대로 그리스도의 십자 가는 태초 이래 인류 역사에서 가장 중요한 사건이다. 사람이 천하 를 호령하는 권력을 가지고 있고 지구상에 가장 많은 돈을 금고에 쌓아놓고 세상의 온갖 이치를 한눈에 꿰뚫는 천재적인 지식과 지혜 를 가지고 있다. 해도 예수 그리스도의 십자가 비밀을 알지 못한다 면 그 사람은 차라리 나지 않은 것이 좋았을 것이다.

그런데 현대 설교자들은 이 십자가의 보물을 충분히 설교하지 않 는다. 필자는 오래전 고인이 된 김홍전 박사의 설교 속에서 아주 풍 성한 십자가의 복음을 듣고 얼마나 기뻐했는지 지금도 그 감격이 새롭다. 우리는 그리스도께서 하나님 백성의 죄악을 짊어진 채 죽 으셨고 하나님 아버지께서 정하신 죄의 형벌을 온몸으로 담당하셨 으며 우리를 대신해서 하나님 아버지께 버림을 당하기까지 하나님 의 진노를 고스란히 담당하셨음을 사실 그대로 설교해야 한다.

1) 하나님께 버림당하신 하나님의 아들

그리스도께서는 십자가 위에서 "엘리 엘리 라마 사박다니"하고 외치시고 숨을 거두셨다. 이 말씀은 "나의 하나님 나의 하나님 어찌하여 나를 버리셨나이까?"라는 뜻이다. 그리스도께서 하나님 아버지의 아들로 창세 전부터 성부 하나님과 온전한 사랑의 관계를 맺고 계셨음을 생각하면 이 말씀은 참으로 이해하기 어렵고 또 받아들이기도 어려울 뿐만 아니라 너무나 충격적이다. 그러나 이 말씀은 십자가의 의미와 그리스도께서 십자가에서 죽으셔야 했던 이유를 잘 설명해 준다. 주님께서는 이 말씀으로 하나님 아버지께 부르짖으셨을 뿐만 아니라 모든 인류에게 메시아에 관한 구약 성경의 예언 가운데 가장 중요한 내용을 상기시키셨다. **시 22편**에는 그리스도의 십자가에 대한 예언이 자세히 기록되어 있다.

> **시 22:1~6**- "내 하나님이여 내 하나님이여 어찌 나를 버리셨나이까 어찌 나를 멀리하여 돕지 아니하시오며 내 신음소리를 듣지 아니하시나이까 내 하나님이여 내가 낮에도 부르짖고 밤에도 잠잠하지 아니하오나 응답하지 아니하시나이다 이스라엘의 찬송 중에 계시는 주여, 주는 거룩하시니이다 우리 조상들이 주께 의뢰하고 의뢰하였으므로 그들을 건지셨나이다 그들이 주께 부르짖어 구원을 얻고 주께 의뢰하여 수치를 당하지 아니하였나이다"

나는 벌레요 사람이 아니라 사람의 비방 거리요 백성의 조롱거리니 이다.

주님께서 십자가상에서 부르짖은 것은 이 시편의 첫 구절이다.

1, 2절은 메시아가 불평하는 말을 기록하고 있다. 메시아는 하나님이 자신을 버리셨다고 생각했다. 마가는 "버리다, 유기하다"를 뜻하는 헬) 에그카탈레이포(ἐγκαταλείπω)를, 시편 저자는 "버리다,

떠나다"를 뜻하는 히) 아자브를 사용했다. 두 경우 모두 하나님께서 메시아를 버리셨고 자신의 부르짖음조차도 외면하셨다고 생각했다. 이것은 비유가 아니다. 실제로 하나님의 아들은 하나님 아버지에게 버림을 받았다. 하나님께 버림받은 사실을 가장 생생히 살아서 느껴본 사람이 바로 십자가에 매달리신 하나님의 아들이시다. 4, 5절은 메시아가 당할 고통이 한층 더 강렬해진 이유를 설명한다. 메시아는 언약 백성을 향한 하나님의 신실하심을 떠올렸다. 그는 "우리의 조상들이 주께 의뢰하였으므로 그들을 건지셨나이다 그들이 주께 부르짖어 구원을 얻고 주께 의뢰하여 수치를 당하지 않았다."고 말한다.

한눈에 봐도 대조되는 상황이 분명하게 그려진다. 언약 백성의 역사에서 의인이 하나님께 부르짖을 때 구원받지 못한 적은 단 한 번도 없다. 그런데 지금 무죄하신 그리스도께서 온전히 버려진 상태로 나무에 달리셨다. 하나님 아버지께서 아들의 부르짖음을 외면하고 버리신 이유는 무엇인가? 하나님께서는 왜 독생자를 버리셨는가? 예수님은 고통에 찬 부르짖음으로 곤혹스러운 질문에 대한 대답을 대신하셨다. 3절에서 주님은 "하나님은 거룩하시다."고 말씀하셨다. 그런 다음 6절에서는 "자신이 벌레일 뿐, 사람이 아니라"는 입에 담기조차 무서운 말을 토해내셨다. 이유가 무엇일까? 하나님께서 우리 모두의 죄악을 예수님께 전가하셨기 때문이다. 그래서 예수님은 벌레처럼 버림받아 짓밟히셨다. 그 외에도 구약 성경에서 그리스도는 불 뱀과 희생 염소로 묘사된다. 하나님의 아들 그리스도께서 벌레, 독뱀, 염소로 상징된다니 참으로 놀랍지 않은가?

2) 죄인이 되신 메시아

신약 성경의 저자들은 성령의 영감을 받아 죄를 알지도 못하신 메시아가 죄가 되셨고 성부의 사랑하시는 독생자가 저주가 되셨다고 한다. (고후 5:21, 갈 3:13) 천상의 스랍들이 "거룩하다 거룩하다 거룩하다"하고 찬송한 하나님이 "죄가 되어" 십자가에 처참하게 강도들 사이에서 못 박히셨다. "신성의 모든 충만이 육체로 거하시는" 분이 죄가 되셨다는 말이 무슨 뜻인가? 이것은 믿는 자가 그리스도 안에서 "하나님의 의"가 되는 것과 똑같은 방식으로 그분이 우리를 대신해 죄인이 되셨다는 결론을 말할 수 있다.

> **고후 5:21-** "하나님이 죄를 알지도 못하신 이를 우리를 대신하여 죄로 삼으신 것은 우리가 그 안에서 하나님의 의가 되게 하려 하심이라"

우리는 현재 '하나님의 의'가 된 상태다. 이유는 우리의 인격이 정화되어 온전히 의롭게 되었거나 죄 없는 상태로 바뀌었기 때문이 아니라 하나님의 아들 그리스도의 의가 우리에게 전가되었기 때문이다. 그와 마찬가지로 그리스도께서 죄인이 되신 것은, 그분의 성품이 실제로 부패해졌기 때문이 아니라 우리의 죄가 그분에게 전가되었기 때문이다. 그래서 하나님께서는 우리의 죄에 대한 책임을 그분에게 물어 우리가 받아야 할 죄의 저주와 진노의 심판을 그분에게 내리셨다. 그리스도께서는 우리의 죄로 인한 부패한 성품을 취하지는 않으시고 다만 우리의 죄책만 짊어지셨다. 우리 죄를 짊어지셨지만, 그리스도는 여전히 흠도 없고 점도 없는 하나님의 어린 양이시다. (벧전 1:19)

그렇다고 해서 그리스도께서 우리를 대신해 형식적으로만 죄인이 되셨다고 생각해서는 곤란하다. 비록 전가된 죄지만 그 죄는 실제로 그분의 영혼에 엄청난 고통을 안겨 주셨다. 그리스도는 실제로 죄인이 되셨고 우리 죄를 짊어지셨으며 우리의 죄책을 담당하셨고 죄인이 받는 하나님의 진노도 고스란히 온 영혼과 몸으로 받으셨다. 그리스도의 참된 본성과 죄인이 되셨다는 사실을 자세히 대조해 보면 그리스도께서 죄인으로 경험하신 고통은 어마어마한 것임을 알 수 있다. 죄인이 자신이 지은 죄로 인해 당하는 고통은 당연하다. 그러나 "죄를 알지도 못하신 분"이 죄의 저주와 형벌을 짊어지시고 수많은 죄인의 죄를 몸소 느끼신다는 것은 차원이 다르다. 이것은 거지가 된 왕자가 겪는 고통과도 비교가 불가한 것이다. "악이 없고 더러움이 없고 죄에서 떠나 계신 분"(히 7:26)이 죄인들로부터 그런 대우를 받으신다는 것은 차원이 달라도 한참 다른 이야기다. 죄인이 마땅히 받아야 할 정죄를 받는 것과 하나님의 사랑하는 아들이 자신의 아버지, 영원 전부터 완벽한 친밀한 관계를 맺으시고 무한한 사랑을 베풀어 주신 아버지께 심판과 정죄를 받는 것은 비교 자체가 불가능하다.

3) 저주를 받으신 메시아

　그리스도께서는 죄인이 되심으로 이번에는 하나님 아버지께 철저히 버림을 당하신다. 에덴동산에서 인류의 대표자인 아담이 하나님께 불순종함으로 모든 인류가 하나님의 저주 아래 놓이게 되었다. 저주는 불행이나 재앙을 비는 악담을 뜻하는 헬) 카타르(Καταρ)다. 신약 성경에서 이 말은 하나님에게 버림과 배척을 당해 심판과 정죄 아래 놓인 상태를 말한다. 저주는 축복과 반대다. 마태복음의 팔복을 이렇게 표현하면 저주 아래 있는 상태가 무엇인지 쉽게 이해될 것이다. "천국에 들어갈 사람은 복이 있고, 그곳에 들어가지 못할 사람은 저주받았다. 하나님께 위로받는 사람은 복이 있고 그분께 진노를 받는 사람은 저주받았다. 복 있는 사람은 만족스럽고 저주받은 사람은 비참하고 불행하다. 복 있는 사람은 하나님을 볼 것이고 저주받은 사람은 하나님 앞에서 쫓겨날 것이다. 복 있는 사람은 하나님의 자녀이고 저주받은 사람은 수치스럽게 버림받을 것이다."

하나님의 관점에서 보면 율법을 어긴 사람은 악하므로 미움을 받아야 마땅하다. 그들은 하나님의 진노 때문에 영원히 멸망 당해야 할 영원한 운명이다. 하나님의 진노를 받은 죄인은 영원한 지옥문으로 들어갈 것이다. 이런 말은 조금도 과장되거나 판타지가 아니다. 거룩하신 하나님은 거룩하지 못한 죄인을 그처럼 미워하신다. 그런데 하나님의 아들이신 그리스도께서 피조물인 인간이 되어 이 세상에 오시고 친히 우리가 받을 저주를 담당하셨다.

> **갈 3:13-** "그리스도께서 우리를 위하여 저주를 받은 바 되사 율법의 저주에서 우리를 속량하셨으니 기록된바 나무에 달린 자마다 저주 아래에 있는 자라 하였음이라"

이렇게 그리스도께서 우리 대신 영원한 저주를 받으셨다. 그리스도께서는 사람이 아닌 벌레, 광야에서 들린 뱀, 영문 밖으로 쫓겨난 희생 염소, 하나님의 저주를 받는 자가 되셨다. 왜? 바로 여러분과 나의 죄를 대신해서다. 설교자는 이 그리스도의 대신 받으신 저주에 대해 체험해야 한다. 그래야 설교에서 복음을 실감이 나게 확신 있게 선포할 수 있다. 신 27, 28장에 하나님께서 이스라엘 백성을 둘로 나누어 한쪽은 그리심. 산에, 다른 한쪽은 에발 산에 두신다.

그리심. 산에 있는 사람들은 하나님께 순종하는 사람들에게 임할 축복을 선언했고, 에발 산에 있는 사람들은 순종을 거부하는 사람들에게 임할 저주를 선언했다. 그리스도께서는 그리심. 산에서 선언한 축복을 누릴 권리가 당연히 있었지만 에발 산에서 울려 나오는 성부 하나님의 저주로 십자가에 매달리셨다. 순간 하나님 아버지께서는 하늘 문을 여지없이 닫아버리시고 죄인들이 받아야 할 무서운 저주를 그리스도께 남김없이 쏟으셨다. 그리스도께서는 하나님 아버지를 향해 울부짖었지만, 하나님 아버지는 귀를 막으셨다. 그리스도께서는 자기 백성을 위해 신명기 28장의 저주를 모두 감당하셨다.

신 28:16, 19,– "네가 성읍에서도 저주를 받으며 들에서도 저주를 받을 것이요 네가 들어와도 저주를 받고 나가도 저주를 받으리라"

신 28:20, 23– "네가 악을 행하여 그를 잊으므로 네 손으로 하는 모든 일에 여호와께서 저주와 혼란과 책망을 내리사 망하며 속히 파멸하게 하실 것이며 여호와께서 폐병과 열병과 염증과 학질과 한재와 풍 재와 썩는 재앙으로 너를 치시리니 이 재앙들이 너를 따라서 너를 진멸하게 할 것이라"

그리스도께서는 십자가에서 우리 죄를 담당하시고 죄인처럼 친히 저주받으셨다. 그분은 사람을 죽이고, 거짓말하고, 이웃의 것을 도둑질하고, 간음하고 우상을 숭배한 자처럼 저주받으셨다. 다윗은

"허물의 사함을 받고 자신의 죄가 가려진 자는 복이 있도다, 마음에 간사가 없고 여호와께 정죄를 당하지 아니하는 자는 복이 있도다,"(시 32:1, 2)고 했다. 그러나 우리 죄가 전가된 그리스도께서는 십자가에서 하늘에서 쏟아지는 거룩하신 하나님 아버지의 진노를 온몸으로 감당하셔야 했다. 아브라함의 후손인 주님 안에서 세상 모든 사람이 복을 받게 된 것은 그분이 이 세상의 그 누구보다 더 심한 저주를 받으셨기 때문이다. 민수기에는 하나님께서 인간에게 허락하신 아름다운 축복의 약속이 있다. 이 약속은 제사장의 축복 기도, 혹은 아론의 축복 기도라고 불린다.

> **민 6:24~26-** "여호와는 네게 복을 주시고 너를 지키시기를 원하며 여호와는 그의 얼굴을 네게 비추사 은혜 베푸시기를 원하며 여호와는 그 얼굴을 네게로 향하여 드사 평강 주시기를 원하노라."

참으로 아름답고 은혜로운 축복이지만 이 축복은 우리에게 신학적이고 도덕적인 문제를 제기한다. 어떻게 의로우신 하나님이 그분의 의로우심을 훼손하지 않으시며 죄인들에게 축복하실 수 있을까? 답은 십자가에서 찾을 수 있다. 죄인이 축복받을 수 있는 이유는 거룩하고 의로우신 예수님께서 우리를 대신해서 저주받으셨기 때문이다. 하나님께서 지금까지 베푸셨고 또 베푸실 모든 축복이 우리에게 주어지는 이유는 그리스도께서 십자가 위에서 제사장의 축복 기도와 정반대되는 저주를 온전히 감당하셨기 때문이다. 아담의 잘못된 선택 때문에 피조물 전체가 저주 아래 신음하게 되었다. 그러나 마지막 아담이신 예수님은 피조물을 구원하시기 위해 자기 백성의 죄를 짊어지시고 저주와 진노를 온몸과 영혼으로 몸소 감당하셨다.

갈 3:13-"그리스도께서 우리를 위하여 저주를 받은 바 되사 율법의 저주에서 우리를 속량하셨으니"

청교도 저술가인 **존 프라벨**은 성부 하나님과 성자 하나님께서 타락한 인간을 염두에 두고 나누신 대화를 상상하며 우리를 구원하는 데 필요한 대가를 설명하는 글을 썼다. 그가 쓴 글은 십자가의 고뇌와 그 고난을 감수하기로 하신 성부 하나님과 성자 하나님의 사랑을 이렇게 묘사했다.

<u>아마도 성부께서는 우리를 위해 그리스도와 이런 대화를 나누셨을 것이다.</u>

"성자여, 여기 가엾고 비참한 영혼들이 있구려. 이들은 자신을 스스로 파멸시켜 나의 의로운 분노를 자극했다오. 그들을 구원하려면 나의 공의가 만족하여야 하오. 그렇지 않으면 그들은 영원히 멸망해야 하오. 이 영혼들을 어떻게 했으면 좋겠소?" 그러자 그리스도께서 입을 여셨다. "아버지여 그들이 한없이 가엾습니다. 저는 그들을 진심으로 사랑합니다. 그들이 영원히 멸망하는 것보다 차라리 제가 그들을 위해 보증을 서겠습니다. 그들이 아버지께 진 빚이 얼마인지 청구서를 제게 보여주세요. 그 청구서를 제게 돌리세요. 아버지께서 받으셔야 할 빚을 모두 제게 청구하시고 그들과는 계산하지 마세요. 그들이 진노를 당하느니 차라리 제가 당하겠습니다.

아버지여, 제게 모든 빚을 청구하세요." "그렇지만 성자여, 성자에게 빚을 청구하더라도 조금도 탕감해 줄 수가 없구려. 한 푼도 남김없이 다 갚아야 하오. 그들을 용서하려면 성자에게는 조금도 인정을 베풀 수가 없다오." "괜찮습니다. 아버지여. 그렇게 하옵소서. 제가 능히 감당할 수 있습니다. 제가 저주를 받더라도 제가 모든 것을 잃더라도 제 곳간이 텅 비더라도 기꺼이 감당하겠습니다."

우리는 십자가의 복음을 정확하게 이해해야 복음을 설교할 수 있다. 그리스도께서는 빌라도와 대제사장들이 가한 고통이 아니라 하나님 아버지의 진노를 감당하셔서 그분의 진노를 가라앉히셨다. 우리가 구원받는 이유는 사람들이 십자가에서 예수님께 고통을 가했기 때문이 아니라, 하나님 아버지께서 아들에게 진노를 쏟아내셨기 때문이다. 하나님 아버지는 우리를 향한 진노를 아들에게 남김없이 쏟아내셨다. 왜 그렇게 하셨는가? 원수인 우리를 구원하기 위해서다.

4. 부활

눅 24:5, 6- "여자들이 두려워 얼굴을 땅에 대니 두 사람이 이르되 어찌하여 살아 있는 자를 죽은 자 가운데서 찾느냐 여기 계시지 않고 살아나셨느니라 갈릴리에 계실 때에 너희에게 어떻게 말씀하셨는지를 기억하라"

롬 1:4- "성결의 영으로는 죽은 자들 가운데서 부활하사 능력으로 하나님의 아들로 선포되셨으니 곧 우리 주 예수 그리스도시니라"

롬 4:25- "예수는 우리가 범죄한 것 때문에 내줌이 되고 또한 우리를 의롭다 하시기 위하여 살아나셨느니라"

그리스도께서는 하나님 백성들의 죄를 담당하셨고 하나님의 진노를 감당하셨으며 당신의 영혼까지 내어주셨다. 그러나 그것이 끝은 아니었다. 우리는 십자가를 직접 목격했던 초대 교회 성도들이 그리스도의 부활도 직접 목격하고 외친 소리를 함께 외쳐야 한다. "그리스도께서 부활하셨다. 그분이 진실로 다시 살아나셨다." 예수 그리스도의 역사적 부활은 십자가와 함께 복음의 핵심이다. 그리스도의 부활을 믿지 않는 사람은 그리스도인이 아니다. 그분의 부활을 전하지 않는 설교는 복음을 설교하는 것이 아니다.

부활은 수많은 사탄의 졸개들에게 집중 공격의 대상이다. 부활은 영적 전투의 최전선에 위치해 원수들에게 가장 큰 공격을 당하고 있다. 마귀는 기독교의 존폐가 이 부활 교리에 달려 있다는 사실을 잘 알고 있다. 그래서 사탄의 지상 목표는 부활을 수단 방법을 가리지 않고 믿지 못하게 하는 것이다. 21C 지구촌은 그야말로 포스트

모더니즘에 점령당했다. 그런데 이 포스트모더니즘은 교묘하게 십
자가보다 부활을 부정하게 한다. 그러므로 복음을 설교하고자 하는
참된 설교자는 십자가만큼이나 열정적이고 확신 있게 부활을 전해
야 한다.

1) 성경이 증언하는 부활

눅 24:5~8- "여자들이 두려워 얼굴을 땅에 대니 두 사람이 이르되 어찌하여
살아 있는 자를 죽은 자 가운데서 찾느냐 여기 계시지 않고 살아나셨느니라 갈
릴리에 계실 때에 너희에게 어떻게 말씀하셨는지를 기억하라 이르시기를 인자
가 죄인의 손에 넘겨져 십자가에 못 박히고 제 삼일에 다시 살아나야 하리라 하
셨느니라 한 대 그들이 예수의 말씀을 기억하고"

예수님이 죽으신 지 사흘 후 이른 아침 여인들이 그리스도의 시
신이 안치된 아리마대 요셉이 제공한 무덤으로 조심스럽게 발길을
옮겼다. 그들의 마음에는 슬픔이 가득했다. 그들은 생전 사랑하던
예수님의 시신을, 예우를 갖춰 모시려고 했다. 그들은 "누가 우리를
위하여 무덤 문에서 돌을 굴려 주리요 …그 돌이 심히 크더라"(막 16:2~4) 이렇
게 그들은 예수님의 부활을 꿈에도 생각하지 못했다. 얼마 후 무덤
에 도착했을 때 그들의 연민은 두려움으로 바뀌었고 두려움은 다시
희망으로 바뀌었으며 희망은 잠시 후 말로 다 할 수 없는 기쁨으로
바뀌었다.

그들은 돌이 이미 옮겨졌고 무덤은 비어 있음을 발견했다. 그리
고 곧바로 천사가 전하는 기쁜 소식을 들었다. 이 기쁜 소식은 처음
성탄절에 천사들이 구주 탄생의 소리를 알림으로 기뻐하던 기쁨과
비슷한 기쁨이었다. 여인들은 '무서움과 큰 기쁨으로' 무덤을 떠났

다. 그리고 빨리 달려가 제자들에게 이 소식을 전했다. 여인들의 말을 믿고 기뻐해야 할 제자들은 여인들의 말을 터무니없는 거짓말로 받아들였다. 순간 베드로와 요한은 절대 그럴 리 없다고 생각하면서도 빈 무덤을 확인하기 위해 힘을 다해 달려갔다. 잠시 후 무덤에 도착해서 무덤이 비어 있는 것을 확인한 다음 영문도 모른 채 동료들에게 돌아왔다.

"그가 죽은 자 가운데서 다시 살아나야 하리라 하신 말씀을 아직 알지 못했기" 때문이다. (요 20:9)

그들이 속히 떠나고 난 뒤 막달라 마리아만 무덤가에 덩그러니 혼자 남아있었다. 그때 주님께서 나타나셔서 제자들에게 속히 가서 부활 소식을 알리라고 말씀하셨다. 그리고서 주님은 무덤에서 돌아오는 여인들에게 두 번째 나타나셨고 엠마오를 향해 가던 글로바와 다른 제자에게 세 번째 나타나셨다. (마 28:9, 10, 눅 24:13~32) 또 주님께서는 베드로를 비롯한 열한 제자에게 부활하신 모습을 보이셨다. (눅 24:34~43) 심지어 믿지 않는 육신의 동생 야고보에게도 보이셨다. 야고보는 확실히 부활하신 예수님을 만나고 난 후 변화되어 예루살렘 초대 교회의 기둥이 되었다. (고전 15:7, 행 1:14, 15:13) 마지막으로 예수님은 예수를 믿는 사람들을 붙잡아 죽이려고 다메섹으로 달려가던 "만삭되지 못하여 난 자 같은" 사울에게 보이셨다. (고전 15:8, 행 9:3~19) 부활하신 예수님을 만난 핍박자 사울이 부활을 전하는 전도자 바울이 되고 결국 순교까지 하게 된다. 이처럼 성경은 주님께서 승천하시기 전 많은 증인에게 부활의 모습을 보이셨다고 증언한다. 심지어는 "오백여 형제에게 일시에 보이신" 적도 있었다. (고전 15:6)

2) 그리스도의 부활이 갖는 독특성

성경의 진리는 우리가 정의할 수 없고, 이해하지 못하는 용어들
이 많다. 우리는 그런 용어들을 무심코 습관적으로 사용할 때가 많
다. 그러나 진리의 말씀을 따라 살아야 하고 또 복음을 전할 사명을
받은 우리가 그런 식으로 살아서는 안 된다. 이것은 사탄이 노리는
고등한 전략이다. 그리스도의 사역과 부활은 특히 그렇다. 특히 십
자가와 함께 복음의 핵심이 되는 부활을 확실히 이해하는 것이 복
음을 설교하려는 설교자에게 무엇보다 중요하다.

그렇다면 부활의 진정한 의미는 무엇인가?
부활을 뜻하는 영어 'Resurrection'은 라틴어 '레수르게레'
re-다시, surgere-일어나다 에서 왔다. 이 말은 헬) 아나스타시
스(ἀνάστασις)를 옮긴 것이다. 이 말은 '다시 서다. 다시 일어나다'를
뜻한다. 고대나 현대문학에서 이 말은 죽은 사람이 다시 살아나는
것을 말한다. 그러나 이 말을 그리스도에게 적용하면 독특한 의미
를 띠게 된다. 그리스도의 부활은 단순히 죽었다가 다시 살아난 것
만 의미하지 않는다. 구약 성경에 사렙다 과부의 아들과 수넴 여인
의 아들이 엘리야와 엘리사 선지자를 통해 하나님의 능력으로 다시
살아난다. 신약 성경에서도 나사로와 회당장 야이로의 딸과 나인
성 과부의 아들과 다비다와 유두고가 죽었다가 다시 살아났다. 그
러나 이들은 다시 얼마 후 죽음이 찾아오자 죽고 말았다.

그러나 그리스도의 부활은 이들과 아주 차원이 다르다. 주님께서
는 다시 살아나신 후 다시 죽지 않으시고 하늘로 승천하셨기 때문

이다. 예수님은 밧모섬에서 사도 요한에게 "나는 곧 살아 있는 자라 내가 전에 죽었었노라 볼지어다 이제 세세토록 살아 있어 사망과 음부의 열쇠를 가졌노니"(계1:18) 라고, 말씀하셨다…. 바울 사도 역시 로마 교회 성도들에게 이 사실을 이렇게 설명한다.

"이는 그리스도께서 죽은 자 가운데서 살아나셨으매 다시 죽지 아니하시고 사망이 다시 그를 주장하지 못할 줄을 앎이로라 그가 죽으심은 죄에 대하여 단번에 죽으심이요 그가 살아 계심은 하나님께 대하여 살아 계심이니"(롬 6:9, 10)

그리스도께서 스스로 권위와 능력으로 다시 살아나셨다는 것도 그분의 부활이 갖는 독특성을 입증하는 명백한 증거다. 성경은 그리스도의 부활이 하나님 아버지와 성령님의 사역이라고 가르치지만(롬 6:4, 갈 1:1, 롬 1:14, 8:11) 동시에 그리스도 자신의 사역이기도 하다. 예수님께서는 성전을 청결하게 하는 권위를 입증해 줄 표적이 무엇이냐는 질문에 "너희가 이 성전을 헐라 내가 사흘 동안에 일으키리라,"(요 2:19)고 대답하셨다. 주님은 바리새인들에게도 "내가 스스로 버리노라 나는 버릴 권세도 있고 다시 얻을 권세도 있다"고 선포하셨다. (요 10:18) 그리스도의 부활은 다시 죽을 때까지 잠시 생명을 연장하는 차원이 아니었다. 그분은 죽음과 지옥과 무덤의 권세를 정복하셨다. 오직 인간 중에 그리스도만이 가지신 유일한 권세다. 그분은 다시 죽지 않고 지금 하나님 우편에 영원히 살아계신다.

3) 그리스도임을 입증하는 부활

그리스도의 부활에 대한 역사적 사실과 그리스도의 부활이 갖는 독특성을 살펴보았다. 이번에는 그리스도의 부활이 갖는 의미를 살펴보자. 여기서는 가장 중요한 의미 가운데 두 가지만 다루기로 한다. 부활은 예수님이 그리스도임을 입증한다. 동시에 우리의 믿음을 확고하게 해준다. 살펴본 대로 그리스도의 죽으심은 죄인에 대해 오래 참으시고 또 죄인을 의롭게 여기시는 하나님이 불의하다고 비난하는 주장에서 그분의 의를 입증하는 의미가 있다. (롬 3:25, 26) 마찬가지로 하나님 아버지께서는 예수님을 죽은 자 가운데서 살리셔서 그분이 그리스도임을 입증하셨다. 하나님 아버지께서는 부활을 통해 예수님이 하나님의 아들이시고 이스라엘의 약속된 메시아라는 사실을 명백히 드러내셨다. 빈 무덤은 예수님께서 하나님의 아들이라는 사실을 온 세상에 보여주는 증거다.

바울 사도는 "성결의 영으로는 죽은 자들 가운데서 부활하사 능력으로 하나님의 아들로 선포되셨으니"(롬 1:4)라고 한다.

선포하다 는, 결정하다, 세우다, 정하다, 임명하다, 표시하다, 를 뜻하는 헬) 호리조(ὁρίζω)에서 왔다. 이 말은 그리스도께서 부활하신 순간부터 비로소 하나님의 아들로 임명되었다는 뜻이 아니다. 부활이라는 기적을 통해 하나님의 아들이라는 기존의 사실이 온 세상에 확실하게 공포되었다는 뜻이다. 예수님께서 공생애 동안 수많은 기적을 행하셨다. 얼마나 많은 기적을 행하셨는지 사도 요한은 "예수께서 행하신 일이 이 외에도 많으니 만일 낱낱이 기록된다면 이 세상이라도 이 기록된 책을 두기에 부족할 줄 아노라"(요 21:25)라고 한다. 그러나 그런 모든 사건도 성부 하나님께서 사랑하는 독생자를 죽은 자 가운데서 살리신 부활 사건에 비하면 아무것도 아니다. 예수님은 빈 무덤을 통해 강력하고 경이롭고 당당하게 하나님의 아들로 선포되셨다. 지평선이 하늘과 땅을 확실히 구분하는 경계임을 보여주듯이 예수 그리스도의 부활은 그분과 다른 인간들을 분명하게 구별해 그분이 하나님의 아들이시라는 증거를 제공한다. 복음서는 예수님께서 하나님의 아들이자 메시아라는 사실을 입증하는 증거로 그분의 부활을 제시한다.

4) 우리의 믿음을 확증하는 부활

빈 무덤은 온 세상에 예수님께서 그리스도이심을 입증할 뿐 아니라 우리들의 믿음도 확증한다. 하나님께서 그리스도를 죽은 자 가운데서 살리셨다는 것은 예수님의 속죄 사역을 받아들이셨다는 증거다. 바울 사도는 "예수는 우리가 범죄한 것 때문에 내줌이 되고 또한 우리를 의롭다 하시기 위하여 살아나셨느니라"(롬 4:25)고 한다. 그리스도의 부활은 이렇게 선택받은 하나님의 백성이 죄를 용서받고 칭의가 이루어졌다는 확실한 증거다.

토머스 슈레이너는 "예수님이 우리가 의롭다고 하시기 위하여 부활하셨다는 말씀은 그분의 부활이 우리의 칭의가 확실하다는 것을 보증하고 확증한다는 뜻이다. 그리스도의 부활은 그분이 우리를 대신해 행하신 사역이 온전히 이루어졌다는 증거다"라고 한다.

그리스도께서 부활하지 않으셨다면 십자가의 속죄 사역이 완성되지 못했을 것이고 우리의 칭의도 불가능했을 것이다. 그리스도께서는 숨을 거두시는 순간 "다 이루었다"라고 하시면서 선택받은 백성을 위한 구원 사역이 완성되었다고 선언하셨다. 예수님께서 부활하신 이유는 하나님의 아들이시기 때문이고 성부 하나님께서 아들의 죽음을 우리 죄를 위한 속죄 제물로 받으셨기 때문이다.

5. 승천

성경은 그리스도께서 부활하신 지 40일 만에 많은, 제자들이 지켜보는 가운데 하늘로 승천하셨음을 증언한다.

> **행 1:9-** "이 말씀을 마치시고 그들이 보는데 올려져 가시니 구름이 그를 가리어 보이지 않게 하더라"

> **막 16:19-** "주 예수께서 말씀을 마치신 후에 하늘로 올려지사 하나님 우편에 앉으시니라"

이 승천에 대해 지면상 상세히 설명하지 않겠다. 다만 승천하신 그리스도께서는 지금 대제사장이라는 신분을 가지시고 중보자로서 죄인인 인간을 위해 일하신다. 선택받은 백성을 위해 기도하시고 사탄·마귀의 세력으로부터 자기 백성을 보호하신다. 동시에 자기 백성을 위로하시고 절대적인 주권을 가지시고 만민을 통치하신다. 동시에 말씀으로 만물을 붙들고 계신다. 예수 그리스도의 주권은 어떤 사람에게는 복된 소망이지만 어떤 사람에게는 끔찍한 악몽이다.

1) 그리스도는 최후 심판의 재판관이시다.

행 17:30, 31- "알지 못하던 시대에는 하나님이 간과하셨거니와 이제는 어디든지 사람에게 다 명 하사 회개하라 하셨으니 이는 정하신 사람으로 하여금 천하를 공의로 심판할 날을 작정하시고 이에 그를 죽은 자 가운데서 다시 살리신 것으로 모든 사람에게 믿을만한 증거를 주셨음이니라 하니라"

승천하신 예수 그리스도께서는 하나님 아버지께서 정하신 때가 되면 이 세상에 다시 재림하신다. 그리고 지금까지 살았던 모든 만민을 모으고 그들을 심판하실 것이다. 이것은 하나님 아버지께서 아들에게 위임하신 절대적인 권위다. 성경이 말하는 역사관은 원칙 없는 과정이나 의미 없는 순환이 아니라 직선적으로 목적을 향해 발전한다는 것이다. 역사는 시작과 끝이 있다. 인간 역사를 창조하신 절대 주권자 하나님은 역사의 종말을 정해 놓으셨다. 인간의 역사는 막연하게 흘러가는 것이 아니다. 인간 역사는 종말을 향해 진행되고 있다. 그때가 되면 모든 인간이 심판받을 것이며 각자 삶을 따라 보응을 받을 것이다.

롬 2:6~8- "하나님께서 각 사람에게 그 행한 대로 보응하시되 참고 선을 행하여 영광과 존귀와 썩지 아니함을 구하는 자에게는 영생으로 하시고 오직 당을 지어 진리를 따르지 아니하고 불의를 따르는 자에게는 진노와 분노로 하시리라"

스스로 세운 기준이나 원칙에 따라 자신을 판단하는 개인이나 사회의 경우는 자기가 보기에 옳다고 생각하는 대로 판단한다. 그러나 양심의 소리를 들을 줄 아는 사람들은 인간이 죄를 지어 하나님의 영광에 이르지 못한다는 말에 놀라지 않을 수 없다. 성경은 인간이 선을 행하는 사람도 없고 하나님을 향해 영광과 존귀와 영생을 구하는 사람도 없다고 한다. (롬 3:12) 오히려 사람들은 모두 정욕과 욕심에 이끌려 불의로 진리를 막는다. 그러므로 모든 사람은 거룩하고 의로우신 하나님의 진노와 심판을 당해야 할 운명에 처해 있다. 이 문제를 해결하기 위해 사랑이신 하나님 아버지께서 성자 예수 그리스도를 보내 사람들의 죄 문제를 해결하신 것이다. 덕분에 복음을 듣고 예수를 믿는 사람은 구원을 얻는다. 그러나 이 구원의 복음을 거부하는 사람은 영원한 심판을 받을 것이다. 심판의 선언은 종종 사랑이신 하나님의 속성 때문에 의심을 일으킨다.

그래서 최근 미국에서는 소위 **'크리슬람'** 이라는 용어가 기독교인 사이에서 회자 된다. 심지어 오바마 대통령의 취임식에서 **릭 워런 목사**는 "예수 그리스도와 마호메트의 이름으로 축복한다"라고 축도했다. 이것은 사기다. 만일 다른 복음도 있다면 하나님 아버지께서 왜 하나밖에 없는 외아들을 죄인의 모습으로 세상에 보내시고 또 십자가에 죽이셨겠는가? 여러분은 속지 않을 줄 믿는다. 마지막 심판은 진리이다. 그리고 이때 많이 받은 자에게는 많이 요구하실 것이다. 자연 계시와 양심을 통해 주어진 계시를 거부한 사람은 불순종으로 인해 심판받을 것이다. 그러나 특별 계시인 성경과 복음을 거역한 사람도 그 죄로 인해 심판받을 것이다. 그러나 후자의 경우는 전자보다 심판이 더 가혹할 것이다. 왜냐면 그 사람은 많은 진리를 알고 있었기 때문이다. 인류 최후의 날이 되면 하나님의 의로우심이 심판을 통해 분명히 드러날 것이다.

> **시 9:7, 8**- "여호와께서 영원히 앉으심이여 심판을 위하여 보좌를 준비하셨도다 공의로 세계를 심판하심이여 정직으로 만민에게 판결을 내리시리로다"

2) 교회와 설교자의 사명

교회는 그리스도의 몸이다. 설교자는 성도들의 영적 아비요 어미다. 그러므로 교회와 설교자는 그리스도 복음의 축복을 선포해야 할 뿐 아니라 장차 세상에 임하실 그리스도의 궁극적 심판을 경고해야 할 사명이 있다. 베드로는 고넬료의 집에 모인 이방인들에게 이렇게 말했다.

> **행 10:42-** "우리에게 명하사 백성에게 전도하되 하나님이 살아 있는 자와 죽은 자의 재판장으로 정하신 자가 곧 이 사람인 것을 증언하게 하셨고"

'명 하사'는 '명령하다, 지시하다'를 뜻하는 헬) 파랑겔로 이다. 그리스도를 재판관으로 선포하는 것이 사도 적 복음의 핵심인 것을 발견한다. 초대 교회 즉 원초적 교회가 전한 복음은 그리스도를 구원자나 주님으로 선포하는 것으로 끝나지 않는다. 그들은 그리스도께서 산 자와 죽은 자 모두를 심판하시는 재판관이라는 사실을 함께 전했다. 그들은 죄인이나 제사장이나 노예나 왕을 가리지 않고 모든 사람에게 그리스도께서 그들의 영원한 운명을 결정하고 판결하실 재판관이라고 담대히 외쳤다. 조그만 유대 땅에서 십자가에 못 박혀 죽은 한 유대인에 대해 그가 인류의 궁극적 재판관이라고 말하는 것은 대담함을 넘어 무모하고 무식한 행위로까지 보였을 것이다. 그래서 사람들이 비웃거나 이상하게 여기거나 조롱하고 또 무시했던 것은 당연했다. 그러나 사도들과 교회는 조금도 주저하거나 망설이지 않았다. 바울 사도는 당시 황제의 도시인 로마의 교회와 성도들에게 보낸 편지에 "곧 나의 복음에 이른 바와 같이 하나님이 예수 그리스도로 말미암아 사람들의 은밀한 것을 심판하시는 그날이라" (롬 2:16) 고 했다.

내가 상대하는 청중과의 갈등을 피하려고 사람들이 듣기 싫어하는 복음 진리는 될 수 있는 대로 전하지 않으려고 하는 오늘날의 설교자들은 이 말씀을 꼭 명심해야 한다. 복음의 긍정적인 내용만 전하고 어려운 말씀을 피하는 것이 하나님의 뜻이라고 생각하는 설교자들도 마찬가지다. 설교에서 그리스도를 통한 최후의 심판을 빼버리거나 자주 말하지 않는 설교자는 절대 복음 설교자가 아니다. 그리스도께서 재림하시면 만민들을 모으고 심판대에 앉아 모든 사람의 영원한 운명을 심판하실 것이다. 베드로는 그리스도께서 산 자와 죽은 자를 심판하실 준비를 하고 계신다고 경고했다. (벧전 4:5)

야고보 사도 역시 재판관이신 주님께서 다시 한번 인류의 역사 속으로 들어오시기 위해 문밖에 서 계신다고 말했다. (약 5:9) 예수님께서도 "보라 내가 속히 오리니 내가 줄 상이 내게 있어 각 사람에게 그가 행한 대로 갚아주리라,"(계 22:12)고 하시면서 요한에게 보여주신 계시를 마무리하셨다. 우리는 이런 경고의 말씀을 잊지 말고 교회의 지도자요 영적 아비요 어미인 설교자로서 그리스도의 재림과 마지막 심판이 임박했음을 항상 기억하고 복음을 힘써 전해야 한다.

*이의행의 꿀 TIP/ 조금 전 나는 서울에 나가 김 의원 전 총장님과 황일동 목사님과 맛있는 보리굴비 정식을 먹으며 목양 아카데미와 설교 아카데미의 사역을 의논하고 돌아왔다. 김 의원 총장님은 AETA 신학대학원을 통해 현역 시절보다 더 활발하게 선교 사역하며 세계 선교지를 누빈다. 그런데 최근에 제삼 세계 선교지에서 놀라운 일들이 일어나고 있다고 한다. 대부분 선교지의 가장 심각한

문제는 기독교와 민속신앙이 짬뽕이 되어 혼합종교 형태를 이루고 있는 것이다. 그런데 선교사들이 깨닫는 중에 그들에게 복음을 원색적으로 전하고 말씀을 전하니까 무엇이 잘못되었는지 알고 회개하고 돌아오는 역사가 엄청나게 일어나고 있다고 한다. 우리 대한민국도 똑같다. 설교자들이 기복신앙이 아닌 철저한 복음으로 무장하고 복음만 힘써 전하면 복음의 능력은 반드시 수많은 죽은 영혼을 살리는 역사가 일어난다는 사실을 믿기 바란다.

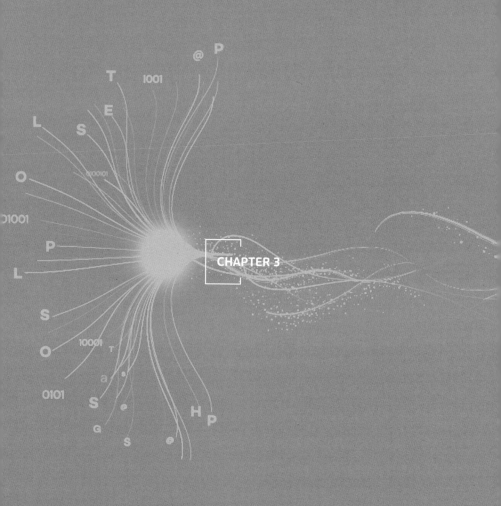

CHAPTER 3

왜, 하나님의
관점과 이야기식 설교인가

1. 하나님의 관점이란?

하나님의 목적, 하나님의 목표, 하나님의 의도, 하나님의 뜻, 하나님의 방법을 통틀어서 하나님의 관점이라고 한다. 그러므로 성경 교사인 설교자는 성경 속에서 반드시 하나님의 목적을 찾아내 하나님의 관점을 하나님의 백성들에게 심어주어 하나님 나라를 세워가야 한다. 마치 농부는 한 알의 볍씨에서 수많은 열매를 보듯이, 조각가는 거친 대리석을 볼 때, 아름다운 천사가 그 속에서 날갯짓하는 모습을 보듯이, 아름다운 꽃을 꿈꾸는 사람은 겨울의 앙상한 가지에서 벌써 봄의 새싹과 꽃을 보듯이, 우리는 단순한 문자에서 영원하신 하나님의 목적을 발견하고 하나님 나라와 그의 의를 찾아내는 하나님의 관점을 가질 때 모든 설교 속에서 영혼을 살리는 복음을 설교할 수 있게 될 것이다.

그러므로 하나님의 관점은 설교자에게 자유 사항이 아니라 필수 사항임을 명심해야 한다. 하나님 나라 복음의 전도자가 하나님의 관점은 갖지 않고 천의 관점을 가지고 성경을 본다면 그는 하나님의 청지기가 아니라 자기를 위한 밥벌이를 하는 직업인에 불과할 것이다. 우리는 하나님의 구원을 이루고, 하나님 나라를 세우고, 하나님의 영광을 나타내기 위해 즉 하나님의 목적을 이루기 위해 설교하는 것이다. 큰 교회를 세우기 위해서 설교를 잘해야 하는 것이 아니다. 하나님의 목적을 이루기 위해서 설교를 잘해야, 하는 것이다. 그러므로 잘하는 설교는 하나님의 관점으로 하는 설교이다.

1) 기독교 2천 년 역사 속에 있었던 성경 읽는 관점과 방식

a. 성경이 말하는 그대로 읽어야 한다는 관점.

b. 성경이 말하고자 하는 것의 역사적, 문화적, 사회적 배경도 관심을 가져야 한다는 관점. 그래서 성서 고고학, 상징주의를 참고해야 한다.

c. 성경이 나에게 말씀하시는 것이 무엇인지를 찾아야 한다는 관점.

d. 성경이 나에게만 아니라, 우리에게 말씀하시는 것이 무엇인지도 찾아야 한다는 관점. 그런데 이 4가지 관점을 다 수용하는 것이 바로 하나님의 관점이다.

그러므로 지금까지 있었던 성경을 읽는 모든 관점을 총합해서 가장 성경에서 말하는 관점을 찾은 것이 바로 하나님의 관점이다.

2) 관점은 신앙관, 인생관, 세계관이다.

설교는 세상의 가치관과 세계관으로 사는 사람들을 하나님 나라의 세계관과 가치관과 인생관을 가지고 살도록 즉 세상 관점을, 하나님의 관점으로 바꾸어 주는 관점 교정 작업이다. 성도들이 3, 40년 교회를 다녀도 관점 즉 세계관이 바뀌지 않으면 절대 변화가 안 된다. 많은 설교자의 고민 중에 설교 시간에는 아멘!! 을 외치는 사람들이 시간이 지나도 변하지 않는다는 것이다. 그들이 변화되지 않는 이유를 목사들이 아직도 잘 모른다.

오랜 동안 교회를 다녀도 변화되지 않는 가장 큰 이유는 설교자가 하나님의 관점, 즉 하나님 나라의 세계관을 심어주고 하나님 나라의 가치관을 심어주고 하나님 나라의 인생관을 심어주고 하나님 나라 행복관을 심어주어야 한다. 그런데 전혀 그것과는 반대가 되는 세상 나라의 세계관, 가치관, 인생관, 행복관을 심어주니 어떻게 그들이 변화되겠는가? 하나님의 관점으로 설교하지 않고 여전히 복을 받고 돈 많이 벌고 잘 먹고 잘사는 식의 세상 관점으로 설교하니, 마치 콩을 심고 팥이 나오기를 기대하는 것과 하나도 다를 것이 없지 않은가?

오래전 경남 김해에서 설교 아카데미를 했다. 장소를 사용하는 교회는 담임 목사가 개척해서 20년이 넘은 중형 교회였다. 교단은 영남에 본부를 둔 아주 극보수에 해당하는 신학을 가진 교단이었다. 담임목사는 그 교단 신학교의 학장이었다. 박사학위를 세 개나 가지고 있었다. 그런데 설교에 목이 말랐는지 6개월 동안 한 번도 결강하지 않고 꼬박 강의에 참석했다. 4개월쯤 지났을 때 목사님이 꼭 자기 목양실에서 면담하자고 요청한다. 강의를 마치고 갔더니 서재에 책이 족히 7, 8천 권은 넘어 보인다. 그런데 목사님이 다짜고짜 우리 교회 성도들이 내 설교가 가장 좋다고 모인 사람들인데 왜 그들이 변화하지 않는지 이 목사의 강의를 들으니, 이제는 확실히 알겠다는 것이다. <u>성경은 철저히 하나님의 관점으로 기록되었다. 하나님께서 우리를 설교자로 부르실 때 각자 자기 관점으로 성경을 보고 설교하도록 부르시지 않았다.</u>

캘빈의 말대로 "설교자는 철저히 하나님의 입"이다.

그러므로 설교자는 모든 성경에서 오직 하나님의 관점을 찾아내야 한다. 그 하나님의 관점을 성도들에게 전달하고 가르쳐야 한다. 그것이 설교자의 사명이다.

그렇지 않다면 우리는 거짓 선지자와 다를 바가 없는 것이다. 한국 교회가 지금 이렇게 타락한 모습은 우리 설교자들이 하나님의 관점으로 설교하지 않고, 인간 관점으로, 설교자 개인의 관점으로, 세속적 관점으로 설교했기 때문이다. 종교개혁 500주년의 해가 요란한 행사만 하고 빈 깡통처럼 굴러갔다. 진정한 종교개혁은 설교 혁명이 일어나야 한다. 그것은 단연코 하나님의 관점으로 돌아가는 설교다. 이 부분에 대해서는 뒤에서 좀 더 구체적인 워크숍을 통해 여러분이 성경에서 하나님의 관점으로 복음을 설교하는 것을 이야기하겠다.

3) 성경과 관점

성경은 우리에게 크게 네 가지 메시지를 준다.

첫째, 사랑이신 하나님께서는 인류를 죄에서 구원하시기 위해 독생자이신 예수님을 보내주셨다는 것이다. 인간이 죄에서 구원받는 길은 오직 예수를 믿음으로만 가능하다고 강조한다. 그리고 이 구원은 에덴동산에서부터 준비되었음을 말한다.

둘째, 예수님을 통해 죄에서 구원받은 하나님의 백성들을 통해 하나님 나라를 회복하신다는 것이다. 죄를 범함으로 에덴동산에서 쫓겨난 불행한 인간들에게 행복한 하나님 나라를 선물하시고 회복시켜 주신다는 것이다.

셋째는, 하나님께서는 자기 백성들과 끊임없이 교제하시기를 기뻐하신다. 그래서 우리에게 기도를 쉬지 말라고 하시고 우리의 찬송을 기뻐 받으신다. 또한 산 제물로 우리 자신을 드릴 것을 요구하신다. 네 번째는 이 세상이다. 하나님은 구원받은 하나님 나라의 백성들에게만 관심이 있는 것이 아니다. 아직 구원받지 못한 이 세상 사람들에게도 여전히 관심이 있으시다. 그래서 우리에게 성령 충만한 상태에서 예루살렘과 유다와 사마리아와 땅끝까지 이르러 이 세상에 복음을 전하기를 원하신다. 이 성경의 4대 목적은 특히 성경 과목을 가르치는 설교자들에게 반드시 갖추어야 할 기본적인 관점을 제공한다. 그리고 설교자가 가지고 있는 관점은 성도들에게 여과 없이 그대로 전달된다. 그러므로 설교자의 관점은 성경의 이 네 가지 메시지를 붙잡고 발전시켜 나가야 한다.

설교자는 먼저 성경이 우리에게 가르치는 하나님의 관점을 붙잡아야 한다. 그리고 자신이 붙잡은 하나님의 관점을 설교로 성도들에게 끊임없이 심어주어야 한다. 왜냐하면 관점은 세계관이고 가치관이고 신앙관이기 때문이다. 설교자는 하나님의 관점을 통해 우리를 죄에서 구원하시고 하나님 나라를 살게 하시고 하나님의 뜻을 이루도록 하시는 하나님을 청중에게 알게 하고 경험하게 해야 한다. 또한 구원받은 하나님의 백성들에게 허락하신 하나님 나라의 영광스러움과 축복과 행복에 대해 끊임없이 일깨워 주어야 한다. 구원받은 하나님의 백성들이 마치 주인에게 버려진 길고양이들처럼 세상 뒷골목을 기웃거리게 하면 안 된다. 세상의 쓰레기들을 주워 먹으며 빛 되신 하나님의 자녀답지 않게 어두움의 일을 부러워해서는 하나님을 기쁘시게 할 수 없기 때문이다.

4) 관점의 힘

에덴동산에서 아담과 하와가 타락한 사건을 추적해 보면 관점이 얼마나 중요한지 알게 된다. 하나님께서는 선악과를 통해 피조물인 인간이 창조주 하나님을 경배하고 순종할 때 진정한 행복이 있다는 관점을 심어주셨다. 그것도 매일 매일 눈만 뜨면 볼 수 있도록 동산의 중앙 한가운데 가장 눈에 잘 보이는 곳에 시청각 자료로 심어 놓으셨다. 그런데 하나님의 사랑을 받는 인간을 시기하고 질투하며, 인간에게 경배받으시는 하나님을 대적하는 사단은 선악과를 따먹어도 죽지 않을 것이라고 한다. 오히려 눈이 밝아져서 하나님처럼 될 수 있다고 거짓된 관점으로 인간을 유혹한다. 그러면서 이제는 하나님의 간섭을 받지 않고 살아도 된다는 거짓된 관점을 이야기한다.

이때 아담과 하와는 하나님의 관점을 선택할 수도 있고 사단의 관점을 선택할 수도 있는 자유의지가 있었다. 물론 진정한 자유는 하나님의 말씀 안에서만 누리게 된다. 그러나 이 사실을 망각해 버린 아담과 하와는 순간 사단의 관점을 선택한다. 그리고 그 결과 인간에게는 죽음이 찾아오고 창조주 하나님과의 관계가 깨어지므로 불신과 두려움이 찾아온다. 동시에 부끄러움과 삶에 무거운 짐들이 한꺼번에 짓누르게 된다. 이후로도 성경은 끊임없이 관점과 관점이 대립한 역사를 기록하고 있다. 예를 들면 가인과 아벨, 노아와 그 시대의 사람들, 셈과 야 배트와 함, 바벨탑 사건, 아브라함과 롯, 야곱과 에서, 요셉과 형들, 유다와 다른 형제들, 출애굽 이전의 모세와 그 이후의 모세, 모세와 바로, 모세와 이스라엘 백성들, 사사시대 사사들과 일반 백성들, 사울과 다윗, 포로 이전의 이스라엘과 포로 이후의 이스라엘 등이다.

신약에서는 예수님과 바리새인들, 바리새인들과 사두개인들, 성령세례 받기 이전의 제자들과 성령세례를 받은 이후의 제자들, 예수님을 만나기 이전의 사울과 예수님을 만난 이후 바울의 관점이 대립한다. 예수님을 만나기 이전의 수가 성 여인과 예수님을 알게 된 이후의 수가 성 여인, 복음을 알기 이전의 이방인들과 복음을 통해 구원받은 이후의 사도행전 이방인의 관점이 끊임없이 대립한다. 그리고 이런 관점의 대립은 도저히 타협할 수 없는 것임을 확실히 보여준다. 또한 관점의 차이가 곧 인생의 차이, 더 나가 민족과 국가 역사의 차이를 만든다는 사실을 알게 된다. 이렇게 관점은 엄청난 에너지를 가지고 우리를 좌지우지한다. 이 사실을 우리는 지금까지 미처 알지 못하고 있었다.

그런데 사단 마귀는 우리가 모르는 관점의 위력에 대해서 에덴동산에서부터 간파하고 있었다는 사실이다. 해서 사단 마귀는 하나님의 백성들이 결코 하나님의 관점을 보지 못하고 붙잡지 못하도록 온갖 수단과 방법을 가리지 않는다. 특히 설교자들을 통해 성도들이 하나님의 관점을 붙잡게 되는 날이 올까 봐 온갖 수단 방법을 가리지 않고 술수를 동원해서 방해하고 있다. 왜냐면 이 땅의 성도들이 하나님의 관점을 갖게 되는 순간 자기가 발붙일 곳을 현저히 잃어버리기 때문이다. 동시에 영향력을 상실하기 때문이다.

5) 우리가 선택해야 할 관점

우리가 하나님 아버지의 관점으로 세상을 보기 시작할 때 세상의 모든 고통스러운 문제와 우리를 끊임없이 유혹하는 죄와 삶의 수많은 장애물은 아주 작고 힘없게 보이기 시작한다. 얼마나 작게 보이는가? 그냥 우리 발로 밟을 정도로 작게 보인다. "내가 너희에게 뱀과 전갈을 밟으며 원수의 모든 능력을 제어할 권능을 주었으니 너희를 해칠 자가 결코 없으리라"(눅 10:19)

이렇게 되기 위해서 우리는 하나님과 하나님의 관점을 붙잡아야 한다.

"풀은 마르고 꽃은 시드나 우리 하나님의 말씀은 영원히 서리라 하여라"(사 40:8)

그렇다. 우리 인간은 풀과 같은 존재이다. 우리의 능력과 지혜가 솔로몬을 능가한다고 해도 그것은 풀의 꽃에 불과하다. 화무십일홍이라는 말처럼 영원하신 하나님 앞에서 인간의 아름다움과 능력은 십 일에 불과하다. 그러므로 이제는 우리가 환경위에 서는 것이 아니라 영원하신 하나님의 말씀 위에 서야 한다. 환경위에 서게 되면 우리는 어쩔 수 없이 육신의 눈으로 사람의 관점을 갖게 된다. 마치 가나안 땅을 정탐하고 돌아와 부정적인 생각을 하고 부정적인 결론을 내린 열 지파의 정탐꾼들처럼 말이다. 그러나 우리가 하나님을 바라보고 하나님의 관점을 붙잡으면 여호수아와 갈 렙처럼 하나님께서 주시는 승리를 누리게 된다. 그러기 위해서 우리는 여호수아와 갈 렙처럼 환경을 짓밟고 하나님의 약속 위에 서기를 힘써야 한다. 이것이 하나님의 관점을 소유하게 되는 비결이다.

토니, 테는 '하나님의 관점'이라는 책에서 예배를 관점 교정의 도구라고 한다. 왜 예배가 하나님의 관점을 우리에게 알리는 도구일까? 나는 예배란 하나님 백성들의 공동체가 삼위일체 하나님을 기쁘시게 하는 축제의 도구라고 생각한다. 예배에 참여하는 성도 한 사람 한 사람이 찬양과 기도와 감사와 고백과 회개를 한다. 그때 말씀을 통해 거기에 임재하의 시는 하나님과 집중적인 사랑의 교제를 갖는다. 그때 성령님은 예배자인 우리에게 구원의 하나님, 사랑의 하나님, 살아계신 하나님, 치유하시는 하나님, 전능하시며, 공의로우시며, 절대 주권자 되시는 하나님을 집중적으로 조명하신다. 동시에 예배자인 우리에게 하나님께서 당신을 알리시고, 나타내시고, 경험하게 하신다. 그 순간 우리는 하나님의 관점을 경험하게 되고 깨닫게 된다. 지금까지 나를 비롯한 수많은 사람이 예배를 통해 하나님의 함께 하심을 경험했다. 동시에, 하나님께서 나타내시는 하나님의 관점을 경험함으로 놀랍게 변화되는 삶을 사는 것을 목격했다.

6) 설교자가 가르쳐야 할 관점

문제는 이런 은혜로운 예배를 빵 공장에서 똑같은 빵을 하루에도 수없이 만들어 내듯이 교회가 그렇게 만들어 낼 수 없다는 것이다. 그래서 나는 예배에서 가장 중요한 역할을 담당하는 설교자가 말씀 선포를 통해서 끊임없이 청중을 하나님의 관점으로 양육하고 가르쳐야 한다는 것이다. 설교자는 교회 안에서 영적인 아비요 어미요 또한 스승이다. 자녀들이 부모들의 가정교육을 통해 인생관이 형성되고 인성이 형성된다. 마찬가지로 성도들은 설교자의 말씀 선포를 통해, 그리고 강단 아래에서 행동으로 보이는 설교를 통해 신앙의 관점이 형성된다. 결국 하나님 나라의 백성다운 세계관이 형성된다.

그런데 한국이 경제적으로 성장하기 시작한 1970년대부터 한국 교회의 설교자들은 세속적인 축복관점을 성도들에게 여과 없이 그대로 주입해 왔음은 결코 부인할 수 없는 사실이다. 박정희 씨가 군사 쿠데타를 일으키고 1962년 제1차 경제개발 5개년 계획을 시행했다. 그 경제개발의 효과가 서서히 나타나기 시작한 2차 경제개발 5개년부터 한국 교회 가치관의 이동이 급속도로 세속적 관점으로 기울이 시작한다. 그리고 7, 80년대를 거치면서 교회의 강단에서는 세속적 축복이라는 관점이 쓰나미처럼 휩쓸어 버렸다. 이와 같은 세속적 관점이 한국 교회를 2천 년 기독교 역사상 가장 타락한 교회로 만들어 버렸다.

물론 세속화의 관점이 한국 교회만의 문제는 아니라는 것에 동의한다. 그렇다고 마치 유행을 받아들이듯이 두 손을 놓고 무너져 가는 교회를 바라만 볼 것인가? 이제 우리는 모두 무너진 제단을 수축하기 위해 엘리야의 심정으로 분연히 일어나야 하지 않겠는가? 그렇지 않는다면 우리 후손들의 영혼을 사탄에게 내주고 말 것이기 때문이다. 우리가 무엇을 위해 다시 일어나야 하는가? 하나님 백성들의 회복을 위해서다. 그러기 위해서는 영적 사시가 되어버린 우리 설교자들이 먼저 시력 교정을 하듯이 관점을 교정받아야 한다.

설교자의 관점 교정은 그 어떤 설교의 준비보다 가장 시급한 준비이다. 왜냐면 목사가 잘못된 관점을 가지고 설교하는 것은 마치 영적 에이즈 바이러스를 영적인 자녀인 성도들에게 퍼트리는 것과 같기 때문이다. 수많은 설교자가 성경을 읽고 나서 설교는 하나님의 관점이 아닌 전혀 다른 세속적인 관점으로 한다. 그리고 성도들을 향해 '아멘'을 유도하고 심지어 강요하기까지 한다. 이것은 분명히 주님을 다시 십자가에 두 번 못 박아 죽이는 것과 다를 바가 없다고 생각한다. 생각해 보라. 주님을 십자가에 못 박은 바리새인들이 가지고 있었던 관점을 말이다. 그들은 철저히 신앙을, 자기들을 위한 도구로 생각할 뿐이었다.

그들은 결코 신앙을 하나님의 영광이나 하나님의 뜻을 이루는 도구로 생각하지 않았다. 하나님을 기쁘시게 하려면 하나님을 섬기는 것이 아니다. 자기들의 만족을 위해, 마치 하나님을 자기들의 시녀처럼 취급한 것을 우리는 보지 않았는가? 그런데 지금 한국 교회를 좌지우지하는 명설교가 들의 관점을 보면 하나님을 섬기기 위한 관점에서 너무 거리가 멀다, 청중들의 비위를 맞추어 주고, 가려운 곳을 긁어주는 것으로 '아멘'을 유도하고 있지 않은가? 이런 영적 전염병이 온 교회에 퍼져나가는데도 우리는 그것을 좋다고 본받으려고 하지 않는가?

여러분이 이런 한국 교회를 보고 통분히 여기는 마음이 있는가? 그렇다면 무엇보다 더 서둘러 설교 관점을 점검하기를 바란다. 그리고 그 관점이 신학적인 관점이기 이전에 하나님의 관점이어야 한다는 명제를 기억하기를 바란다. 나는 신학을 깎아내리려는 것이 아니다. 다만 신학은 각각 자기들의 주관적 관점을 너무 강하게 가지고 있기 때문이다. 보수신학은 보수신학만의 관점으로, 진보 신학은 진보 신학만의 관점으로, 복음주의는 또 복음주의의 관점으로만 보면서 자기들의 관점이 가장 옳다고 하는 고집을 버리지 못하기 때문이다. 그러므로 설교자는 자기의 신학적인 주관적 관점을 너무 강하게 고집하지 말자. 오직 하나님께서 우리에게 요구하시는 관점이 무엇인지를 생각하자. 그리고 하나님 나라의 왕이신 하나님 종의 관점에서 보는 겸손함이 있어야 한다.

7) 관점이란 단어의 의미와 관계

국어사전을 찾아보면 관점이란 '사물을 관찰할 때 그 사람이 보는 태도, 사물을 보는 방향, 혹은 생각을 관점'이라고 한다. 이것을 좀 더 확대하면 사물, 사건, 인물, 글 등 세상의 의미 있는 것을 보는 태도를 관점이라고 말한다. 관점을 영어로는 'a point of view'

로 표현한다. 우리가 일상생활 속에서 역사관, 경제관, 도덕관, 가치관, 정치관, 성경관, 신앙관, 인생관, 세계관과 같이 사용되는 용어들이 사실은 모두 관점을 표시하는 말들이다. 그러므로 관점이란 말은 우리 일상생활 속에 오래전부터 깊숙이 자리 잡은 말이다. 우리는 목회와 관련해서 목회 관을 신학생 시절부터 교수님들이나 선배님들로부터 알게 모르게 부단히 학습해 왔다. 그리고 내가 목회하는 지금, 목회의 현장에 가장 적합하다고 생각하는 목회 관을 가지고 목회한다. 교회관 역시 마찬가지다. 그리스도의 몸인 교회를 세워가는 것이 목회자의 중요한 과제이다. 그러므로 교회의 머리 되신 주님께서 기뻐하시는 교회는 어떤 교회일까를 신학생 시절부터 고민하고 연구하면서 오늘에 이르렀다.

우리만 아니다. 성도들 역시 신앙생활을 시작한 이후로 수많은 설교를 듣고 성경 공부를 하고 제자 훈련을 받는다. 그러면서 자신도 모르는 사이에 신관이 형성되고 신앙관이 형성된다. 그것은 마치 부모가 어린 자녀를 어려서부터 어떤 음식을 먹여 키우느냐에 따라서 그 아이의 체질이 결정되는 것과 같다. 그래서 자녀 교육 전문가들은 문제 부모는 있어도 문제아는 없다고 하지 않는가? 이렇게 볼 때 오늘의 나를 만든 것은 지금까지 살아오면서 알게 모르게 내가 만든 수많은 다양한 관점들이 결국 나를 만들었음을 알 수 있다.

그리고 지금 우리는 하나님 나라의 설교자로 서 있다. 이것은 무엇을 말하는가? 나 한 사람의 관점이 나의 운명을 결정하는 것으로 끝나지 않는다. 내가 섬기는 수많은 영혼의 운명을 결정한다는 것이다. 왜냐면 나는 영적인 아비요 어미이기 때문이다. 성숙한 부모는 자기의 기쁨이나 자기의 즐거움보다는 항상 자녀가 잘되는 것을 생각한다. 나는 우리 부모님들로부터 그런 부모 됨의 관점을 보고 배웠다. 마찬가지로 영적으로 성숙한 설교자는 자신이 편하고 자신에게 익숙한 관점이 아니라 자기가 섬기는 양 무리에게 유익한 관점을 선택해야 한다.

몇 해 전 설교 아카데미의 오픈 세미나에 40대 초반의 목사님이 참석했다. 그리고 돌아가 전화했다. 자기는 목사님께서 말씀하시는 관점보다 자기 관점이 익숙하고 편리하다는 것이다. 따라서 기존의 관점으로 설교하겠다는 것이다. 그래서 내가 목사님의 연세가 어떻게 되느냐고 물었더니 40대 초반이라고 했다. 순간 나는 조금은 화가 나서 다음 세대를 키우는 일을 포기하면 안 된다고 권면을 해 드렸다. 연세가 많으신 어르신들은 지금까지 들어온 설교가 익숙하니 그 설교를 좋다고 할지 모른다. 그러나 한국 교회의 내일을 책임져야 할 다음 세대에게만은 제대로 된 관점을 심어주어야 하지 않겠는가? 제대로 된 하나님의 관점에 사로잡힌 한 사람이 지금 한국 교회에 필요한 시점이다.

독일이 히틀러의 망령에 사로잡혀 있을 때 내로라하는 독일의 목사들이 히틀러에게 아부하기에 바쁘고 도무지 숨도 제대로 크게 쉬지 못하고 있었다. 이때 하나님의 관점에 사로잡힌 젊은 목사 본회퍼와 소수의 동료가 히틀러에게 맞서 싸웠다. 그리고 독일교회를 히틀러의 망령에서 구출할 수 있었다. 어떻게 이 일이 가능했는가? 바로 본회퍼의 아버지 때문이었다. 목사인 본회퍼의 아버지는 본회퍼 한 사람을 하나님의 관점을 붙잡고 키워냈다. 그리고 그 한 사람이 독일교회를 위기에서 구출한다. 이렇게 하나님의 관점을 가지고 설교하는 것이야말로 온 나라의 미래를 바라보며 사역하는 것임을 이 책을 읽는 독자 여러분들은 반드시 명심해 주기를 간곡히 바란다.

사사기 7장에 미디안의 13만 5천 대군이 이스라엘을 침공한다. 이때 하나님께서는 미디안이 무서워서 포도주 틀에 숨어 타작하던 기드온을 사사로 부르신다. 그리고 기드온이 미디안과 맞서 싸울 군사를 모집했는데 3만 2천 명이 몰려왔다. 이 정도면 약 4대1의 전력이기 때문에 죽을힘을 다해 싸워보자고 죽기 살기를 각오하고 덤벼볼 수 있을 정도이다. 그런데 갑자기 하나님께서는 이 숫자도 많다고 하시면서 겁에 질린 사람들을 집으로 돌려보내라고 하신다. 그렇게 돌아간 자들이 2만 2천 명이다. 남은 자가 1만 명이다. 이때 하나님께서는 그들을 시냇가로 데리고 가서 개처럼 물을 핥아 먹는 자들만 따로 골라내라고 하신다. 그래서 최종적으로 뽑힌 자가 300명이다. 그리고 하나님께서는 그 3백 명의 용사들로 13만 5천의 미디안 대군을 전멸시키신다. 그러면 3만 천7백 명의 군사를 돌려보내고 3백 명만 가지고 싸우시는 하나님의 관점은 무엇인가?

첫째는 전쟁은 사람에게 속한 것이 아니고 하나님께 속한 것임을 말씀하신다. 이것은 훗날 다윗이 골리앗을 쓰러트릴 때 다시 한번 고백함으로 확인된다.

"또 여호와의 구원하심이 칼과 창에 있지 아니함을 이 무리에게 알게 하리라 전쟁은 여호와께 속한 것인즉 그가 너희를 우리 손에 넘기시리라"(삼상 17:47) 둘째는 전쟁에 임하는 3백 용사들의 관점이 남달랐다는 점이다. 그들은 물을 마시는 상황에도 언제 미디안 군사들이 쳐들어올지 모른다는 경계의 관점으로 주위를 살피면서 개처럼 물을 핥아먹었다. 하나님께서는 이렇게 준비된 관점을 가지고 있는 300명 용사를 선택하셔서 큰 구원의 역사를 이루신다.

앞으로 여러분들은 지금까지 만나보지 못했던 하나님의 관점이라는 하나님의 작품을 만나게 될 것이다. 그때마다 여러분은 위대하신 하나님을 찬양하게 될 것이다. 지금, 이 글을 쓰고 있는 나는 무더운 장마철에 학기를 마치자마자 책상 앞에 앉아 하나님의 관점 여행의 가이드 역할을 하고 있다. 아내는 옆에서 아이 더워! 아이 더워! 을 외친다. 그러나 나는 하나님과 그리고 독자 여러분과 함께하는 하나님의 관점 여행이 마냥 기쁘고 신비하기만 하여 무더위를 까마득히 잊은 채 글을 쓰고 있다. 아무쪼록 계속해서 여러분도 신비로운 하나님 관점의 세계를 알아감으로 나와 같은 기쁨을 누리기를 바란다. 이런 간절한 마음으로 기도하면서 계속 여러분을 하나님의 관점 속으로 안내하려고 한다.

2. 하나님의 관점과 성경

1) 하나님에게도 눈이 있다?

태초에 하나님께서 우주 만물을 창조하신 역사가 창세기 1장에 기록되어 있다.

여러분은 하나님께서 창조하신 이 우주의 크기가 얼마나 된다고 생각하는가? 이 글을 쓰는 시간에 잠시 스마트폰에서 구글을 통해 우주의 크기를 검색했다. 우주는 지구가 중심을 이루고 있는데 그 지름이 무려 950억 광년으로 추정된다고 한다. 광년은 우주에서 가장 빠른 물체인 빛이 1초 동안에 30만 Km를 달리는 속도를 말한다. 이 빛의 속도로 950억 년을 달리는 크기가 우주의 크기다. 예를 들어 지금부터 1천 년 전 빛의 속도로 가는 우주선을 쏘아 올렸다면 그 우주선이 우주의 끝에 도달하는 데는 아직도 949억 9,999만 9천 년이 더 있어야 한다는 사실이다. 이것이 우주의 크기이다.

최근에 우주과학자들이 지구와 가장 흡사한 환경을 가지고 있는 지구에서 가장 가까운 물이 있을 것으로 추정되는 행성 하나를 발견했다고 온 지구가 흥분했다. 그런데 그 행성은 지구로부터 약 4.4광년의 위치에 있다고 한다. 그리고 현존하는 가장 빠른 우주선을 쏘아 올려 그 행성에 물이 있는지 조사를 한다면 지금부터 약 3만 년이 걸린다고 한다. 과연 실감이 나는가? 인류가 자체적으로 역사를 문자로 기록하기 시작한 시점이 채 일만 년밖에 되지 않는다고 한다. 그런데 그보다 3배가 더 긴 시간이 걸린다는 말이 도저히 이해되지 않는다. 현대인들은 숫자에 민감한 관점을 가지고 있어서 잠깐 숫자를 나열해 보았다. 이 어마어마한 우주의 설계와 창조의 역사를 성경 한 장 안에 모두 담아놓았다. 어쨌든 이 우주를 창조하신 하나님께서 피고 세계에 대해서 하나님의 눈으로 보신 소감을 이렇게 말씀하시고 있다.

> **창 1:4-** "빛이 하나님이 보시기에 좋았더라. 하나님이 빛과 어두움을 나누사."

> **창 1:10-** "하나님이 뭍을 땅이라 부르시고 모인 물을 바다라 부르시니 하나님이 보시기에 좋았더라."

> **창 1:31-** "하나님이 그 지으신 모든 것을 보시니 보시기에 심히 좋았더라, 저녁이 되고 아침이 되니 이는 여섯째 날이니라."

여섯 번은 하나님이 보시기에 좋았더라고 하신다. 마지막으로 "하나님이 그 만드신 모든 것을 보시니 보시기에 심히 좋았더라."라고 하나님께서 피조물에 대한 관점을 말씀하신다. 이것은 창조주 하나님에게도 무엇인가를 보시는 눈이 있다는 말이다. 물론 실제로 하나님께서 우리가 가지고 있는 까만 눈동자와 하얀 각막과 눈조리개로 이루어진 눈이 있다는 것은 아니다. 성경은 하나님께서 인간을 향하신 말씀이다. 그래서 당신을 우리에게 알리실 때는 항상 의인법을 사용하신다는 것을 독자 여러분들이 모를 리가 없을 터이다. 하여튼 하나님께서는 분명히 무엇을 보시는 관점이 있으시다. 그래서 하나님의 관점을 영어로 **"God's eye view"**라고 한다. 직역하면 하나님의 눈으로 본다는 말이다.

다음 성경을 자세히 살펴보자.

시 33:13- "여호와께서 하늘에서 굽어보사 모든 인생을 살피심이여"

시 11:4- "여호와께서는 그의 성전에 계시고 여호와의 보좌는 하늘에 있음이여 그의 눈이 인생을 통촉하시고 그의 안목이 그들을 감찰하시도다."

이상의 성경은 하나님께서 안목을 가지고 감찰하신다고 한다. 이것은 곧 하나님께서 하나님만의 관점으로 우리를 상대하신다는 사실을 분명히 알게 한다.

2) 성경의 저자들과 하나님의 관점

성경은 구약 39권과 신약 27권으로 이루어졌다. 창세기부터 요한계시록의 일관된 주제는 예수 그리스도이다. 그러나 성경마다 예수 그리스도를 나타내는 목적과 의도와 방식은 서로 다르다. 다시 말하면 창세기가 나타내는 예수 그리스도와 복음서가 나타내는 예수 그리스도에 대한 목적과 의도와 방법이 다르다. 창세기에 담은 하나님의 관점과 복음서에 담은 하나님의 관점이 다르다는 말이다. 그것은 하나님께서 창세기의 저자인 모세에게 주신 예수 그리스도와 복음서 저자들에게 주신 예수 그리스도에 대한 하나님의 관점이 다르기 때문이다. 같은 구약이라고 할지라도 이사야의 관점과 요나의 관점이 다르다.

그러나 궁극적으로는 모든 성경이 하나님 관점의 최고봉인 예수 그리스도에게 초점이 맞추어져 있다는 공통점은 같다. 이렇게 신, 구약 성경의 저자들은 그 시대의 여건과 계시 발전의 시간표에 따라 하나님께서 자신들에게 주시는 독특한 하나님의 관점으로 성경을 기록하였다. 그래서 우리 역시 구약을 설교할 때와 신약을 설교할 때는 서로 독특한 하나님의 관점을 찾아 설교해야 한다. 동시에 반드시 예수 그리스도라는 하나님 관점의 최대공약수를 찾아 설교해야 한다. 이것은 성경의 저자들과 우리가 성령님께 순종해야 하는 부분이다. 성경의 저자들은 하나님의 관점에 철저히 붙잡혀서 성경을 기록했다. 그런데 우리는 그 성경을 우리가 익숙한 대로 우리가 생각하는 대로 눈에 보이는 대로 '이현령비현령' 식으로 자유롭게 설교해도 상관이 없다는 것인가?

결코 그럴 수 없다. 그런 특권을 절대로 설교자인 우리에게 주시지 않았다. 만약 그렇게 설교하도록 권장하고 또 가르치는 사람이 있다면 그 사람은 분명 삯꾼 목자이거나 거짓 선지자임이 틀림없다고 해도 잘못된 판단이 아닐 것이다. 진리를 알지니 진리가 자유롭게 하는 것은 분명하다. 하지만 설교자가 하나님의 관점에서조차 제멋대로 자유로워질 수 있다고 성경은 우리에게 방종을 허용하지 않는다. 그것은 설교자의 자유가 아니고 맹랑한 방종이다. 그런데 이 시대의 수많은 설교자가 맹랑한 방종을 자행하고서도 전혀 양심의 가책을 느끼지 않고 오히려 큰소리를 치고 있다. 분명 주님을 슬프시게 하는 것이다. 이것은 그 순간만큼은 그 사람이 주님의 종이기를 거부하는 것이다. 이 땅에 성육신하신 하나님의 아들께서도 하나님 아버지의 관점에서 일점일획도 자유스러우실 수 없었다. 그렇다면 죄인 중의 괴수인 우리인들 말해 무엇 하겠는가?

3) 성경과 하나님의 관점

딤후 3:16, 17- "모든 성경은 하나님의 감동으로 된 것으로 교훈과 책망과 바르게 함과 의로 교육하기에 유익하니, 이는 하나님의 사람으로 온전하게 하며 모든 선한 일을 행할 능력을 갖추게 하려 함이라"

이 말씀은 하나님께서 성경 저자들에게 성경을 기록하게 하실 때 성령의 감동으로 기록하게 하셨다는 것이다. 이것은 모든 성경이 하나님의 영감으로 기록되었다는 뜻이다. 성경이 하나님의 영감으로 기록되었다는 것은 무슨 뜻인가?

하나님께서 성경을 기록하실 때 인간 기자가 오류 없이 당신의 뜻을 기록하도록 성령님을 통해서 철저히 간섭하셨다는 뜻이다. 이렇게 성경은 철저히 하나님의 말씀이고 하나님의 의지와 생각과 목적과 방법이 담겨 있다.

그러므로 "모든 성경은 **하나님의 관점**으로 기록되었음"이 틀림없다. 그러기에 교훈과 책망과 바르게 함과 의로 교육하기에 유익하다, 동시에 하나님의 사람으로 온전하게 하며 모든 선한 일을 행할 능력을 갖추게 해주는 놀라운 능력이 있는 말씀이다. 이처럼 성경이 능력이 있는 것은 성경이 인간의 관점이 아닌 하나님의 관점으로 기록되었기 때문이다. 그리고 하나님의 관점들이 우리를 교훈하고 책망하고 교정하고 의로 교육하고 하나님 나라의 백성으로 온전케 하고 하나님의 선을 이룰 수 있는 능력을 제공하기 때문이다. 그런데 만일 설교자가 어떤 하나님의 말씀을 읽어놓고 하나님의 관점이 아닌 전혀 다른 인간의 관점으로 그 성경을 해석하고 가르친다고 생각해 보라!

과연 그 말씀을 통해 하나님의 능력이 나타나겠는가?

4) 믿음 장과 하나님의 관점

히 11:1~6- "믿음은 바라는 것들의 실상이요 보이지 않는 것들의 증거니, 선진 들이 이로써 증거를 얻었느니라, 믿음으로 모든 세계가 하나님의 말씀으로 지어진 줄을 우리가 아나니 보이는 것은 나타난 것으로 된 것이 아니니라, 믿음으로 아벨은 가인보다 더 나은 제사를 하나님께 드림으로 의로운 자라 하시는 증거를 얻었으니 하나님이 그 예물에 대하여 증언하심이라 그가 죽었으나 그 믿음으로써 지금도 말하느니라, 믿음으로 에녹은 죽음을 보지 않고 옮겨졌으니 하나님이 그를 옮기심으로 다시 보이지 아니하였느니라 그는 옮겨지기 전에 하나님을 기쁘시게 하는 자라 하는 증거를 받았느니라, 믿음이 없이는 기쁘시게 못 하나니, 하나님께 나아가는 자는 반드시 그가 계신 것과 또한 그가 자기를 찾는 자들에게 상 주시는 이심을 믿어야 할지니라."

히브리서는 유대교에서 개종한 그리스도인들을 위해 기록되었다. 특히 당시에 유대인들과 로마제국으로부터 양면으로 핍박을 받는 유대 출신 그리스도인들을 위로하고 격려하는 목적으로 히브리서가 기록되었다. 그래서 히브리서의 주제는 자연스럽게 구약을 배경으로 한다. 선지자들보다 뛰어나고, 천사들보다 뛰어나고, 심지어 출애굽의 영웅 모세보다 뛰어난 그리스도를 전하는 데 중점을 두었다. 자연히 그리스도, 즉 기독론이 히브리서의 중심 주제임을 익히 알고 있다. 그러므로 그리스도는 그 존재로서 뛰어나실 뿐 아니다. 그 사역에서도 구약의 대제사장과는 비교조차 불가한 속죄 사역하셨음을 말한다. 그리고 히 10:19부터는 그리스도를 믿는 믿음에 대해서 말한다. 이렇게 히브리서는 시작과 진행과 결말이 몽땅 그리스도이다. 그런데 많은 설교자가 히브리서 11:1~6을 읽고 이렇게 설교한다. 내가 소개하는 내용은 나도 가장 많이 이용하고 많은 설교자가 애용하는 유명한 주석에 실린 설교이다.

제목: "믿음"

첫째, 믿음은 바라는 것들의 실상이다.

둘째, 믿음은 보지 못하는 것들의 증거이다.

셋째, 믿음은 하나님을 기쁘시게 한다.

그 내용을 자세히 살펴보면 그 믿음은 우리의 의지와 꿈과 비전을 강조하는 일반적인 믿음으로만 소개될 뿐 예수 그리스도를 믿는 믿음으로는 단 한 번도 소개되지 않는다. 참으로 안타까운 일이다. 정말 히브리서 11장 1절의 믿음이 이렇게 일반적인 믿음을 말하는 것인가? 전혀 그렇지 않다. 앞서 언급한 대로 히브리서의 주제는 철저히 '그리스도이신 예수님'이시다. 히브리서의 기, 승, 전, 결은 모두 예수 그리스도시다. 그리고 소위 믿음 장이라고 말하는 히브리서 11장은 아벨의 믿음으로 시작해서 에녹의 믿음, 노아의 믿음, 아브라함의 믿음, 사라의 믿음, 이삭의 믿음, 야곱과 요셉 같은 사람들의 믿음을 소개한다. 그런 다음 출애굽의 영웅 모세의 믿음으로 구약 성도들의 믿음을 소개한다.

"믿음으로 모세는 장성하여 바로의 공주의 아들이라 칭함. 받기를 거절하고, 도리어 하나님의 백성과 함께 고난받기를 잠시 죄악의 낙을 누리는 것보다 더 좋아하고, 그리스도를 위하여 받는 수모를 이집트의 모든 보화보다 더 큰 재물로 여겼으니 이는 상 주심을 바라봄이라." (히 11:24~26)

이것은 단순히 모세의 믿음만 그렇다는 것인가? 아니다. 앞서 언급한 모든 구약 성도의 믿음이 예수 그리스도를 바라보는 믿음이었음을 말하는 것이다. 그래서 아벨도 그리스도의 십자가 보혈을 바라보며 어린 양의 피로 가인보다 더 나은 제사를 지냈다. 에녹 역시 그리스도를 통한 구원을 바라보는 믿음으로 3백 년을 하나님과 동행하다가 죽음을 보지 않고 하나님 나라로 옮겨진 것이다.

나머지는 시간 관계상 언급을 다음으로 미룬다. 이것이 히브리서 11장 1절이 말하는 믿음이다. 그리고 이것이 하나님의 관점으로 보는 성경이다. 그렇지 않고서야 히브리서 11장의 믿음을 온전히 설명할 수가 없다. 하나님께서는 사람을 유일한 하나님의 형상을 닮은 피조물로 창조하셨다. 그리고 인간에게만 하나님을 닮은 언어를 주셨다. 그래서 창세기 1장의 천지창조의 내력을 보면 6일 동안의 모든 창조 사역이 '가라사대'의 사역이다. 즉 말씀으로 모든 세계를 창조하셨다. 이것을 통해 언어의 주인은 하나님이심을 쉽게 알 수 있다.

이렇게 말의 주인이신 하나님께서 히브리서 1장에서부터 10장까지는 메시아이신 예수 그리스도에 대해 말씀하신다. 그러다가 갑자기 히브리서 11장에 와서 믿음은, 하고 말씀하시면서 그리스도와는 전혀 상관없는 일반적인 꿈을 갖고 비전을 바라보는 믿음을 정의하겠는가? 만일 그렇다면 그것은 초등학교 1학년 아이조차 앞뒤가 맞지 않는 말을 하는 아빠를 보고 아빠! 그렇게 말씀하시면 안 된다고 항의하는 것처럼 우리도 하나님께 항의할 사항이 아니겠는가? 그런데도 수많은 설교자는 초등학교 1학년 학생의 수준도 안 되는 것처럼 성경을 읽고 해석하고 설교한다. 마치 갑자기 삼천포로 빠지듯이 말이다.

이것은 하나님의 관점이 없이 그동안 자기의 관점으로, 그리고 전통적인 관점으로 무의식중에 성경을 읽어온 습관 때문이다. 그리고 이렇게 무의식중에 형성된 잘못된 관점으로 인해 지금 한국 교회의 성도들과 교회들이 2천 년 기독교 역사 속에 도무지 찾아볼 수 없었던 돌연변이가 나타나고 있다. 나는 이 안타까운 현실을 비판할 목적으로 이 글을 쓰는 것이 아니다. 우리가 함께 회개하고 가슴을 치면서 이제라도 늦지 않았으니 철저히 하나님의 관점으로 성경을 보고 하나님의 관점으로 성도들을 가르치기를 호소하는 것이다. 그래서 하나님의 백성들이 진정한 구원의 축복을 회복해야 한다. 동시에 무너져 가는 하나님 나라를 회복시키자고 간곡히 호소하는 것이다.

우리가 하나님의 관점을 붙잡을 때 비로소 영적인 아비요, 어미인 설교자로 하나님 나라의 세계관과 신앙관을 갖게 된다, 그것으로 비로소 하나님 나라의 백성들을 하나님 나라로 인도할 수 있게 되는 것이다. 그리고 세상으로부터 욕을 먹는 것이 아니라 초대 교회 성도들과 같이 세상의 칭찬을 듣게 될 것이다. 그 결과 우리가 굳이 부침개 전도나 진돗개 전도나 커피 전도법 같은 전도법을 365일 배우기 위해 동분서주하지 않아도 될 것이다.

우리를 통해 나타나는 복음의 능력을 확인하고 열 사람이 우리 기독교인 한 사람의 옷자락을 붙잡을 것이다. 그리고 나도 당신을 따라서 교회에 나갈 테니 제발 나를 교회로 좀 데려가 달라고 하소연하는 일이 방방곡곡에서 일어나지 않겠는가? 나는 이것이 허황한 꿈이라고만 생각하지 않는다. 왜냐면 하나님의 관점이야말로 하나님을 하나님 되게 하는 것이다. 그리고 하나님의 말씀이 능력이 있음을 증명하는 하나님께서 그리스도의 몸 된 교회인 우리에게 주신 최고의 무기이기 때문이다.

3. 성경이 말씀하시는 하나님의 관점

1) 중풍 병자와 예수님

마태복음 9장 1~8절- "예수께서 배에 오르사 건너가 본 동네에 이르시니, 침상에 누운 중풍 병자를 사람들이 데리고 오거늘 예수께서 그들의 믿음을 보시고 중풍 병자에게 이르시되 작은 자야 안심하라 네 죄 사함을 받았느니라, 어떤 서기관들이 속으로 이르되 이 사람이 신성을 모독하도다, 예수께서 그 생각을 아시고 이르시되 너희가 어찌하여 마음에 악한 생각을 하느냐, 네 죄 사함을 받았느니라 하는 말과 일어나 걸어가라 하는 말 중에 어느 것이 쉽겠느냐, 그러나 인자가 세상에서 죄를 사하는 권능이 있는 줄을 너희로 알게 하려 하노라 하시고 중풍 병자에게 말씀하시되 일어나 네 침상을 들고 집으로 가라 하시니, 그가 일어나 집으로 돌아가거늘, 무리가 보고 두려워하며 이런 권능을 사람에게 주신 하나님께 영광을 돌리니라."

우리에게 아주 익숙한 말씀이다. 목회 초년병이라 할지라도 이 말씀으로 설교를 해 본 경험들이 있을 만큼 본문은 친근하다. 나는 청년 시절부터 이 말씀으로 하는 설교를 많이 들었다. 그런데 그 수

많은 설교의 초점이 누구에게 맞추어져 진행되는가? 열이면 열이 모두 중풍 병자의 친구들에게 초점이 맞추어져서 진행된다. 왜냐면 주님께서 그들의 믿음을 보셨다는 말씀 때문이다.

그래서 전형적인 3포인트 설교는 이렇게 진행된다.

첫째, 이들의 믿음은 친구를 사랑하는 믿음이었다.
둘째, 이들의 믿음은 장애물을 극복하는 믿음이었다.
셋째, 이들의 믿음은 주님의 능력을 믿는 믿음이었다.

물론 이렇게 말하는 것이 완전히 틀렸다는 말은 아니다.

그러나 이 말씀을 기록하신 하나님의 목적은 중풍을 앓고 있는 병자 친구들의 믿음을 말씀하시려는 것이 목적이 아니다. 주님께서 죄를 사하시는 권세를 가지신 하나님 나라의 왕이심을 선포하시는 것이 이 사건의 목적이다. 이 말씀의, 하나님의 관점은 바로 죄를 사하는 권세를 가지신 사람으로 오신 하나님의 아들 예수 그리스도를 우리에게 알리시는 것이다.

필자가 합동신학대학원대학교 2학년 채플 시간에 지금은 고인이 되신 신약학 교수이신 최 낙제 교수님께서 이 말씀을 하나님의 관점으로 풀어주셨다. 순간 얼마나 큰 충격을 받았던지 큰 해머로 뒤통수를 강하게 한번 쾅! 하고 두들겨 맞는 충격을 느꼈다. 그리고 그 후로 성경을 읽을 때마다 할 수만 있으면 하나님의 관점으로 성경을 읽으려고 애를 썼다. 지금부터 40여 년 전의 일이지만 지금도 그때의 감격과 충격은 고스란히 내 뇌리에 그대로 각인되어 남아있다.

진리의 영이신 성령님은 그날 수많은 미래의 설교자들에게 하나님의 관점을 교수해 주신 것이다. 만일 이 본문으로 설교해야 한다면 가장 먼저 죄를 사하는 권세를 가지신 하나님 나라의 왕이신 예수님께 집중해야 한다. 그리고 왕이신 주님께서 먼저 중풍 병자의 영혼을 사로잡고 있는 죄를 용서하심으로 죄에서 자유롭게 하신다. 그런 다음에야 그의 친구들의 믿음을 보시고 중풍 병을 치료하셨음을 가르쳐야 한다. 만일 그의 영혼을 속박하고 있는 죄는 그대로 둔 채 그의 육체만 치료되었다면 그는 분명히 지옥에 떨어지고 말았을 것이다.

사람이 재벌 회장으로 건강하게 천년을 살다가 죄인으로 죽는다면 영원한 삶은 지옥에서 살게 될 것이다. 그렇다면 이 땅에서 잠깐 병든 몸으로 살다가 예수님을 통해서 죄 용서받고 영원히 천국에서 사는 것이 백배, 천배 낫지 않겠는가? 그것이 부자와 나사로 비유에 담은 하나님의 관점이지 않은가? 이처럼 성경의 주인공이신 예수님은 단순히 우리 육체의 질병을 고쳐주시고 우리의 삶의 문제 속에 들어오셔서 우리의 생활고를 해결해 주시는 분만이 아니다. 지옥에서 영원히 살아야 할 우리의 저주받은 운명을 저주에서 축복으로 대탈출 하게 하시기 위해서 이 땅에 오신 분이시다.

2) 하나님 나라와 성령

사도행전 1장 1~5절

"데오빌로여 내가 먼저 쓴 글에는 무릇 예수께서 행하시며 가르치시기를 시작하심부터, 그가 택하신 사도들에게 성령으로 명하시고 승천하신 날까지의 일을 기록하였노라, 그가 고난받으신 후에 또한 그들에게 확실한 많은 증거로 친히 살아계심을 나타내사 사십일 동안 그들에게 보이시며 하나님 나라의 일을 말씀하시니라, 사도와 함께 모이사 그들에게 분부하여 이르시되 예루살렘을 떠나지 말고 내게서 들은바 아버지께서 약속하신 것을 기다리라, 요한은 물로 세례를 베풀었으나 너희는 몇 날이 못 되어 성령으로 세례를 받으리라 하셨느니라."

우리가 종종 궁금증을 갖고 보는 예수님의 부활 후 활동이 간단하게 소개되고 있다. 예수님께서는 부활하신 다음 제한적으로 제자들에게 나타나셨다. 맨 먼저 막달라 마리아에게 나타나신다. 얼마 후 문을 닫고 두려워 떨고 있는 제자들에게 나타나신다. 또 엠마오로 향하던 제자들에게도 잠시 나타나신다. 그리고 여드레를 지나 의심하는 도마가 함께 있는 현장에 찾아오신다. 그 후에 디베랴 바다에서 물고기 잡는 일곱 명 제자에게 찾아오신다. 이 정도가 부활하신 예수님의 활동 모습이다.

그런데 오늘 본문에는 예수님께서 사십 일 동안 그들에게 보이시며 하나님 나라의 일을 말씀하셨다. 우리의 궁금증 일부를 해결할 수 있는 귀중한 정보를 제공한다. 여기서 우리는 다시 한번 성경의 네 주제 즉 구원과 하나님 나라를 확인하게 된다. 즉 성육신하셔서 십자가에 돌아가시고 부활하심으로 우리를 구원할 복음을 완성하신 주님께서는 그것으로 끝마치고 곧바로 하늘로 승천하지 않으신다. 사십일을 더 이 세상에 머무시면서 성경의 4대 목적 중 하나인 하나님 나라의 일에 대해서 집중적으로 제자들에게 가르치신다. 여기까지는 우리가 대체로 알고 있고 공감할 수 있는 내용이다.

그런데 이렇게 하나님 나라의 일을 말씀하신 주님께서 마치 지금까지 말씀하신 하나님 나라에 대한 강의를 총정리라도 하시는 것같이 하신다. "사도와 함께 모이사 그들에게 분부하여 이르시되 예루살렘을 떠나지 말고 내게서 들은바 아버지께서 약속하신 것을 기다리라, 요한은 물로 세례를 베풀었으나 너희는 몇 날이 못 되어 성령으로 세례를 받으리라," 고 하신다. 그리고 다시 8절에서 "오직 성령이 너희에게 임하시면 너희가 권능을 받고 예루살렘과 온 유대와 사마리아와 땅끝까지 이르러 내 증인이 되리라"라고 하신다.

이 말씀에 대해서 가지고 있는 관점은 무엇인가? 예루살렘과 유대와 사마리아와 땅끝까지 복음을 전하고 선교하기 위해서는 우리가 반드시 성령세례를 받고 성령 충만을 받아야 하겠구나! 하는 것이다. 그래서 부흥회 때에나, 전도 집회 현장이나 수련회 때에 집중적으로 성령세례와 성령 충만을 강조한다. 그리고 전도는 교회를 부흥시키기 위한 수단으로 자리매김하고 있다. 특히 요즈음처럼 개척교회 하기가 힘들어지는 상황에서 다른 세미나에는 사람들이 오지 않지만 그래도 전도 세미나에는 사람들이 모인다. 이유는 어떻게든지 정체되고 침체한 교회 성장과 교회 부흥의 돌파구를 마련하기 위해서일 것이다.

물론 성령세례와 성령 충만을 모든 그리스도인은 반드시 받아야 한다. 무엇 때문에 우리는 성령세례를 받고 성령 충만을 받아야 하는가? 전도하기 위해서인가? 그래서 우리 교회를 부흥시키고 대형 교회로 만들기 위해서인가? 주님께서 그것을 이루기 위해서 하나님의 아들이시면서 이 세상에 사람으로 오셨는가? 오셔서 그 모진 멸시와 천대를 받으시고 십자가에 죽기까지 하신 것인가?

단순히 우리를 구원하시고 이 땅에서 잘 먹고 잘살게 하고 그런 다음 천국에 가게 하시기 위해서인가? 그것이 하나님이 사람이 되셔서 이 땅에 오셔서 돌아가신 전부란 말인가? 결코 그것이 아니라면 무엇 때문에 주님께서 우리에게 오셔서 복음을 완성하시고 성령세례와 성령 충만을 말씀하시는가? 그것은 바로 하나님 나라를 위해서다. 우리는 육신 적으로는 대한민국이라는 세상 나라의 국적을 가지고 살고 있다. 그래서 대한민국이라는 나라가 우리에게 주는 유형무형의 혜택을 누리며 산다. 나는 자칭 6.25 참전용사이다. 왜냐면 6, 25가 일어난 해에 어머니 배에서 나왔기 때문이다. 그리고 한창 전쟁이 치열할 때, 기는 법을 배우고 걷는 법을 배웠기 때문에 나는 포복을 하고 행군해서 총알이 빗발치는 사선을 넘고 살아남았다고 이야기를 꾸민다. 그 후 우리는 얼마나 가난하고 배고팠는지 모른다. 지금도 고향 충청도 부여 산골 마을 처마 밑에서 아이들과 함께 배가 고파서 흙을 파먹던 추억이 뇌리 깊숙이 남아있다.

그런 우리나라가 이제는 국민 두 명꼴로 자동차 한 대를 보유한 나라가 되었다. 세계 G20 국가로 선정되어 정상회의에 대통령이 어깨를 나란히 하고 참석한다. 그런데 일본 제국주의 시대 당시 독립운동을 위해 할아버지와 아버지가 부득이하게 조국을 떠나 돌아오지 못했다. 그 후손들이 중국이나 러시아나 중앙아시아 국가들에 흩어져 살고 있다. 그런데도 그들은 한국의 국적을 취득하지 못해서 훈장을 받고, 보상을 받고 누려야 되는 수많은 혜택을 누리지 못하고 억울하게 가난한 나라에서 살아가고 있다. 무엇 때문인가? 국적 때문이다.

구원받은 그리스도인은 육신 적으로는 국적이 한국이지만 영적으로는 국적이 하나님 나라이다. 그리고 하나님 나라의 시민들인 우리는 이 땅에서도 하나님 나라를 산다. 동시에 이 땅에서도 하나님 나라의 법의 통치를 받고 하나님 나라의 축복을 누리며 사는 것이다. 우리는 잘못된 가르침의 영향으로 내세 지향적인 신앙을 갖게 되었다. 그러나 성경은 지금, 여기에, 하나님 나라가 있다고 한다. 그 하나님 나라를 이 땅에서 잘 사는 사람들이 저세상 천국에서도 상급이 큰 것은 너무 당연하다. 이 땅에서는 싸우고 미워하고 거짓말하고 욕심껏 산 사람이 저세상에 가서 사랑하고 화목하고 베풀며 살 수는 없지 않겠는가? 마치 집에서 새는 바가지가 밖에서도 새는 것과 다를 바 없는 것 아닌가?

참고로 성경에 하나님 나라와 관련된 단어가 **259번** 나온다. 그중에 우리에게 친근한 **천국은 37번** 등장하고 **하나님 나라는 222번** 등장한다. 이렇게 성경은 하나님 나라의 현실성을 강하게 내포한다. 이 세상에서 구원받은 하나님의 자녀들이 누리도록 하신 하나님 나라가 당장 우리 마음속에 이루어졌다. 하지만 그 하나님 나라는 우리

힘으로 살 수 없다는 것이다. 왜냐하면 그 하나님 나라는 "먹는 것과 마시는 것이 아니고 성령 안에서 의와 평강과 희락이기 때문이다." (롬 14:17)

무슨 뜻인가? 하나님 나라는 육체적인 나라 즉 몸으로 누리는 나라가 아니다. 거듭난 우리 영으로 누리는 나라이다. 문제는 구원은 받았지만, 여전히 타락한 본성의 지배를 받는 우리 마음과 육체 때문이다. 마음은 원하지만, 우리의 육신이 감히 하나님 나라의 법에 순종해서 하나님 나라의 왕이신 주님의 통치를 받을 수 없다. 따라서 우리는 하루 동안에도 평안을 누리지 못하고 하늘로부터 오는 기쁨도 누리지 못하고 하나님의 의도 이루지 못한다는 것이다.

이런 우리를 위해 주님께서 승천하시면서 다른 보혜사를 약속하셨다.

"내가 아버지께 구하겠으니, 그가 또 다른 보혜사를 너희에게 주사 영원토록 너희와 함께 있게 하리니, 그는 진리의 영이라 세상은 능히 그를 받지 못하나니 이는 그를 보지도 못하고 알지도 못함이라 그러나 너희는 그를 아나니 그는 너희와 함께 거하심이요 또 너희 속에 계시겠음이라" (요 14:16, 17).

나라는 통치자가 누구냐에 따라서 그 나라의 사람들이 행복하기도 하고 불행하기도 하다. 그런데 하나님 나라의 통치자는 하나님 나라의 왕이신 예수님이시다. 그리고 승천하신 예수님께서는 그분의 영이신 성령님을 구원받은 우리 신자들 속에 보내서 우리를 통치하신다. 그분은 우리보다 우리를 더 사랑하신다. 우리보다 우리를 더 잘 알고 계신다. 그분은 전능하시고 전지하신 분이시다. 우리는 내일 일도 알 수 없고 한 치 앞도 볼 수 없는 극히 유한한 존재이다. 그러나 성령님은 우리 인생의 미래를 다 꿰뚫고 보고 계신다.

그분은 지혜로우시고 명철이 한이 없으신 분이다. 그분은 우주보다 크신 분이다. 그러나 동시에 영이시기 때문에 먼지만도 못 한 우리 속에 장막을 치고 들어와 계신다. 생각해 보라. 죄를 알지도 못하시는 그리스도의 영이신 거룩하신 성령님께서 죄인 중에 괴수인 우리 속으로 들어오셨다는 사실을 말이다.

아내는 서울에서 어린 시절부터 자랐다. 나와 결혼을 하고 시골 집에 인사를 다녀와야 했다. 그 일을 앞두고 아내에게 큰 걱정거리가 하나 생겼다. 푸세식인 시골 화장실에서 어떻게 배설물을 처리하느냐는 것이다. 아니 생각해 보라. 남의 것도 아니고 자기가 먹고 자기가 만든 배설물을 처리하는데 조금 냄새나고 더러운 환경이라고 며칠 전부터 고민하는 우리를 말이다. 그런데 우리 속은 어떤가? 배설물보다 더 더럽고 악취가 나는 교만과 아집과 탐심과 불의와 거짓과 음란의 온갖 죄악의 소굴이 아니던가.

만물 중에 가장 부패한 것이 우리 마음이 아니던가? 그런 우리 마음속으로 성령님은 주저하지 않으시고 합방을 단행하셨다. 이 사실은 생각하면 할수록 은혜중에 은혜가 아니고 무엇이겠는가? 그것도 하룻밤 잠깐 나그네로 오셔서 묵었다가 가시겠다는 것도 아니다. 영원토록 우리와 함께 계신다니! 그런데 그런 성령님을 우리는 얼마나 무시하고 멸시하고 박절하게 대하는가? 그런데도 그분은 인격적인 분이시기 때문에 절대로 강제로 우리를 이끌지 않으신다. 아무리 작은 문제도 반드시 우리가 OK하고 동의할 때 우리를 다스리시고 우리를 도우시고 우리를 인도하신다.

사탄 · 마귀는 우리의 허락도 없이 교묘하게 우리를 속이고 우리 마음을 도둑질한다. 그러나 예수님의 영이신 성령님은 우리를 인격적으로 상대하신다. 그러기에 주님께서는 우리에게 성령으로 세례를 받으라고 명령하신다. 우리가 성령으로 세례를 받는다는 것은 무엇을 의미하는가? 물세례의 의미는 예수 그리스도의 속죄 사역으로 우리 죄가 사함을 받고 예수 그리스도와 생명을 가진 연합을 이루는 것을 말한다. 그러므로 성령세례 역시 우리가 성령님과 철저히 연합되는 것을 말한다. 우리 자신을 온전히 성령님께 내어드리는 결단과 함께 성령님께서 온전히 우리를 통치하시는 성령 충만한 삶이 시작되는 것이다.

이렇게 성령세례를 받고 성령 충만을 받는 것은 우리의 지, 정, 의가 철저히 성령께 붙들리는 삶을 사는 것을 말한다. 그 결과 우리는 비로소 이 땅에서도 매일 매일 순간순간 하나님 나라를 살게 되는 것이다. 이것은 전적으로 우리 안에 들어오신 성령님의 능력에 사로잡히기에 일어나는 결과물이다.

어렸을 때 시골에서 무당이 굿을 하는 것을 보았다. 평소에는 아주 가냘픈 여인네가, 굿을 하게 되면 시퍼런 날이 선 작두를 타고 시뻘겋게 달구어진 숯불 위에서 춤을 춘다. 어떻게 그런 일이 가능한가? 거짓말쟁이의 아비인 사단 마귀가 그 순간 사람들을 미혹해서 지옥 자식으로 만들기 위해 가냘픈 여인 속으로 들어가서 역사하기 때문이다. 이렇게 타락한 천사도 할 수만 있으면 하나님께서 허락하신 능력으로 사람 속에 들어가 초자연적인 역사로 장난을 친다.

그런데 하물며 창조주이시며 사랑이시고 아버지이고 삼위일체인 하나님의 성령님께서 우리 속에 계시면서 얼마나 많은 능력과 은혜를 베푸시겠는가? 이렇게 성령님을 보내신 이유는 우리로 이 땅에서부터 하나님 나라를 살게 하시기 위해서이다. 그리고 사도행전은 주님의 명령대로 성령세례를 받고 성령 충만한 성도들이 하나님 나라를 살면서 하나님 나라를 확장해 나가는 하나님 나라 행전이다. 사도행전은 단순히 성령 충만한 성도들이 열심히 입으로 복음을 전하는 전도 행전이 아니다. 만일 그들이 입으로만 복음을 전했다면 그렇게 짧은 시간에 강력한 로마제국이 복음에 의해 정복될 수 있었겠는가?

지금 한국 교회가 침체한 교회의 상황을 탈피하려고 안간힘을 쓴다. 그런데 그 힘을 잘못된 방법으로 쓰고 있다. 기발한 전도의 방법만 잘 사용하면 부흥이 다시 올 것으로 착각한다. 이런 어리석음은 사도행전을 성령 행전이나 전도 행전의 관점으로만 보기 때문이다. 분명히 알아야 할 것은 사도행전은 전도 행전의 관점이 아니라 하나님 나라의 관점으로 보아야만 한다. 성령세례 받고 성령 충만한 성도들이 하나님 나라를 살았기 때문에 초대 교회가 부흥했다. 초대 교회의 성도들은 철저히 성령세례를 받고 성령님의 권능에 사로잡혀 살았다. 그 결과 그들은 놀라운 하나님 나라를 현실 속에서 누리며 살 수 있었다. 그것을 보는 수많은 사람이 굳이 교회에 오라고 말하지 않아도 당신의 변화된 모습을 보니 나도 예수를 믿어야 하겠다고 교회로 제 발로 들어오는 것이다.

"사람마다 두려워하는데 사도들로 말미암아 기사와 표적이 많이 나타나니, 믿는 사람이 다 함께 있어 모든 물건을 서로 통용하고, 또 재산과 소유를 팔아 각 사람의 필요를 따라 나눠 주며, 날마다 마음을 같이 하여 성전에 모이기를 힘쓰고 집에서 떡을 떼며 기쁨과 순전한 마음으로 음식을 먹고, 하나님을 찬미하며 또 온 백성에게 칭송을 받으니 주께서 구원받는 사람을 날마다 더하게 하시니라"(행 2:43~47)

굳이 다시 설명하지 않아도 초대 교회는 성령세례를 받고 성령 충만한 가운데 하나님 나라를 사는 성도들에 의해서 이루어지는 부흥이었다. 진정한 하나님 나라가 확장되기에 세상 사람들이 교회 다니는 사람들을 칭찬하고 스스로 그들을 따라 교회에 온 것이다. 그러나 그렇지 못한 인위적인 전도는 반강제적인, 심지어 한 번만 교회에 와 달라고 밥을 사주고 선물 공세를 펼치며 아부하는 것을 당연히 여기는 것이다. 성령세례와 성령 충만은 하나님 나라를 살도록 하나님께서 우리에게 베푸시는 은혜요 능력이다. 이것을 우리는 하나님의 관점으로 다시 한번 확실히 기억하기를 바란다.

3) 행복의 조건

창 3장 8~19, 23절- "그들이 그날 바람이 불 때 동산에 거니시는 여호와 하나님의 소리를 듣고 아담과 그의 아내가 여호와 하나님의 낯을 피하여 동산 나무 사이에 숨은지라, 여호와 하나님이 아담을 부르시며 그에게 이르시되 네가 어디 있느냐, 이르되 내가 동산에서 하나님의 소리를 듣고 내가 벗었으므로 두려워하여 숨었나이다, 이르시되 누가 너의 벗었음을 네게 알렸느냐 내가 네게 먹지 말라 명한 그 나무 열매를 네가 먹었느냐, 아담이 이르되 하나님이 주셔서 나와 함께 있게 하신 여자 그가 그 나무 열매를 내게 주므로 내가 먹었나이다, 여호와 하나님이 여자에게 이르시되 네가 어찌하여 이렇게 하였느냐 여자가 이르되 뱀이 나를 꾀므로 내가 먹었나이다, 여호와 하나님이 뱀에게 이르시되 네가 이렇게 하였으니, 네가 모든 가축과 들의 모든 짐승보다 더욱 저주를 받아 배로 다니고 살아 있는 동안 흙을 먹을지니라, 내가 너로 여자와 원수가 되게 하고 네 후

손도 여자의 후손과 원수가 되게 하리니 여자의 후손은 네 머리를 상하게 할 것
이요 너는 그의 발꿈치를 상하게 할 것이니라 하시고, 또 여자에게 이르시되 내
가 네게 임신하는 고통을 크게 더하리니 네가 수고하고 자식을 낳을 것이며 너
는 남편을 원하고 남편은 너를 다스릴 것이니라 하시고, 아담에게 이르시되 네
가 네 아내의 말을 듣고 내가 네게 먹지 말라 한 나무의 열매를 먹었은 즉 땅은
너로 말미암아 저주를 받고 너는 네 평생에 수고하여야 그 소산을 먹으리라, 땅
이 네게 가시덤불과 엉겅퀴를 낼 것이라 네가 먹을 것은 밭의 채소인즉, 네가 흙
으로 돌아갈 때까지 얼굴에 땀을 흘려야 먹을 것을 먹으리니 네가 그것에서 취
함을 입었음이라 너는 흙이니 흙으로 돌아갈 것이니라 하시니라, 여호와 하나님
이 에덴동산에서 그를 내보내어 그의 근원이 된 땅을 갈게 하시니라"

이 말씀은 우리에게 인류가 타락한 원인을 밝혀주고 그 결과가
무엇인지를 소상하게 말씀해 준다. 창세기 1장에서 950억 광년에
이르는 우주의 창조는 소상히 밝히고 있지 않다. 반면 인간의 첫 번
째 대표인 아담 부부의 타락 사건은 이렇게 소상히 밝히시는 이유
는 무엇일까? 앞에서 950억 광년에 이르는 우주의 중심이 바로 지
구라는 사실을 우주과학자들이 밝혔다고 했다. 이것은 인류 역사
이래 최고로 발달한 우주과학이 성경이 진리임을 스스로 증명하고
있다. 그런데 그 우주의 중심인 지구에서 가장 핵심이 무엇인가?
아니 좀 더 정확히 우주보다 더 귀한 존재는 무엇인가? 그것은 바
로 하나님의 형상으로 지음. 받은 인간이다. 잠깐! 왜 인간이 우주
보다 즉 천하보다 더 귀한 존재인가? 그것은 죄인 된 인간을 구원
하시기 위해 우주를 창조하시고 그 우주를 통치하시는 우주의 주인
이신 우주보다 크신 하나님께서 대신 돌아가셨기 때문이다.

다시 본 논리로 돌아가 보자. 하나님께서 첫 번째 인간의 대표인
아담 부부의 타락 사건을 마치 검찰이 중죄인을 심문하듯이 하신

다, 판사가 판결문을 낭독하듯이 소상하게 밝히시는 이유는 바로 인간 타락 사건이야말로 전 우주적인 톱뉴스이기 때문이다. 우주보다 인간을 사랑하시는 하나님께는 너무도 충격적인 사건이기 때문이다. 지금 우리 국민에게는 '배우 이선균 자살 사건'이 가장 중요 뉴스일 것이다. 그러나 우리 하나님께는 인간 타락 사건만큼 중요 뉴스는 없다. 이것이 하나님의 관점으로 보는 인간 타락 사건이다. 그렇다면 인간 타락 사건에 대한 하나님의 판결은 무엇인가? 첫 번째는 아담 부부를 속이고 유혹해서 타락하게 만든 뱀, 즉 사단 마귀에 대한 판결이다.

"너로 여자와 원수가 되게 하고 네 후손도 여자의 후손과 원수가 되게 하리니 여자의 후손은 네 머리를 상하게 할 것이요 너는 그의 발꿈치를 상하게 할 것이니라"

이 말씀에는 동정녀의 몸에서 탄생하시는 메시아 예언이 포함되어 있음을 익히 알고 있을 것이다. 그래서 우리는 이 말씀을 소위 '원시 복음'이라고 한다.

두 번째는 여자에게 내리신 판결이다. "내가 네게 임신하는 고통을 크게 더하리니 네가 수고하고 자식을 낳을 것이며 너는 남편을 원하고 남편은 너를 다스릴 것이니라."

셋째는 아담에게 내리신 판결이다. "네가 네 아내의 말을 듣고 내가 네게 먹지 말라 한 나무의 열매를 먹었은즉 땅은 너로 말미암아 저주를 받고 너는 네 평생에 수고하여야 그 소산을 먹으리라, 땅이 네게 가시덤불과 엉겅퀴를 낼 것이라 네가 먹을 것은 밭의 채소인즉 네가 흙으로 돌아갈 때까지 얼굴에 땀을 흘려야 먹을 것을 먹으리니 네가 그것에서 취함을 입었음이라 너는 흙이니 흙으로 돌아갈 것이니라."

이 말씀은 인간의 생로병사가 자연스러운 것이 아니다. 하나님께 불순종한 죄의 결과일 것이다. 인간이 하나님께 불순종함으로 결국 고달프고 불행한 삶을 살다가 끝내는 한 줌의 흙으로 돌아가는 운명을 맞게 된 것이다. 그리고 최종적인 하나님의 판결을 집행하기 위해서 하나님께서는 서둘러 신속하게 아담과 하와를 에덴동산에서 쫓아내신다. 그리고 에덴동산 동쪽에 그룹들과 두루 도는 불 칼을 두어 생명나무의 길을 지키게 하신다.

그리고 창세기 4장부터 죄를 범한 인간의 삶이 나타나는데 그 첫 번째가 가인이 동생 아벨을 죽이는 사건이다. 에덴동산에서 쫓겨난 인간사회에서 발생한 첫 번째 사건이 형이 동생을 죽인 살인 사건이다. 이 사실은 우리에게 충격적일 뿐만 아니라 그 시사해 주는 바가 적지 않다. 우리가 가진 상식으로 인간과 인간 사이에서 벌어지는 사건 중에 인간이 인간을 죽이는, 그것도 형이 동생을 죽이는 사건만큼 끔찍하고 불행한 사건이 또 있겠는가? 이 사건은 인간이 하나님과 함께 살던 에덴동산에서 쫓겨난 다음 첫 번째로 일어난 비극이다.

무엇을 말씀하시는가? 인간 불행의 근원이 무엇인가를 우리에게 밝혀주시는 하나님의 기막힌 관점이다. '에덴'이라는 말은 '기쁨'이라는 뜻이다. 그리고 기쁨은 행복을 말한다. 그렇다면 에덴동산에 살던 아담과 하와 부부가 왜 행복했는가? 선악과와 생명나무 열매가 있고 온갖 기화요초와 무공해 과일들과 파괴되지 않은 창조의 원형대로 보존된 자연환경 때문에 그들이 행복했는가? 결코 그것이 아니다. 에덴동산에서 아담과 하와 부부가 행복했던 것은 사랑의 하나님과 함께 살고 있었기 때문이다. 그러나 그들이 하나님께 범죄 함으로 그들의 죄가 이제는 하나님과 함께 살 수 없도록 만들었다. 그리고 급속도로 인간은 불행해지기 시작한다. 그런데 인간은 이 사실을 망각한 채 자신들의 힘으로 자신들의 방식으로 행복을 누리려고 한다.

그러나 에덴동산에서 쫓겨난 인간이 만든 어떤 철학도, 이념도, 사상도, 예술도, 학문도, 과학도, 교육도 결코 인간을 행복하게 만들지 못했다. 이것은 앞으로도 새 하늘과 새 땅이 만들어지고 주님께서 재림하실 때까지는 불가능한 것이다. '행복'을 헬라어로 '유다이모니아'라고, 한다. 그 의미는 '신(하나님)과 함께 산다,' 라는 뜻이다. 바로 이것이다. 행복은 돈으로 얻는 것이 아니다. 행복은 인간이 주는 것도 인간이 만드는 것도 더욱 아니다. 행복은 세상의 온갖 것으로도 절대 주어지지 않는다. 마치 바닷물을 마시면 마실수록 더욱 갈증만 심해지듯이 세상 것으로는 한 방울의 행복도 얻을 수 없다. 오직 생수의 근원 되시며 우리의 창조주가 되시는 삼위일체 하나님과 함께하는 삶을 통해서만 인간에게 진정한 행복이 있다.

단군 이래 5천 년 동안 우리는 가난에 찌들어 살았다. 그런데 지금은 물가 대비 국민소득이 G3인 일본보다 앞서는 높은 경제력을 갖게 되었다. 그런데 왜 우리는 OECD 국가 중 이혼율이 가장 높고 자살률이 가장 높은 불행한 사회를 이루고 있는가? 이것은 무엇을 반증하는가? 인간의 행복이 소유의 넉넉함에 있지 않다는 것이다. 하나님의 형상으로 창조된 인간은 창조주이신 하나님과 함께 사는 삶을 통해서만 진정한 행복을 누릴 수 있는 것이다. 이것은 마치 수가 성 우물가의 불행한 여인이 예수 그리스도를 통해 생수의 근원인 하나님을 만난다. 그 순간 물동이를 버려두고 동네로 뛰어 들어가 춤추며 노래하며 행복을 선물한 메시아를 전한 것과 같은 것이다.

우리는 창세기 3장의 인간 타락 사건을 통해서 하나님께서 거기에 담으신 하나님의 관점을 붙들어야 한다. 그래서 축복은 이 땅에서 돈 많이 벌어서 잘 먹고 잘사는 것이 아니다. 하나님과 함께 매일 매일 동행하는 삶이 우리에게 진정한 축복이고 행복임을 가르쳐야 한다. 하나님께서 창조하신 최초의 인간인 아담과 하와를 살게 하셨던 에덴동산은 그리스도인들이 이 땅에서 이루어야 할 하나님 나라의 모형이다.

에덴동산이라고 부르는 '동산'을 히브리어는 '간'이라고 한다. '간'은 동산이라는 의미보다는 '정원'이라는 의미가 더 가깝다. 그런데 그냥 정원이 아니고 울타리가 쳐진 정원을 말한다. 아담과 하와 부부의 타락으로 잃어버린 에덴, 그리스도인인 우리의 삶 속에서 진정한 행복을 누리게 되는 에덴은 울타리가 쳐진 곳이다. 울타리는 무엇인가에서 무엇을 격리하기 위해, 혹은 보호하기 위해 치는 것이다. 하나님의 자녀인 우리가 우리의 삶 속에서 진정한 행복을 누리는 에덴을 회복하기 위해 울타리를 쳐야 한다.

그리고 그 울타리는 무엇을 차단하고 무엇으로부터 우리 자신들을 보호하기 위한 울타리여야 하겠는가? 그것은 두말할 것도 없이 세속적인 사고방식이다.

사단 마귀가 끊임없는 속임수로 우리 속에 주입하는 세속적인 가치관과 세계관과 사고방식을 차단하는 것이다. 그렇게 하지 않는다면 하나님을 믿는다고 하면서도 자기 뜻이 이루어지지 않으면 하나님의 아들이신 예수 그리스도를 십자가에 못 박아 죽인 유대인처럼 된다. 겉으로만 신자인 습관적인 종교인으로 살 수밖에 없다.

그러므로 영적인 아비요 어미인 설교자는 과감히 하나님의 관점의 울타리를 매일 설교를 통해서 새롭게 회복시키는 재무장을 끊임없이 해주어야 한다. 그렇게 해서 교회에 와서 설교를 듣는 성도들이 세속화된 사고방식의 울타리가 얼마나 잘못되어 있는지를 깨닫게 만들어야 한다. 그리고 다시 하나님의 관점이라는 하나님 나라의 사고방식의 울타리로 들어오게 만들어야 한다. 이것은 설교자가 죽을 때까지 포기하지 말아야 할 선한 싸움이다.

에녹이 삼백 년을 하나님과 동행하다가 죽음을 보지 않고 하늘나라로 직행한다. 그것은 이 땅에서의 천국, 즉 이 땅에서의 최고의 행복은 하나님과의 동행, 즉 하나님과 함께 더불어 먹고 마시는 삶이라는 사실임을 가르쳐 주는 것이다. 그리고 하나님과 동행하는 것은 하나님 말씀에 순종하는 삶인 것을 분명히 가르쳐야 한다. 에녹이 이 땅에서도 하나님과 동행하는 최고의 행복한 삶을 살 수 있었다. 그것은 그가 매일 매일 하나님의 관점이라는 울타리 속에서 살았기 때문이다. 그런데 그동안 한국 교회는 마치 환경이 좋은 것이 에덴동산인 양 가르치고 외치지 않았는가?

그래서 신년이 되면 교회마다 신년 축복 대 성회를 열고 한 해를 행복하게 살려면 반드시 축복받아야 한다고 외치지 않았는가? 그러기 위해 십일조 잘 바치고 주일 성수 잘하고 교회 봉사 잘하고 기도 열심히 하고 전도 열심히 하고 봉사 열심히 하고 주의 종을 잘 섬기라고 하지 않았는가? 이제 우리는 회개해야 한다. 물론 내가 제일 먼저 회개해야 한다. 왜냐면 그것이 틀린 것을 알면서도 용기가 없어 지금까지 외치지 못했기 때문이다. 해서 주님께서 언제 부르실지 알지 못하는 시점에야 다급한 마음이다. 마치 차에 치여 중상을 입고 피투성이가 되어 마지막 숨을 몰아쉬는 중환자를 어깨에 들추어 메고 응급실로 달려가는 심정으로 이 글을 쓰고 있다.

그렇다. 인간은 본래 하나님과 함께 행복하게 살아가도록 창조되었다. 그런데 먼저 하나님을 반역하고 타락한 사단 마귀가 하나님께서 가장 사랑하시는 하나님의 형상으로 유일하게 창조된 인간을 시기 질투했다. 그래서 아담과 하와 부부를 유혹했다. 그 결과 인간은 거룩하신 하나님과 분리되고 불행한 삶을 자초하게 되었다. 그러나 사랑인 하나님께서는 아들 하나님이신 예수 그리스도를 성육신이라는 하나님의 지혜와 사랑의 방법으로 이 땅에 보내신다. 그리고 무죄하신 아들 하나님이 제2의 아담으로 인류를 대표해서 하나님 아버지께 죽기까지 순종하게 하신다. 그것으로 우리를 다시 하나님과 함께 사는 하나님과 화목한 하나님의 자녀로 의롭다고 함을 얻게 하셨다.

그 결과 예수 그리스도를 믿고 거듭난 성도 안에 예수 그리스도의 영이신 성령님을 보혜사로 보내시고 영원토록 우리와 함께 사신다. 이것이 바로 행복의 유일한 조건이다. 그러므로 설교자인 우리는 이제부터 성도들을 하나님과 더불어 먹고 마시는 365일의 삶을 살도록 행복에 대한 하나님의 관점을 확실하게 붙잡아야 한다. 그리고 하나님 나라 행복론을 강단에서 힘써 외쳐야 한다.

4) 가인과 아벨의 제사

창세기 4장 1~12절— "아담이 그의 아내 하와와 동침하매 하와가 임신하여 가인을 낳고 이르되 내가 여호와로 말미암아 득남하였다 하니라, 그가 또 가인의 아우 아벨을 낳았는데 아벨은 양 치는 자였고 가인은 농사하는 자였더라, 세월이 지난 후에 가인은 땅의 소산으로 제물을 삼아 여호와께 드렸고, 아벨은 자기도 양의 첫 새끼와 그 기름으로 드렸더니 여호와께서 아벨과 그의 제물은 받으셨으나, 가인과 그의 제물은 받지 아니하신지라 가인이 몹시 분하여 안색이 변하니, 여호와께서 가인에게 이르시되 네가 분하여 함은 어찌 됨이며 안색이 변함은 어찌 됨이냐, 네가 선을 행하면 어찌 낯을 들지 못하겠느냐 선을 행하지 아니하면 죄가 문에 엎드려 있느니라 죄가 너를 원하나 너는 죄를 다스릴지니라, 가인이 그의 아우 아벨에게 말하고 그들이 들에 있을 때에 가인이 그의 아우 아벨을 쳐 죽이니라, 여호와께서 가인에게 이르시되 네 아우 아벨이 어디 있느냐 그가 이르되 내가 알지 못하나이다 내가 내 아우를 지키는 자니까, 이르시되 네가 무엇을 하였느냐 네 아우의 피 소리가 땅에서부터 내게 호소하느니라, 땅이 그 입을 벌려 네 손에서부터 네 아우의 피를 받았은 즉 네가 땅에서 저주를 받으리니, 네가 밭을 갈아도 땅이 다시는 그 효력을 네게 주지 아니할 것이요 너는 땅에서 피하며 유리하는 자가 되리라."

이 말씀을 가지고 많은 설교자가 하나님께서 받으시는 예배가 어떤 예배인지를 가르친다. 그러면서 주해 설교를 할 수도 있고 제목 설교나 강해 설교할 수도 있을 것이다. 주해 설교는 성경의 중요한 의미를 해석해 주는 것으로 설교의 역할을 다하는 것이다. 반면 제목 설교는 명칭 그대로 본문에서 설교자가 중요하다고 생각되는 내용에 초점을 맞춘다. 그리고 거기에 맞는 제목을 정해 설교를 펼치는 것이다. 반면 강해 설교는 주해 설교의 내용에 적용을 덧붙이는 설교를 말한다. 어찌 되었든 우리가 설교하기 위해서는 성경 본문을 일단 해석하는 것이 제일 중요하다.

이때 설교자가 어떤 관점을 가지고 본문에 접근하는가가 가장 중요하다고 할 것이다. 설교할 때 무엇보다 중요한 것이 본문의 해석이다. 본문을 해석할 때 해석자가 어떤 관점을 가지고 해석하는지는 설교에서 가장 중요하다고 할 것이다. 왜냐면 해석이 잘못된 상태에서 아무리 적용이 좋은들 그것은 마치 바리새인들의 고르반 하는 것과 다를 바가 없을 것이다. 즉 바리새인들은 부모에게 드릴 것을 하나님께 드렸으니, 부모님께는 효도하지 않아도 된다고 해석한다.

그러나 주님께서는 분노하시면서 바리새인들의 가르침을 책망하신다. 그러므로 우리가 본문을 읽고 해석하는 일은 마치 '독도'를 하는 것과 같다고 하겠다. 군인이 적군의 진지를 폭격하기 위해서 지도를 펼쳐놓고 지도를 읽는다. 그런데 그만 지도를 잘못 읽어 엉뚱한 민간인 마을을 폭격하고 말았다. 적군을 죽인 것이 아니고 수많은 죄 없는 민간인들이 희생된 것이다. 이런 일이 설교에서도 얼마든지 일어날 수 있다. 그런데 설교는 천하보다 귀한 영혼을 다루는 작업이다. 군인보다 더 소중한 사역이다.

많은 설교자가 하나님께서 아벨의 제사는 받으시고 가인의 제사는 왜 거절하셨는가를 해석하면서 이렇게 해석한다. 가인은 정성도 감사하는 마음도 없이, 적당히 제사를 지냈다, 비교해서 아벨은 정성을 다해서 감사하면서 믿음으로 예물을 드렸다. 그러니 여러분도 정성을 다하고 최선을 다해서 힘에 지나도록 감사하는 마음과 믿음으로 예물을 드려야 한다. 물론 이렇게 말하는 상당 부분은 맞는 말이다. 그러나 적어도 가인과 아벨을 대조하면서 이렇게 말하는 것은 분명 문제가 있다. 그리고 이 사건에서 핵심은 가인이 아벨을 죽인 것이 아니다. 그런데 앞서 언급한 유명한 설교집에 실린 설교는 이렇게 진행된다.

제목: 네가 무엇을 하였느냐?
첫째, 너 자신을 돌아보았느냐? 라는 질문이다.
둘째, 회개를 강하게 촉구하는 질문이다.
셋째, 구체적인 범죄를 지적하는 질문이다.

주로 하나님께서 하신 질문에 초점이 맞추어져서 설교가 진행된다. 우리의 기존 성경을 보는 관점이 하나님의 관점에서 많이 벗어나 있음을 보여주는 사례라고 할 수 있다. 그리고 우리는 주석의 권위를 너무 맹신한다.

하나님께서 가인의 제사는 받지 않으시고 아벨의 제사는 받으신 직후 가인이 몹시 분하여 안색이 변한다. 그 순간 하나님께서 가인에게 말씀하신다.

"네가 분하여 함은 어찌 됨이며 안색이 변함은 어찌 됨이냐, 네가 선을 행하면 어찌 낯을 들지 못하겠느냐 선을 행하지 아니하면 죄가 문에 엎드려 있느니라 죄가 너를 원하나 너는 죄를 다스릴지니라." 이상의 하나님 말씀에서 가장 중요한 말은 선이라는 말과 죄라는 말이다. 성경에서 '선'이라는 말은 어떤 경우에 사용되는지 알아보자.

시편 34편 8절- "너희는 여호와의 선하심을 맛보아 알지어다."

로마서 12장 2절- "너희는 이 세대를 본받지 말고 오직 마음을 새롭게 함으로 변화를 받아 하나님의 선하시고 기뻐하시고 온전하신 뜻이 무엇인지 분별하도록 하라"

하나님께서는 하나님 자신을, 선하시다고 계시하신다.

창세기 50장 20절- "당신들은 나를 해하려 하였으나 하나님은 그것을 선으로 바꾸사 오늘과 같이 많은 백성을 구원하게 하시려 하셨나니,"

여기서는 하나님의 목적과 하시는 행동이 선하시다고 한다.

갈라디아 6장 8, 9절- "자기의 육체를 위하여 심는 자는 육체로부터 썩어질 것을 거두고 성령을 위하여 심는 자는 성령으로부터 영생을 거두리라, 우리가 선을 행하되 낙심하지 말지니 포기하지 아니하면 때가 이르매 거두리라"

여기서는 성령을 위하여 심는 것과 선을 행하는 것이 동의어로 사용되고 있다.

선과 관련한 하나님의 말씀이 무수하지만, 몇 곳의 예를 통해서도 쉽게 알 수 있는 것은 '선'은 도덕적이고 윤리적인 개념도 포함한다. 그러나 더욱 하나님의 뜻과 하나님 자신과 연관된다는 것이다. 결국 성경의 '선'은 하나님 자신이시고 하나님의 뜻을 말한다. 반대로 '죄'는 하나님 자신, 그리고 하나님의 뜻과 반대되는 것을 말한다. 성경이 '죄'를 '하말티아' 즉 '과녁에서 벗어난 화살'로 표현하는 것은 하나님에게서 벗어나고 하나님의 뜻에서 벗어난 것이 죄라고 규정하는 것임을 알 수 있다. 가인의 제사를 하나님께서 선하지 못하다고 하시고 좀 더 적극적으로 그것이 죄 된 행동이었다고 규정하신다.

그것은 가인의 제사는 일단 하나님의 뜻에서 벗어난 가인의 독단적 방법에 따라 행해진 자의적인 제사임을 쉽게 알 수 있다. 그렇다면 하나님께서는 왜 가인의 제사가 하나님의 뜻과는 전혀 상관없는 제사라고 규정하시는가? 그리고 그것이 더 적극적으로는 죄라고 책망하시는가? 성경이 그 이유를 소상히 밝히면 우리는 굳이 이렇게 추론하지 않아도 좋을 텐데 말이다.

사도 요한이 요한복음에서 밝히고 있는 대로 주님께서 이 땅에서 행하신 일을 낱낱이 다 기록한다면 이 세상이라도 이 기록된 책을 두기에 부족할 것이다. 그런데 사도 요한이 요한복음 21장이라는 극히 제한된 공간에 주님의 행적을 기록한 이유가 무엇인가? "오직 이것을 기록함은 너희로 예수께서 하나님의 아들이심을 믿게 하려 함이요 또 너희로 믿고 그 이름을 힘입어 생명을 얻게 하려 함이니라"

하나님께서 천지창조의 전 우주적인 역사를 단순히 창세기 1장에만 기록하신 이유도 바로 이와 같은 맥락에서 이해하면 된다. 문제는 그러다 보니 성경에는 수많은 난제와 같은 본문들이 많다는 것이다. 그리고 그 본문을 저마다 제각각의 관점으로 해석하고 가르친다는 것이다. 그 결과 이단들에 의해 수많은 사람을 미혹하는 결과들이 나타나기도 한다. 그동안 성경학자들과 목회자들은 이런 성경의 난제들을 풀기 위해 추론이라는 도구를 사용해 왔다. 그리고 이 추론은 성경에서 하나님께서 친히 성경의 저자들에게도 도구로 사용하게 하셨다.

그 예로 이스라엘의 홍해 도강 사건과 광야의 반석 사건이다.

"형제들아 나는 너희가 알지 못하기를 원하지 아니하노니 우리 조상들이 다 구름 아래에 있고 바다 가운데로 지나며, 모세에게 속하여 다 구름과 바다에서 세례를 받고, 다 신령한 음식을 먹으며, 다 같은 신령한 음료를 마셨으니 이는 그들을 따르는 신령한 반석으로부터 마셨으매 그 반석은 곧 그리스도시라."(고전 10:1~4)

바울 사도가 구약의 홍해사건과 광야의 반석 사건을 세례와 그리스도로 재해석하는 것은 바로 추론을 사용한 것이다. 이렇게 추론을 사용할 때 우리는 반드시 성경에서 말하는 추론만을 해야 한다는 원칙이 있다.

그렇다면 가인이 선을 행하지 않고 죄를 범했다는 것은 무슨 뜻인가?

창세기 3장에서 아담과 하와 부부가 죄를 범한 직후 하나님께서는 '여자의 후손'에 대한 원시 복음을 말씀하신다. 그것은 두말할 것도 없이 동정녀의 몸을 통해 성육신하시는 하나님의 아들이신 메시아의 대신 속죄의 피를 통한 속죄를 선포하신 것이다. 그리고 곧바로 벗었음을 부끄러워하여 하나님을 피해 숨은 아담과 하와 부부에게 '가죽옷'을 지어 입히는 후속 조치를 신속하게 단행하신다. 그 결과 아담과 하와 부부가 하나님 앞에 다시 서게 하신다. 그 이후로 성경은 생략하고 있지만, 분명히 하나님께서는 아담과 하와 부부에게 피의 제사를 통해 하나님 앞에 나오도록 허락하셨다고 나는 추론을 한다. 그렇지 않고는 에덴동산을 잃어버린 인간이 이 세상을 살아갈 힘을 어디서 얻었겠는가?

비록 하나님의 말씀에 불순종하고 타락했지만, 하나님께서는 아담과 하와 부부를 영원히 버리시고 외면하시지 않았다. 그들에게 죽는 날까지 하나님을 의지하고 살 수 있도록 피의 제사를 통해 하나님 앞에 나올 수 있는 긍휼과 자비를 베풀어 주셨다. 이것이 죄는 미워하시지만, 죄인은 사랑하시는 하나님 아버지의 은총이요 사랑이다. 그뿐만 아니라 이들 부부가 가인과 아벨이라는 두 아들을 낳고 이들이 장성해서 스스로 하나님께 제사를 지낼 순간이 찾아왔을 때 분명히 두 아들에게 피의 제사를 가르쳐 주었다고 생각한다.

그렇게 해서 하나님의 은혜를 입어야만 그들이 저주받은 광야 같은 인생을 살아갈 수 있다는 사실이야말로 에덴동산의 추억이 생생한 아담과 하와 부부의 자녀 교육의 핵심이었을 것이다. 왜냐면 인간이 하나님께 범죄하고 타락한 이후 하나님 앞에 설 수 있는 유일한 방법으로 성경은 일관되게 피의 제사를 가르치기 때문이다. 그것은 에덴동산에서 골고다 언덕에 이르기까지 단 한 번도 수정된 적도 변경된 적도 없는 하나님의 일관된 뜻이다.

그러므로 분명히 창세기 3장 21절의 가죽옷 이후 아담과 하와는 피의 제사를 지냈고 그것을 두 아들, 가인과 아벨에게도 가르쳤을 것이다. 아니 하나님께서는 가인과 아벨에게 제사를 지내라고 말씀하시면서 분명히 피의 제사를 말씀하셨을 것이다. 순간, 우리는 이런 의심하게 된다. 그렇다면 굳이 하나님과 부모가 가르쳐 준 피의 제사를 가인이 거부할 이유가 있는가?

독자 여러분은 잊으셨는가? 그의 부모들은 하나님께서 직접 말씀하신, 선악과를 따먹지 말라는 말씀도 한순간에 거역했다는 사실을 말이다. 그런데 급격히 부패하기 시작한 타락한 인간의 아들들이 부모의 말을 거역하는 것은 식은 죽 먹기라는 사실을 말이다. 바로 이것이다. 가인은 피의 제사를 거부했고 아벨은 피의 제사를 믿고 순종했다. 그래서 창세기 4장 4절은 "아벨은 자기도 양의 첫 새끼와 그 기름으로 드렸으니"라고 하나님께서는 아벨의 제사에 양의 첫 새끼와 그 기름을 강조하심으로 아벨의 제사가 피의 제사였음을 말씀하시는 것이다.

히브리서 11장 4절- "믿음으로 아벨은 가인보다 더 나은 제사를 하나님께 드림으로 의로운 자라 하시는 증거를 얻었으니 하나님이 그 예물에 대하여 증언하심이라 그가 죽었으나 그 믿음으로써 지금도 말하느니라."

무엇을 말하는가? 아벨은 그가 드린 피의 제사를 통해 의롭다고 하심을 얻었다. 사람이 하나님 앞에 의롭다고 함을 얻는다는 것은 의로우신 하나님의 자녀가 된다는 것이다. 피의 제사는 바로 예수 그리스도 속죄의 제사를 예표 하는 것임을 말한다. 앞서 말씀드린 대로 히브리서 11장의 믿음은 예수 그리스도를 믿는 믿음이다. 아벨 역시 여자의 후손인 예수 그리스도를 믿는 믿음으로 하나님 앞에 피의 제사를 지낸 것이다. 그러나 가인은 그 믿음을 거부한 것이다.

> **요일 3:12 -** "가인같이 하지 말라 그는 악한 자에게 속하여 그 아우를 죽였으니 어떤 이유로 죽였느냐 자기의 행위는 악하고 그의 아우의 행위는 의로움이라."

왜 가인의 행위는 악하다고 하는가? 가인이 그의 부모들처럼 하나님의 말씀인 피의 제사를 지내지 않고 불순종한 그것이 악하다고 하는 것이다. 반면 비록 아벨은 죽었지만, 그가 예수 그리스도를 믿는 믿음의 표현인 피의 제사를 지냈다. 이것을 히브리서 기자와 사도 요한이 증언하고 있다. 우리는 가인과 아벨의 제사에 대해서 길게 생각해 보았다. 그 이유가 무엇인가? 바로 하나님의 관점으로 성경을 보고 하나님의 관점으로 선포하는 설교를 통해 하나님 나라의 백성들을 가르쳐야 하기 때문이다. 이 본문을 가지고 정성을 다하고 믿음을 다해서 하나님께 예물을 드리라고 해도 조금은 성도들이 은혜를 받을 것이다.

그러나 그런 말씀은 이 본문이 아닌 다른 본문을 통해서도 얼마든지 가르칠 수 있지 않겠는가? 중국이 개방되기 시작한 직후부터 지금까지 수백 번을 왕래하면서 수십만의 중국인들에게 세례를 베푼 어느 노 목사님한테서 들은 이야기이다. 중국교회의 설교자들은 성경의 어디를 읽든지 3가지만 강조한다는 것이다. 첫째 주일 성수 잘하라. 둘째 십일조 잘하라. 셋째 착하게 살아라. 이것이 주일마다 반복된다고 한다. 그분은 앞으로 중국교회가 2030년쯤에는 숫자가 3억을 바라본다는 연구 결과가 나왔는데 참으로 걱정이 된다는 것이다.

우리가 중, 고등학교에 다닐 때 중요한 영어 시간이나, 수학 시간에 선생님이 교과서의 내용은 가르쳐주지 않고 엉뚱한 세상 이야기나 유행 이야기나 정치 이야기를 하면서 시간을 보내면 얼마나 화가 났는가? 아마, 그런 선생님을 좋아하는 소수의 아이는 아예 수학을 포기한 수포요, 영어를 포기한 영·포들뿐이라는 것을 쉽게 알 수 있었다. 하나님의 말씀을 하나님의 관점으로 가르쳐주지 않고 웃기는 이야기를 섞으며 싫증 나지 않게 설교를 이끌어가는 설교자가 과연 하나님 나라의 진실한 증인이라고 생각하는가?

가인과 아벨의 제사를 통해 우리는 하나님께서 기뻐하시는 예배가 어떤 예배인가를 피를 토하는 심정으로 가르쳐야 하지 않겠는가? 설교자는 항상 하나님을 기쁘시게 할 것인가, 사람들을 기쁘게 할 것인가에 대한 분명한 성경에서 말하는 답을 가지고 강단에 서야 할 것임을 명심해야 한다. 그렇지 않으면 많이 맡은 자들에게 많은 것을 요구하실 하나님 앞에서 우리는 슬피 울며 이를 갈게 되는 운명에 처하게 될 것이다. 그렇게 되지 않기 위해 우리는 이 땅에서 이를 악물어야 한다. 하나님께서 기뻐하시는 예배는 우리의 의로 드리는 예배가 아니다. 철저히 예수 그리스도의 피를 통해 하나님께서 우리에게 베푸신 속죄의 은혜를 의지하고 오직 나의 나 된 것은 하나님의 은혜로 된 것임을 고백하는 십자가를 붙들고 드리는 겸손한 예배이다.

동시에 하나님의 은혜가 헛되지 아니하여 의로우신 하나님의 자녀답게 살아온 거룩한 삶을 하나님께 가지고 와서 드리는 예배이다. 즉 아벨처럼 철저히 하나님의 말씀에 순종한 삶을 가지고 하나님께 예물도 드리고 몸도 마음도 드리는 것이다. 이렇게 하여 거룩해진 하나님의 백성들로 이 땅에 하나님 나라를 세워가는 것이 우리의 산 제사이다. 이것이 하나님의 관점으로 설교해야 하는 중요한 이유이다. 그러므로 결코 하나님의 관점이 아닌 설교는, 죽는 날까지 하지 않으리라고 다짐하고 또 다짐해야 한다. 왜냐면 하나님의 관점이 아닌 인간 관점의 설교는 하나님께서 보실 때 하나님의 말씀이 아니기 때문이다. 이것은 나의 오만이나 교만이 아니다. 내안에 계신 예수 그리스도의 영이시며 진리의 영이신 성령님께서 원하시는 것이다. 또한 바로 십자가와 부활의 복음 주인이신 주님께서 원하시는 것이기 때문이다.

예레미야 28장 1~11절의 말씀을 보자.

"그 해 곧 유다 왕 시드기야가 다스리기 시작한 지 사 년 다섯째 달 리브온 상술의 아들 선지자 하나냐가 여호와의 성전에서 제사장들과 모든 백성이 보는 앞에서 내게 말하여 이르되, 만군의 여호와 이스라엘의 하나님이 이같이 일러 말씀하시기를 내가 바빌론의 왕의 멍에를 꺾었느니라, 내가 바벨론 왕 느부갓네살이 이곳에서 빼앗아 바벨론으로 옮겨간 여호와의 성전 모든 기구를 이 년 안에 다시 이곳으로 되돌려 오리라, 내가 또 유다 왕 여호야김의 아들 여고니야와 바벨론으로 간 유다 모든 포로를 다시 이곳으로 돌아오게 하리니 이는 내가 바벨론의 왕의 멍에를 꺾을 것임이라 여호와의 말씀이니라 하니라, 선지자 예레미야가 여호와의 성전에 서 있는 제사장들과 모든 백성들이 보는 앞에서 선지자 하나냐에게 말하니라, 선지자 예레미야가 말하니라. 아멘, 여호와는 이같이 하옵소서 여호와께서 네가 예언한 말대로 이루사 여호와의 성전 기구와 모든 포로를 바벨론에서 이곳으로 되돌려 오시기를 원하노라, 그러나 너는 내가 네 귀와 모든 백성의 귀에 이르는 이 말을 잘 들으라, 나와 너 이전의 선지자들이 예로부터 많은 땅들과 큰 나라들에 대하여 전쟁과 재앙과 전염병을 예언하였느니라, 평화를 예언하는 선지자는 그 예언자의 말이 응한 후에야 그가 진실로 여호와께서 보내신 선지자로 인정받게 되리라, 선지자 하나냐가 선지자 예레미야의 목에서 멍에를 빼앗아 꺾고, 모든 백성 앞에서 하나냐가 말하여 이르되 여호와께서 이처럼 말씀하시니라 내가 이 년 안에 모

든 민족의 목에서 바벨론의 왕 느부갓네살의 멍에를 이와같이 꺾어버리리라 하셨
느니라 하매 선지자 예레미야가 자기의 길을 가니라."

이 말씀에는 선지자 예레미야와 선지자 하나냐가 동시에 등장한
다. 예레미야는 시드기야 왕과 백성들의 귀에 거슬리는 말씀을 전한
다. 왕과 백성들이 바벨론 왕 느부갓네살이 지우는 멍에를 메야만
살 수 있다고 말한다. 반면에 선지자 하나냐는 하나님께서 이 년 안
에 반드시 모든 민족의 목에서 바벨론 왕의, 멍에를 꺾으실 것이라
고 한다. 그러면서 예레미야의 목에서 멍에를 빼앗아 꺾으면서 실감
나게 시청각적으로 효과적인 말씀을 전한다. 두 선지자의 예언이 끝
나고 선지자 예레미야는 이제는 하나냐와 싸우지 않고 자기 길을 간
다. 그리고 얼마 후에 하나님의 말씀이 예레미야에게 임한다.

"선지자 예레미야가 선지자 하나냐에게 이르되 하나냐 여 들으라 여호와께서 너
를 보내지 아니하셨거늘 네가 이 백성에게 거짓을 믿게 하는 도다, 그러므로 여호
와께서 이처럼 말씀하시되 내가 너를 지면에서 제하리니 네가 여호와께 패역한 말
을 하였음이니라 네가 금 년에 죽으리라 하셨느니라 하더니, 선지자 하나냐가 그
해 일곱째 달에 죽었더라."(15~17절)

자, 여기서 우리가 반드시 배워야 할 교훈이 무엇인가?

하나님의 관점이 아닌 자기 관점으로 청중이 듣기 좋은 말을 하
는 것은 하나님께서 보실 때 사형에 해당하는 중범죄라는 사실이
다. 하나냐는 분명히 선지자였다. 그런데도 하나냐는 하나님께서
주시지 않은 자기 관점으로 왕과 청중을 자기편으로 만들려는 의도
에서 기만적인 예언을 실감 나게 한다. 그러나 비록 왕과 청중에게
는 몹시 기분이 상하고 거슬리는 것이지만 예레미야 선지자는 끝까
지 하나님께서 주신 하나님의 관점으로 예언한다.

이것이 힘들고 고독한 길이지만 선지자 예레미야는 묵묵히 자기의 길을 간다. 그리고 이것을 다 지켜보신 하나님께서는 마침내 거짓 선지자인 하나냐를 죽이신다. 여러분은 이 말씀을 대하면서 두렵지 아니한가? 단언하건대 하나님의 관점이 아닌 자기 관점으로, 혹은 세속적인 관점으로 많은 사람을 끌어모으려는 설교자는 분명 거짓 선지자의 길을 가고 있음을 애써 부인하려고 하지 말라. 하나님의 뜻이 아닌 자기의 뜻을 하나님의 뜻으로 가장하고 위장하고 빙자하는 설교자들은 반드시 하나님의 심판을 면치 못할 것이다.

게리 토마스는 "마땅히 할 일을 하지 않는 것은, 해서는 안 될 일을 하는 것과 똑같이 중한 죄다."고 경고한다.

우리가 마땅히 해야 할 하나님의 관점 설교를 하지 않는 것은 해서는 안 될 거짓 선지자의 예언을 하는 것과 다를 바 아니다. 이 사실을 독자 여러분은 반드시 명심, 또 명심하기를 간곡히 부탁드린다.

6) 이야기식 설교의 필요성.

a. 이야기의 강력한 힘

가, 기대감 고취
나, 쉬운 기억과 오랜 지속성
다, 청중의 행동 유발
라, 동일시 유도
마, 공동체 형성
바, 상처 치유

b. 인간은 이야기를 좋아하는 속성을 가지고 있다.

사회학에서는 인간을 스토리텔링 애니멀이라고 한다. 어릴 적부터 이야기 속에서 성장하기 때문이다. 최근 뇌과학자들과 심리학자들의 연구에 의하면 이야기는 성장기의 뇌 발달과 상처 치유에 탁월한 효과가 있다고 입증했다. 치매 환자들에게 이야기는 좋은 치료제 역할을 한다고 한다. 심지어 개들도 이야기를 좋아한다는 동물학자들의 연구 결과가 나왔다.

c. 이야기 설교는 성경 기록 방식에 근거한 설교이다.

가. 성경은 많은 이야기로 구성되어 있다. 성경의 70%가 이야기이다. 모든 역사서나 예언서가 이야기이다.

나. 하나님의 계시 방식이 이야기이다. 마 5장~7장에 비유가 몇 개가 나오는지 아는가? 무려 56개라고 한다.

d. 이 시대는 이야기를 요청하는 시대이기 때문이다.

가) 흥미에 관한 관심은 인간 본성이다. 하나님께서 인간은 흥미에 관심을 두도록 창조하셨다. 더욱이 우리가 사는 시대는 흥미를 추구하는 열정이 뜨겁다.

나) 감성 중심 시대이다. 이 시대는 스마트폰 속에 있는 기계보다 디자인을 더 중요하게 여긴다.

다) 대화에 관한 관심이 강하다.

포스트모더니즘 시대의 청중은 권위를 가지고 일방적으로 전달하는 것을 아주 싫어한다. 수평적인 관계를 선호한다. 그래서 부모들은 자녀들에게 절대 라떼를 이야기하면 안 된다. 이런 이유로 앞다투어서 설교 강단의 높이를 낮춘다.

내가 2016년까지 살았던 집은 사당동 남성시장 골목을 따라 올라가면 산꼭대기 끝자락에 자리 잡고 있다. 무더운 열대야가 계속되는 어느 해 여름, 매미들이 짝짓기를 위해 울어대는 소리에 수없이 밤잠을 설쳤다. 옛날 어릴 적 시골 매미들은 낭만적으로 울었다. 맴~맴~맴~맴~! 그런데 요즈음 매미들은 이렇게 운다. 빽~ 빽~ 빽~ 빽~! 왜 이렇게 우는지 아는가? 밤낮없이 빵~빵~! 하고 울려대는 자동차 경고음 소리에 낭만적으로 울었더니 홀아비로 늙어 죽는 것이다. 안 되겠다! 위기의식을 느꼈다.

사당동 매미들이 긴급 새마을 회의를 소집했다. 이러다가 우리 씨가 마르겠다. 내일부터 데시벨을 높이자. 그 결과 자동차 경고음 소리보다 더 높은 데시벨로 빽! 빽! 빽! 하고 밤낮없이 소리를 질러댄다. 무엇을 말하는가? 한낱 미물에 불과한 곤충들도 생존을 위해 소통하려고 끊임없이 변신한다. 하물며 우리는 천하보다 귀한 영혼을 섬기는 하나님 나라의 종들이다.

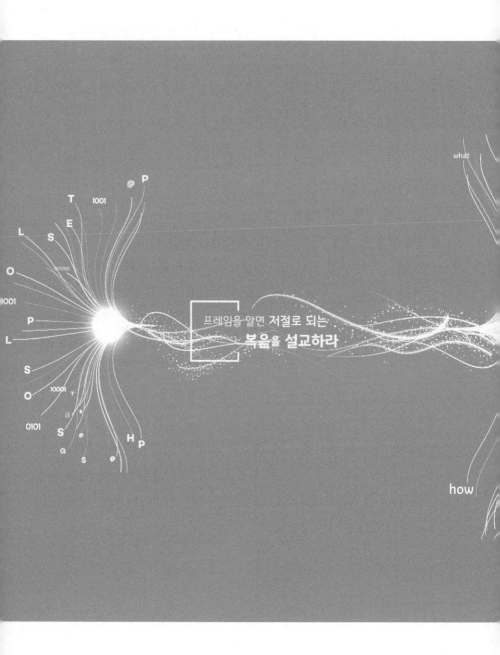

프레임을 알면 저절로 되는
복음을 설교하라

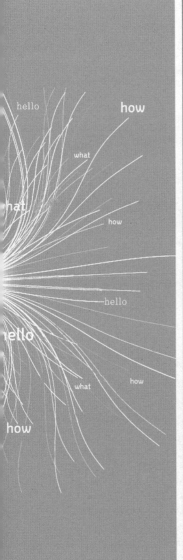

PART 2

지저스 프레임 (JESUS FRAME) 을 정복하라

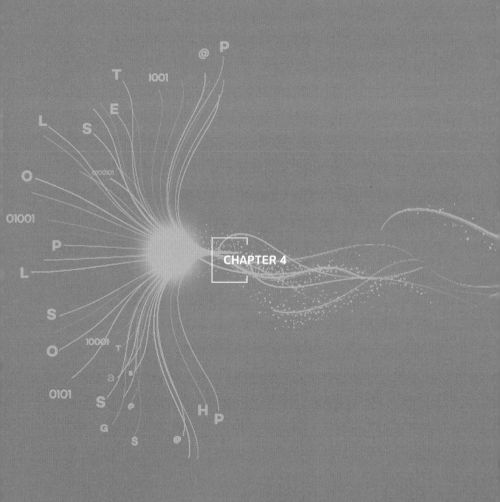

CHAPTER 4

설교의 구성(Plot)과 다양한 프레임(Frame)

CHAPTER 4

레시피는 음식의 요리법을 말한다. 그러므로 설교 레시피 즉 설교의 프레임은 설교의 재료들을 가지고 맛있는 설교를 만드는 설교의 요리법을 말한다. 그래서 최근에는 설교의 프레임을 '설교 레시피'라고 한다.

여기서 잠시 퀴즈를 하나 내겠다.

고양이를 잡으려면? (목덜미)를 잡아야 한다.

토끼를 잡으려면? (귀)를 잡아야 한다.

쥐새끼를 잡으려면? (때려)잡아야 한다.

그렇다면 설교를 정복하려면? (프레임)을 정복해야 한다.

그렇다면 이 시대의 설교자들이 왜 프레임 설교를 해야 하는가?

세계적으로 유명한 사회학자인 **벤자민 바버**는 "나는 세상을 강자와 약자, 성공과 실패로 나누지 않는다. 나는 세상을 배우는 자와 배우지 않는 자로 나눈다"라고 한다. 교육학자도 아닌 사회학자가 이런 말을 할 수 있다는 것은 탁월하지 않은가? 그가 이렇게 탁월한 세계적인 사회학자가 되기까지 그에게는 남들이 갖고 있지 않은 사회를 보는 탁월한 프레임이 있었기 때문이다.

몇 년 전 KBS 공영 방송에서 년 초에 중국 특집 7부작을 방영했다. 제목은 '슈퍼 차이나'였다. 진행자가 프로그램을 소개하는데 이렇게 말한다. "오늘부터 슈퍼 차이나에 대해서 일곱 개의 프레임으로 들여다보고 소개하겠다. 첫 번째 프레임:중국의 정치, 두 번째 프레임:중국의 경제, 세 번째 프레임:중국의 문화 이런 식이다. 우리 딸은 미술을 전공해서 인문학에 약한 편이다. 잠깐 함께 TV를 시청하는데 시사저널을 진행하는 사회자를 향해 '아빠, 저 사람 프레임 좀 웃기는데.' 이렇게 말한다. 얼마 후 딸의 서재를 잠시 살피는데 '프레임'이라는 책이 꽂혀 있는 것을 발견했다.

어느 의학 이론가가 우리의 몸은 모두 프레임으로 구성되어 있다고 한다. 손, 발, 머리, 눈, 코, 입, 심장, 폐, 모든 인간의 신체를 프레임으로 설명하고 있었다. 이렇게 언제부터인지 우리의 일상 속으로 프레임이라는 용어가 깊숙이 파고들었다. 프레임 이론은 1967년 **카네만** 교수에 의해 주장되어 노벨 심리학 상을 받았다. 그 후 프레임 이론은 우리 사회 모든 분야에 급속도로 번지기 시작한다. 설교는 인간의 삶을 다루는 작업이다. 그런데 인간의 삶은 애매하기 그지없다. 삶은 수학 공식처럼 딱딱 맞아떨어지지 않는다. 사람마다 삶이 다르고 삶의 처방이 다르다. 왜냐면 삶이 애매하기 때문이다. 이런 애매함으로 가득한 삶에 질서를 부여하고 의미를 부여하는 것이 바로 프레임이다. 즉 관점이다.

예를 들어 생각지 않았던 문제가 갑자기 발생했다. 순간 프레임으로 그 문제를 바라본다. 무엇 때문에 이런 문제가 발생했는가? 왜 그런 일이 문제가 되었는가? 어떻게 하면 이 문제를 해결할 수 있을까? 한 마디로 프레임 즉 관점은 우리에게 애매한 세상의 다리 역할을 한다. 그러므로 프레임, 관점이 좋으면 인생이 평탄하다. 이 것을 설교에 그대로 적용하면 설교의 프레임이 좋으면 탁월한 설교를 만들고 성도들이 설교를 통해 반드시 변화된다. 무엇보다 하나님의 관점 프레임을 만들어 설교하면 모든 본문 속에서 반드시 복음을 설교하게 된다는 것이다. 왜 그런가? 프레임이 설교의 내용을 만들기 때문이다.

*프레임의 언어적 정의

프레임(Frame)은 언어적으로는 구조, 조직, 뼈대, 모양, 체격, (안경의) 테, 틀, (컴퓨터의) 짜임새, 스크린에 일정 시간 표시되는 영상 정보 등을 말한다. 물리학에서는 기준틀, 준거 체계(fame of reference) 즉 세상을 관찰하는 데 사용하는 특별한 관점을 의미한다.

서울시에서 수년 전 노숙자 카메라 교실 프로젝트를 기획했다. 주변에서 비난이 많았다. 노숙자들에게 카메라를 주고 사진을 찍게하는 것이 삶의 변화에 무슨 도움이 되겠는가? 성과보다 비용이 너무 많이 들어가는 실패할 확률이 높다고 다들 반대 일색이었다. 그런데 담당자가 그래도 한번 시도해 보자는 강한 의지가 있었다. 고급 카메라를 준비하고 프로 사진작가를 섭외하고 노숙자들을 접촉해서 설득했다. 드디어 노숙자들은 프로 사진작가가 가르치는 프레임으로 렌즈의 초점을 잡기 시작했다. 노숙자들의 눈에 들어오는 세상이 갑자기 새롭게 보이기 시작했다. 한강 공원으로 나가 가족이 나들이하는 모습을 렌즈에 담도록 했다. 아빠와 엄마 그리고 아이들이 손을 잡고 웃으며 산책하는 모습이 그들에게 충격으로 다가왔다. 아, 가정. 나에게도 저런 가정이 있었는데.

다시 장소를 옮겨 건설 현장으로 가서 땀을 뻘뻘 흘리면서 일하는 현장 노동자의 일상을 렌즈에 담았다. 아, 나도 전에는 저렇게 열심히 일하는 직장이 있었는데. 노숙자들에게 새로운 프레임을 갖도록 만들자 많은 노숙자가 노숙 생활을 청산하고 새로운 삶을 사는 일이 벌어졌다. 전혀 뜻밖의 결과물을 얻은 것이다. 무엇 때문인가? 노숙자의 나쁜 프레임을 깨도록 했기 때문이다. 노숙자의 삶의 프레임은 한 마디로 나쁜 프레임이다. 자신의 인생을 망치고 가족의 삶도 불행하게 만든다. 그런데 그들에게 잊혔던 행복한 삶의 프레임을 렌즈를 통해 접하게 만들자, 삶이 급격히 변화된 것이다.

우리가 눈 부신 태양 빛을 피하려고 야외에서는 선글라스를 낀다. 그러면 평소에 보이던 자연이 아닌 다른 모습의 자연과 사람과 사물이 보인다. 선글라스라는 프레임이 내가 보는 세상을 바꾼 것이다. 이렇게 여러분이 자신도 모르게 만들어진 프레임, 즉 관점으로 지금까지 성경을 보고 청중을 보고 설교를 만들었다. 그렇다면 이제부터는 프레임 이론과 하나님의 관점으로 만들어진 **지저스 프레임**을 통해 여러분이 설교를 만든다고 생각해 보라. 기대되지 않는가? 그렇다. 기대하기를 바란다. 절대 실망하지 않는 길로 여러분을 안내할 것이다.

최인철 교수의 '프레임'이라는 책에 있는 에피소드를 소개한다. 환경미화원으로 일하는 아저씨가 있었다. 새벽부터 악취와 먼지를 뒤집어쓴 채 청소하는 일을 평생 해온 사람이다. 누가 봐도 쉽지 않은 일에다 사람들에게 존경받는 직업도 아니고 그렇다고 연봉이 많은 것도 아니다. 그런데 이 사람은 신기할 정도로 항상 웃는 얼굴이다. 하루는 한 젊은이가 궁금증을 가지고 물었다. 힘들지 않으냐고. 일하는데 짜증 나지 않느냐고. 그런데 환경미화원의 대답이 걸작이다. "나는 지금 지구의 한 모퉁이를 청소하고 있다네!"

이것이 바로 행복한 사람이 갖는 프레임이다. 행복은 환경이나 돈에 의해 결정되는 것이 아니고 인생을 보는 프레임에 의해 결정된다. 환경미화원은 돈벌이나 가족의 생계를 위해 마지못해서 하는 일이 아니다. '지구를 청소하는 일'로 상위 프레임하고 있었다. 지구를 청소하고 있다는 프레임은 단순한 돈벌이나 거리 청소의 프레임보다 훨씬 상위의 수준이고 의미 중심의 프레임이다.

행복한 사람은 바로 의미 중심의 프레임으로 세상을 본다. 예를 들면 '내가 헛되이 보낸 오늘은 어제 죽은 이가 그토록 간절히 원했던 내일이다' '다시는 사랑하지 못할 것처럼 사랑하라' '늘 마지막 만나는 것처럼 사람을 만나라' 프란치스코 교황은 '돈은 악마의 배설물이다.'라고 했다. 돈을 보는 프레임이 탁월하다. 16세의 어린 나이에 독립 만세를 외치다 목숨을 빼앗긴 유관순 열사가 이렇게 말한다. "조국을 위해 바칠 수 있는 생명이 하나뿐인 것이 슬프다" 비록 어리지만, 조국을 생각하는 남다른 프레임이 조국을 위해 목숨까지 바치는 열정을 갖게 했다. 이렇게 의미 중심으로 세상을 바라보는 것을 상위 프레임이라고 한다. 상위 프레임을 가지고 있는 사람들은 '그냥 하루 대충 사는 거지 뭐'라고 말하는 사람보다 더 의미 있고 행복한 삶을 사는 것은 당연한 일이다. 그런데 보통 사람들이 자연스럽게 갖기 쉬운 프레임은 대게 하위 수준이다.

*그렇다면 성경에서 발견하는 예수님의 프레임은 어떤 프레임이 었을까?

무엇을 먹을까 무엇을 마실까? 무엇을 입을까 하지 말고 먼저 하나님의 나라와 그 의를 구하라. 오른손이 하는 것을 왼손이 모르게 하라. 마음이 가난한 사람이 복이 있다. 사람이 안식일을 위하여 있는 것이 아니요. 안식일이 사람을 위하여 있는 것이다. 나는 의인을 부르러 온 것이 아니요. 죄인을 부르러 왔다. 건강한 사람에게는 의사가 필요 없고 병든 사람에게 의사가 필요하다. 하나님의 나라에서는 섬김을 받는 자가 큰 것이 아니고 섬기는 사람이 크다. 자, 어떤가? 예수님의 프레임은 온통 의미 중심의 프레임이요 상위 프레임이다.

바울 사도 역시 마찬가지다. 십자가의 도가 멸망하는 자들에게는 미련한 것이요 구원을 얻는 우리에게는 하나님의 능력이다. 육신을 따르는 자는 육신의 일을 영을 따르는 자는 영의 일을 생각하나니 육신의 생각은 사망이요 영의 생각은 생명과 평안이니라. 육신에 있는 자들은 하나님을 기쁘시게 할 수 없느니라. 생각건대 현재의 고난은 장차 우리에게 나타날 영광과 족히 비교할 수 없도다. 우리가 알거니와 하나님을 사랑하는 자 곧 그 뜻대로 부르심을 입은 자들에게는 모든 것이 합력하여 선을 이루느니라. 사랑은 오래 참고, 사랑은 온유하며 시기하지 아니하며 사랑은 자랑하지 아니하며 교만하지 아니하며 무례히 행하지 아니하며 자기의 유익을 구하지 아니하며 성내지 아니하며 악한 것을 생각하지 아니하며. 전부 의미 중심의 프레임이고 결국 상위 프레임이다.

*상위 수준의 프레임과 하위 수준의 프레임을 나누는 차이는 무엇인가?

상위 프레임에서는 목적(What)과 이유(Why)를 묻는다. 그러나 하위 프레임에서는 방법(How)만 묻는다. 예를 들면 우리 예수 믿는 사람들은 열심히 전도해야 한다. 그러면 상위 프레임에서는 무엇 때문에 열심히 전도해야 하는가? 할 때 주님께서 우리에게 맡기신 사명이기 때문이라고 한다. 그다음 그러면 왜 주님께서 우리에게 복음 전도의 사명을 주셨는가를 묻는다. 답은 복음을 전함으로 죄인들을 구원해서 하나님 나라를 살도록 하기 위해서다. 그러면 하위 프레임에서는 어떻게 열심히 전도해야 하는가 할 때 노방 전도나 관계 전도나 소그룹 전도를 말할 수 있다. 이때 우리가 쉽게 발견할 수 있는 것이 한국교회가 가지고 있는 프레임은 상위 프레임이 아니고 거의 모두 어떻게? 만 있는 하위 프레임이다.

우리는 초대 교회처럼 부흥을 이루어야 한다. 이때 상위 프레임에서는 무엇 때문에 부흥을 이루어야 하는가이다. 그러면 답은 죄에 빠진 수많은 영혼을 구원해 그들로 하나님께 영광을 돌리도록 하기 위해서이다. 이번에는 왜 부흥을 이루어 하나님의 영광을 나타내야 하는가? 에서 답은 많은 영혼이 하나님의 은혜로 구원을 받아서 먹든지 마시든지 무엇을 하든지 하나님의 영광만 나타내며 살도록 하기 위해서다. 그렇다면 하위 프레임에서는 어떻게 부흥을 이룰 수 있는가? 이다.

답은 열심히 기도하고 전도하는 것이라고 한다. 중요한 것은 상위 프레임을 가진 사람은 상위 인생을 살고 하위 프레임을 가지고 있는 사람은 하위 인생을 산다는 것이다. 예를 들면 예수님께서 갈릴리 바닷가에서 고기 잡는 어부들을 제자로 부르실 때 내가 너희로 사람을 낚는 어부가 되게 하겠다고 하시자 제자들은 배와 그물을 몽땅 버려두고 예수님을 따라간다. 이들이 그 후 비록 목표가 흔들리기는 했지만, 이들은 가룟 유다를 제외하고 모든 제자가 위대한 순교자의 반열에 오른다. 왜 이들이 무식한 어부에서 이런 놀라운 인생으로 바뀌는가? 바로 상위 프레임, 의미 중심의 프레임을 붙들고 새롭게 인생을 출발했기 때문이다.

반면에 **마 19:16~22** 을 보자.

"어떤 사람이 주께 와서 이르되 선생님이여 내가 무슨 선한 일을 하여야 영생을 얻으리까, 예수께서 이르시되 어찌하여 선한 일을 내게 묻느냐 선한 이는 오직 한 분이시니라 네가 생명에 들어가려면 계명들을 지키라, 이르되 어느 계명이오니까 예수께서 이르시되 살인하지 말라 간음하지 말라 도둑질하지 말라 거짓 증언하지 말라, 네 부모를 공경하라 네 이웃을 네 자신과 같이 사랑하라 하신 것이니라, 그 청년이 이르되 이 모든 것을 내가 지키었사온대 아직도 무엇이 부족하니이까, 예수께서 이르시되 네가 온전하고자 할진대 가서 네 소유를 팔아 가난한 자들에게 주라 그리하면 하늘에서 보화가 네게 있으리라 그리고 와서 나를 따르라 하시니 그 청년이 재물이 많으므로 이 말씀을 듣고 근심하며 가니라"

이 부자 청년의 프레임은 내가 어떻게 하면 영생을 얻을 수 있습니까? 하는 하위 프레임이다. 또 하늘에 보화보다 이 세상의 보화를 더 소중히 여기기에 주님을 따르지 못하고 슬프게 영원한 어둠 속으로 사라진다. 이 청년은 삶의 의미를 하늘에 둔 것이 아니고 이 땅에 둔 것이다. 제자들과 너무 대조된다.

한 곳만 더 살펴보자. **마 18:21, 22-** "그때 베드로가 나아와 이르되 주여, 형제가 내게 죄를 범하면 몇 번이나 용서하여 주리이까 일곱 번까지 하오리이까, 예수께서 이르시되 네게 이르노니 일곱 번뿐 아니라 일곱 번을 일흔 번까지라도 할지니라"

베드로와 예수님의 프레임이 너무 대조된다. 베드로는 어떻게 즉 몇 번에 집중했다. 그러나 예수님은 몇 번이 아니고 무한대로 끝까지 용서할 것을 요구하신다. 이것이다. 프레임은 바로 그 사람의 세계관이라고 했다. 중요한 것은 상위 프레임을 가지고 있는 사람은 아니요. 보다 예를 많이 하고 하위 수준의 프레임을 가지고 있는 사람은 예보다 '아니요'를 많이 한다는 것이다. 이렇게 우리는 우리의 삶의 의미 있는 것들을 두고 반드시 프레임을 하게 된다. 즉 관점을 갖게 된다는 것이다. 이때 어떤 프레임을 선택하느냐가 자신의 행복과 의미 추구에 결정적인 영향을 준다. 그러므로 상위 수준의 프레임이야말로 우리가 붙잡아야 할 삶의 태도이고 자손에게까지 물려주어야 할 가장 위대한 유산이다.

그런데 설교자가 성도들에게 의미 중심의 프레임으로 성경을 보고 인생을 보고 믿음을 보고 세상을 보도록 할 수 있다면 성도들은 엄청난 유산을 물려받지 않았어도 험한 세상을 거뜬히 이기고도 남을 힘과 능력을 소유하는 것이다. 그래서 나는 프레임 이론을 접하는 순간 이것이었구나! 하고 무릎을 치고 말았다. 하나님의 관점과 상위 프레임이 너무나 닮은꼴이다. 앞서 하나님의 관점은 하나님의 목적과 하나님의 이유와 하나님의 방법을 통틀어 말한다고 했다. 그런데 프레임 이론 역시 상위 프레임은 무엇(what) 때문에, 왜(why) 이고, 하위 프레임은 어떻게(how) 이다. 심리학 이론이 발달한 1960년대에 와서 발견한 상위 프레임과 하위 프레임을 하나님께서는 창세 전부터 가지고 계셨다.

다시 성경으로 돌아가 초대교회 성도들이 가지고 있었던 프레임을 확인해 보자.

"그들이 사도의 가르침을 받아 서로 교제하며 떡을 떼며 오로지 기도하기를 힘쓰니라, 사람마다 두려워하는데 사도들로 말미암아 기사와 표적이 많이 나타나니, 믿는 사람이 다 함께 있어 모든 물건을 서로 통용하고, 또 재산과 소유를 팔아각 사람의 필요를 따라 나눠 주며 날마다 마음을 같이 하여 성전에 모이기를 힘쓰고 집에서 떡을 떼며 기쁨과 순전한 마음으로 음식을 먹고, 하나님을 찬미하며 또온 백성에게 칭송을 받으니 주께서 구원받는 사람을 날마다 더하게 하시니라"(행 2:42~47)

이 말씀을 자세히 들여다보면 초대교회 성도들이 가지고 있던 삶의 프레임이 보인다. 그들은 사도들이 가르치는 복음에 집중했다. 율법에 사로잡혀 있던 그들에게 결코 쉬운 일이 아니다. 복음에 집중하자 그들의 눈에 이웃이 지체로 바뀌기 시작했다. 그래서 마음을 열고 서로 교제하며 성만찬을 나누고 오로지 성령 충만을 위해 기도한다. 그들의 기도는 무엇을 먹을까 무엇을 마실까? 무엇을 입을까에 맞추어진 기도가 아니었다. 오직 하나님의 나라와 그 의를 먼저 구하는 기도였다. 이런 상위 프레임이 그들로 모든 물건을 서로 통용하고 재산과 소유도 아낌없이 팔아 가난한 사람들에게 나누어 주었다. 무엇보다 그들은 마음이 서로 하나가 되어 사랑의 공동체를 이루었다. 그 결과 온 백성에게 칭찬받게 되고 구원받는 사람이 날마다 더 해지는 부흥의 역사가 일어났다.

초대교회 이후 가장 강력한 복음의 역사가 일어났던 청교도들은 상위 프레임을 살았을까? 하위 프레임으로 살았을까? 아메리카 신대륙에 새로운 기독교 국가를 세운 사람들은 아브라함처럼 대대로 살아온 본토 친척 아비 집을 떠난 사람들이다. 무엇 때문에? 단순히 그들의 믿음을 지키기 위해서다. 그렇다면 점점 쇠퇴의 길을 걷고 있는 한국교회는 어떤가? 앞에서도 말했지만 연역적 논리의 3대지의 특징은 99%가 하위 프레임이다.

아무리 생각해 봐도 이상하다. 연역적 3대지 설교에서 상위 프레임을 발견하기는 하늘의 별 따기처럼 어렵다. 아니, 거의 불가능하다. 이것은 무엇 때문인가? 말의 근원은 하나님이시다. 그러므로 논리의 근원도 하나님이시다. 그런데 하나님 없는 사람들이 만든 논리법은 자연히 하나님의 관점이 아닌 인간 관점을 강조하는 논리가 태생적이다. 설교는 프레임이다. 설교자가 어떤 프레임으로 설교하느냐가 즉 어떤 관점으로 설교하느냐가 성도와 가정과 자녀와 교회와 민족의 미래를 결정한다. 사탄은 끊임없이 나쁜 프레임을 강조한다.

그래서 교회가 성경에서 한참 이탈한 교회로 비성경적인 신자들을 양산하게 만든다. 우리는 프레임 싸움에서 반드시 이겨야 한다. 그래서 우리는 **지저스 프레임** 속에 상위 프레임과 하위 프레임을 적절히 배치해서 날마다 하나님의 관점으로 설교하도록 한다. 만일 상위 프레임만 강조하면 자칫 이상론자가 되기 쉽고 하위 프레임만 강조하면 세속적으로 되기에 상위 프레임과 하위 프레임의 균형을 이루도록 프레임을 만들었다.

수년 전 흑산도 옆 대둔도에서 목회하는 목사님이 여름휴가를 섬에서 보내기를 청하여 기쁜 마음으로 달려갔다. 배를 타고 대둔도의 선착장에 내리려는 순간 나는 눈을 의심하고 눈을 비비고 다시 바라보았다. 마을 입구에 자리 잡은 교회가 마치 대도시의 교회처럼 웅장한 모습으로 서 있었다. 대둔도에는 세 개의 마을이 있었다. 선착장 입구에 있는 교회는 승천교회였다. 이 교회를 담임하는 친지 목사님으로부터 교회의 내력을 자세히 들었다. 교회 뒷동산에 가니 작은 무덤에 비가 새겨졌는데 장기려 박사의 여동생인 장OO 전도사의 묘비였다. 장 전도사님은 30여 년 전 대둔도에 와서 혼자 살면서 승천교회를 세웠다고 한다. 이 마을은 전체 가구 수가 36가구인데 35가구가 교회에 출석하고 34가구가 십일조를 하고 있었다. 잠시 후 교회를 방문해 주보를 보고 다시 한번 놀랐다. 승천교회가 후원하는 교회가 국내 20개 교회가 넘었고 후원하는 선교사들 역시 20명이 넘었다. 어떻게 이런 일을 할 수 있느냐고 물었더니 장 선교사님은 교인들을 훈련할 때 철저히 성경 말씀으로 훈련했다고 한다. 십일조와 주일 성수와 목회자를 섬기는 일은 타협할 사항이 아니라고 가르쳤다고 한다.

대둔도의 주민들은 잡는 어업이 아닌 기르는 양식 어업으로 우럭과 전복을 주로 양식하고 있었다. 대게 11월경에 수확을 하는데 한 분 장로님이 보통 2억 정도의 십일조를 한다고 했다. 다음 날 목사님의 안내로 뒷마을 구경을 갔다. 산에서 바라보니 족히 300여 호는 될 만큼 아주 큰 마을이었다. 그런데 눈 앞에 펼쳐진 모습을 보고 또다시 놀라지 않을 수 없었다. 마을 한가운데에 교회가 있는데 거의 붕괴 직전의 모습이었다. 왜 교회가 저렇게 초라한가 하고 물었다. 그 교회를 담임하는 목사가 육지에서 왔는데 생활비가 부족하다 보니 성도들과 함께 양식업을 한다고 했다. 그러다 보니 주일 성수도 제대로 못 하고 또 자신이 돈을 벌다 보니 성도들에게 십일조도 제대로 가르치지 않는다고 한다. 그래서 교회가 저런 모습으로 오랫동안 방치되고 있다고 했다.

그러면서 그 교회 성도들이 말하기를 똑같은 양식업을 하는데 승천교회 성도들은 주일 성수도 잘하고 온전한 십일조를 하니 하나님께서 축복해 주셔서 저렇게 잘살고 우리는 주일 성수도 제대로 안 하고 십일조 생활도 제대로 안 하니 이렇게 가난하게 산다고 말한다고 한다. 무엇을 알 수 있는가? 교회의 지도자인 설교자가 어떤 프레임을 가지고 설교하느냐가 그 교회에 속한 성도들의 운명을 결정한다는 것이다. 단순하게 보이는 프레임 하나가 많은 사람의 삶과 죽음의 문제 복과 저주의 문제를 좌지우지할 수 있는 것이다.

우리는 스스로 인지하지 못하는 상태에서 자신도 모르는 순간 이미 많은 프레임이 우리 의식 속에 자리를 잡았다. 나는 비교적 앞서 프레임 설교를 접했기 때문에 많은 설교자의 설교를 들으면서 가장 먼저 그 설교자의 프레임을 분석한다. 그리고 비교적 많은 청중이 모이는 대형교회일수록 설교자의 프레임이 강력하다. 그러나 아쉽게도 대형교회 목사들의 프레임도 상위 프레임보다 하위 프레임을 더 강조한다. 이제 우리는 이제는 시간을 미루면 안 된다. 한국 교회의 남은 시간은 그리 길지 않다. 오늘 책을 쓰면서 잠시 국민일보의 기사를 보니 캠퍼스의 복음화율이 3%에 불과하다고 한다. 학교에서 전도하려면 반드시 학교의 허락을 받아야 한다고 한다. 이런 상황을 우리가 어떻게 극복할 수 있는가? 강력한 무기인 하나님의 관점과 프레임 설교를 통해서 교회 안에 있는 성도들을 확실한 영적 군사들로 변화시키고 무장시키는 방법 외에 다른 대안은 없다고 본다.

"모든 출구는 어딘가로 들어가는 입구이다" -톰 스토포드-

우리 모두 지금까지 가지고 있던 나쁜 프레임에서 과감히 빠져나와 지금부터 하나님의 관점과 지저스 프레임이라는 놀라운 설교의 세계로 들어오기를 바란다.

＊ 설교의 다양한 프레임 소개

현대 설교학의 가장 큰 공헌은 설교의 프레임을 제공했다는 것이다. 설교의 프레임은 음식을 만드는 레시피와 같고 건물의 설계도와 같다. 나는 가끔 혼자서 인터넷을 검색해서 아주 간단한 맛있는 라면 레시피 같은 것을 찾아 새로운 라면을 시도한다. 그런데 확실히 레시피를 따라서 라면을 끓이면 색다른 맛이 나를 즐겁게 한다. 간단한 음식조차 레시피가 새로우면 새로운 맛을 낸다. 이것을 교회 건물을 건축하는 설계도로 바꾸어 생각해 보자. 교회가 아름답고 실효성 있게 건축하기 위해서는 반드시 설계 도면이 가장 먼저 완성되어야 한다. 그리고 나서 그 설계 도면을 따라서 건축을 시행한다. 그래서 어떤 설교자들은 설교의 프레임을 마치 설계도에 비유한다. 그런데 설교가 아무리 종합 예술이라고 해도 설계 도면처럼 복잡해서는 안 된다고 생각한다.

2010년 '폴 스콧 윌슨' 박사가 두란노의 초청으로 '네 페이지 설교'라는 프레임 설교 세미나를 2주 동안 진행했다. 나는 '네 페이지 설교'라는 500페이지가 넘는 많은 분량을 꼼꼼히 읽었다. 수많은 설교자가 새로운 프레임 설교에 호기심을 가지고 많이 참석했다. 그런데 아뿔싸! 폴 스콧 윌슨의 네 페이지 설교 프레임은 제목은 단순 명료한데 실제로 설교에서 프레임을 활용할 때는 역사서의 프레임이 다르고 시서의 프레임이 다르고 예언서의 프레임이 다르고 서신서의 프레임이 다르게 하라고 한다. 내가 지금 말하는 동안에도 여러분의 머리는 쥐가 나려고 하지 않은가? 메인 프레임은 네 개로 단순한데 세부적으로는 너무 복잡하다.

이런 프레임으로 바쁜 설교자들이 어떻게 설교를 만들 수 있겠는가? 더욱이 우리처럼 돌머리를 가지고 있는 사람에게는 도저히 설교에 적용하기가 불가능에 가까웠다. 그래서 국내 설교자들의 프레임 설교에 대한 선입견이 썩 좋지 않다. 그러나 나는 모든 성경 본문을 하나의 프레임으로 설교할 수 있도록 우리 지저스 프레임을 만들었다. 여기서는 먼저 세계적으로 그동안 현대 설교학자들이 나름의 연구를 통해서 만든 다양한 프레임을 소개하기로 한다.

총신대 설교학 주임교수였고 아신 대에서도 사역했던 신성욱 교수는 '설교의 삼중주'라는 책에서 설교는 첫째 내용(Content) 둘째 구성(Frame) 셋째 전달 전략(Strategy)이라고 한다. 그런데 설교의 프레임이란 설교의 내용과 전달 전략을 어떤 틀에 집어넣어 설교의 능력을 극대화할 것인가 하는 것이다.

자, 잠깐 멈추어서 이 말을 곱씹어 보기 바란다. 그러니까 설교의 3중주에서 가장 중요한 것이 무엇이란 말인가? 내용도 중요하고 전달 전략도 중요한데 이 두 가지를 무엇이 만드는가? 그렇다. 바로 프레임이 설교의 내용도 만들고 전달 전략도 제공한다는 사실을 지금부터 명심, 또 명심하기를 바란다. 그러니까 여러분이 좋은 프레임을 접하고 그 프레임을 정복하면 지금까지 정복하지 못했던 난공불락 같은 설교가 단숨에 정복된다는 말은 절대 뻥이 아니고 과장도 아니다.

나는 이름이 의행, 이다. 한학자인 외조부께서 작명하신 이름이다. 의로운 일을 행하면서 살아라! 이것이 내가 의행, 이라는 이름을 가진 순간 운명이 되어버렸다. 얼마 전 친구를 만났더니 이 친구, 왈. "이 목사, 너는 이름 때문에 목사가 된 것 같아." 이렇게 말한다. 그렇다. 나는 주님의 이름을 더럽히고 싶지 않아서 의롭게 살기로 다짐하는 목사다. 그러므로 내 말을 절대 의심하지 말고 여러분은 나를 신뢰하고 따라오기를 바란다. 그러면 반드시 설교의 대박이 터지는 순간이 올 것이다.

지난해 목포에서 설교 아카데미를 진행했다. 목회를 신실하게 하는 50대 초반의 목사였다. 진행되는 강의에 아주 성실하게 참석했다. 기회가 있어 목사님은 하루 얼마나 설교를 준비하느냐고 물었다. 자신은 하루 5시간씩 일주일 내내 설교를 준비한다고 한다. 그런데 지저스 프레임을 접하고 너무 좋아서 설교하는 일이 신난다고 한다. 그리고 이제는 목사님의 설교를 보지 않고 자신이 직접 지저스 프레임으로 자기 브랜드의 설교를 만들고 있다고 한다. 그때가 개강한 지 3개월쯤 지난 시점이었다. 개개인이 편차는 조금 있지만 정말 탁월한 지저스 프레임이다. 그 후 그 목사님의 소개로 동기 목사님이 아카데미에 참여했다. 이분은 지방 국립대를 졸업했는데 신학이 조금 늦은 상황이라 지금까지 설교에 무척 애를 먹고 있었다. 이분 역시 아카데미를 하고 나서 이제는 설교의 출구가 분명히 보인다고 말하면서 얼마나 기뻐하는지 지금도 그 얼굴이 선히 떠오른다.

설교의 구성 요소는 1) 본문 2) 해석 3) 신학 4) 은혜와 교훈 5) 연관성 6) 적용 7) 결단 8) 축복 9) 논리 10) 전달력 이렇게 열 가지이다.

그리고 설교의 독특성은 1) 하나님을 아는 지식 2) 성경 해석, 3) 청중 이 해 4) 설교 전달 능력, 5) 청중 변화능력 이렇게 5가지이다.

설교의 구성 요소 10가지와 설교의 독특성 5가지를 잘 들어낼 수 있을 때 설교의 능력이 극대화된다. 특히 21 C는 감성의 시대이기 때문에 반드시 이야기식 설교를 해야 한다. 그리고 3포인트가 아닌 1포인트 설교를 해야 한다. 그동안 이런 명제를 해결하기 위해 많은, 설교학자들이 설교의 구조학을 연구했다.

그것을 대략 8가지만 소개한다.

가. 4 A 기법

A1-메시지를 주장하고/Appoint,
A2-근거를 설명하며/reAson
A3-근거를 증명하고/Argument,
A4-다시 한번 메시지를 주장한다./Appoint

송숙희는 "당신의 글에 투자하라"는 책에서 논리적 글쓰기 틀 (Know, How)인 4A 기법을 소개한다.

또 U, S, C 대학의 J E Spark 교수는 "Write for Power"에서 주제나 주장, 근거(설명, 이유) 증명(자료/의견/사실/사례) 주장을 소개한다.

그리고 시카고 대학의 조셉 윌리엄스 교수도

가. Appoint: 문제 해법의 주장

나. reAson, Argument

다. Appoint: 문제+해법

라. Appoint:주장의 제 진술을 소개한다.

나. 5 A 기법

A1-주의 끌기/Attention A2-주장하기/Appoint
A3-이유 설명/reAson A4-예화 제시/Argument
A5-재주장하기/Appoint

다. AIDMA 법칙

Attention/주의를 끌고, Interest/흥미를 안기고,
Desire/욕구를 갖게 하고 Memory/기억하게 하고.
Action/구매 행동을 부추긴다.

이 프레임은 주로 상품을 판매하는 쇼 호스트가 즐겨 사용하는 것이다.

라. 먼로의 5단계 구성법

a. 주의를 끄는 단계:대담하고 기발한 표현이나 유머, 위트, 놀라운 사실 등 청중을 유도하기 위한 수사적 질문.
b. 필요를 보이는 단계: 문제 제시 즉 그 문제에 흥미를 갖는 이유, 입장, 사실, 중요성 또는 필요성
c. 필요를 만족시키는 단계: 문제해결 즉 중심 메시지 표현, 원인과 결과 설명
d. 구체화 단계: 이유와 증거, 사실, 통계, 조사, 보고, 감동적인 예화, 확증할 수 있는 사건, 명확한 사실 제시
e. 행동으로 이끄는 단계:요약에 의한 단적인 해결, 청중을, 감동을 주는 결론.

이 프레임은 세계적인 전도 설교자로 우리나라에서도 엑스 플로 74를 통해 수많은 불신자가 결단하게 만든 탁월한 프레임이다.

마. 세스 고딘의 6단계 구성법

세스 고딘은 "보랏빛 소가 온다"라는 책에서 이 구성법을 소개한다.

a. 문제점 제시, b. 문제점 제기, c. 문제 해결법,]

d. 대안을 그림 화로 쉽게 설명, e.이전과 이후 비교,

f. 구체적인 예 제시,

바. 신성욱 교수의 6단계 구성법

a. 주의를 끄는 단계, b. 문제 제기, c. 문제 해결법,

d. 선명한 대조: 증거, 사실, 통계, 조사, 보고 등 아주 선명하고 대조적인 예화 제시

e. 구체적인 실례: 극적이면서 감동적인 예화, 확증할 수 있는 사건, 사실 제시

f. 행동으로 이끄는 단계: 요약에 의한 단적인 해결, 청중을 감동하게 하는 결론

사. 맥스, 루케이도의 8단계 구성법

a. Some one:해결책 되신 예수 그리스도와 비교하고 대조할 대상을 한 사람 소개한다.

b. I: 그 대상과 흡사한 설교자 자신을 먼저 드러낸다. 설교자의 간증이다.

c. He, 1, 2, 3 :설교자뿐 아니라 성경의 인물들과 기타 여러 사람의 실례를 소개한다.

d. We: 설교자를 포함한 모든 사람에게 적용한다. 그리고 문제해

결 방법을 생각한다.

e. Jesus: 해결 방법으로 하나님이나 예수님 그리고 성령님을 제시한다.

f. Why: 성 삼위 하나님께서 왜 그렇게 하셨는지 이유를 밝힌다.

g. Some one: 처음 소개한 사람을 다시 언급하면서 예수님과 대조 비교한다.

h. Jesus: 처음 소개한 한 사람과 비교가 안 되는 예수님의 모습을 드러낸다.

아. 폴 스콧 윌슨(Paul s Wilson)의 4페이지 설교

a. Page 1/ 성경 속에서의 문제 제기
b. Page 2/ 세상 속에서의 문제 제기
c. Page 3/ 성경 속에서의 하나님의 문제해결
d. Page 4/ 세상 속에서의 하나님의 문제해결

그 외에도

1, 부천 성결신학대학원 박사과정
   1) 기, 승, 전, 결, 2) 정, 반, 합 3) 4페이지 설교
2. 박영재 교수의 다양한 프레임
3. STP의 1, 2, 3, 4단계 프레임이 있다.

* 그리고 우리 H. P. A가 만든 J. F(Jesus Frame) 프레임이다.

이상과 같은 다양한 설교 프레임이 존재한다는 사실은 최근의 설교 전달력을 발전시킨 설교학자들은 설교의 구성, 즉 프레임을 중요하게 취급한다는 사실이다.

지금부터 우리 행복한 설교 아카데미의 지저스 프레임(레시피)을 소개하겠다.

"백종원의 집밥 메뉴 52"에 나오는

* 삼계탕을 만드는 레시피다.

재료/ 영계-1마리, 불린 찹쌀-3큰술, 대추-1개, 은행-3개, 밤-1개, 수삼-1뿌리, 마늘-3쪽, 물-10컵

음식 조리법(레시피)/ 1. 삼계탕용 닭은 500g~600g 정도의 영계로 준비해 배 속을 깨끗이 씻어낸다. 다리 사이에 칼집을 넣어 구멍을 낸다. 2. 수삼은 깨끗이 씻어 닭의 배 속에 넣는다. 3. 마늘을 씻은 뒤 닭에 넣는다. 4. 대추도 깨끗이 씻고 밤은 속 껍질까지 벗겨 닭에 넣는다. 5. 은행은 프라이팬에 살짝 볶아 껍질을 벗긴 뒤 닭에 넣는다. 6. 찹쌀은 씻어 물에 담가 1시간 이상 불렸다가 닭에 넣는다. 7. 오른쪽 닭 다리를 왼쪽으로 오므리고 왼쪽 다리를 꼬아 칼집을 넣은 구멍에 끼운다. 또는 다리를 모아서 무명실로 묶어주기도 한다. 8. 냄비에 닭의 배가 위로 향하게 담고 물 10컵을 부어 1시간 20분 정도 끓인다.

*백종원의 꿀 Tip/ 먹을 때는 국물에 소금을 넣어 간을 맞추고 닭살은 소금을 찍어 먹는다. 배 속의 익은 찹쌀과 대추, 마늘 등은 국물에 함께 풀어서 먹으면 된다.

1) 나는 설교 프레임을 갖게 된 그날부터 지금까지 오직 내 설교만 하고 있다. 내가 만든 설교를 하니까 기쁘고 즐겁고 신이 난다.

2) 양심의 가책이 사라졌다. 확신을 두고 설교한다. 열정을 가지고 설교한다. 그 결과 내 안에 계신 성령님께서 나보다 더 기뻐하시고 나를 응원한다.

3) 청중의 형편에 딱 맞는 적용 설교를 제공한다. 나의 목회 현장의 여러 상황을 보면서 목회 상황에 맞는 말씀을 전하게 된다. 그 결과 성도들의 마음속에 파고드는 설교를 할 수 있다. 동시에 적절한 적용을 통해 성도들의 공감을 확실하게 불러일으킬수 있다.

4) 무엇보다 매주 내 설교의 실력이 향상되는 것을 느낄 수 있다. 또 설교 프레임이 이야기식으로 진행되기 때문에 청중들이 졸지 않고 열심히 끝까지 귀를 세우고 집중해서 듣는다.

2년 전 나주 혁신 신도시에 있는 설교 아카데미 목사님의 교회에서 주일 설교를 했다. 그리고 다음 날 그 가족들과 함께 금일도로 건너가 세미나를 진행했다. 그때 모인 목사님들이 혁신 도시의 목사님 딸인 초등학교 3학년 딸에게 어제 이 목사님이 너희 교회에서 무슨 설교를 하셨니, 하고 물었다. 그 순간 초등학교 3학년 학생이 본문의 내용부터 시작해서 내가 한 설교 내용을 줄줄이 이야기를 전하듯이 한 5분 정도 이야기를 한다. 그리고 나자 거기 모인 목사님들의 눈이 휘둥그레지면서 우레와 같은 박수를 보냈다. 나도 그날 깜짝 놀랐다. 그렇구나! 우리 **지저스 프레임** 설교가 이렇게 오랫

동안 기억이 되고 남아서 사람들에게 변화를 주는 설교구나. 하고 새삼 깨닫게 되었다.

우리의 설교 프레임은 메인 프레임이 4개로 구성되어 있다.

A(Audience) 프레임/
청중 이해, 본문, 문제 제기, 연관성, 적용이 있다.

B(Bible) 프레임/
성경 해석, 신학, 하나님을 아는 지식, 연관성, 적용이 있다.
이 모든 것이 철저히 하나님의 관점으로 만들어져 있다.

C(Convert) 프레임/
교훈, 적용, 연관성, 전달 능력, 청중 변화능력이 있다.

D(Determination) 프레임/
축복, 결단, 적용이 있다.

그리고 A에 4개, B에 5개, C에 3개, D에 1개, 총 13개의 서브 프레임이 있다.

이 지저스 프레임에 대해서는 다음 Part에서 본격적으로 다루겠다.

1. 설교에서 프레임은 무엇인가?
설교자가 전달하고자 하는 설교의 내용과 방법과 전달 전략이 총체적으로 일정한 구조를 갖는 것을 설교 프레임이라고 한다. 이야기에는 반드시 프레임이 있다. 기, 승, 전, 결 혹은 발단, 전개, 위기, 절정, 결말 등이다. 이외에도 기도, 음악, 글, 논리, 대화, 언어에도 프레임이 있다.

발전된 현대 설교학은 프레임이라는 설교의 구성을 통해 구 설교학의 한계를 극복하고 청중을 사로잡는 설교를 만들도록 한다.

2. 설교 프레임으로 설교하지 않을 때

1) 설교 준비가 어렵고 시간이 많이 소비된다.
2) 설교의 기복이 심하다.
3) 논리의 설득력이 약하다.
4) 설교의 흐름이 보이지 않는다.
5) 많은 시간 노력을 해도 효과가 약하다.
6) 설교의 향상이 불가능하다.
7) 다양한 설교의 기술 적용이 어렵다.
8) 설교의 오류를 파악하기가 어렵다.
9) 설교의 에너지 생산이 잘 안된다.
10) 성도들의 설교 이해가 어렵고 조는 성도가 많다.
11) 설교의 열매가 없다.
12) 설교의 전문성이 떨어진다.

3. 설교 프레임으로 설교할 때

1) 설교의 기술 향상이 쉽고 빠르다.
2) 설교의 규칙성 제공으로 인해 강력한 설교가 나온다.
3) 설교의 기복이 축소된다.
4) 설교 준비 시간이 현저히 단축된다.
5) 새로운 설교 영역의 개척이 쉽다.
6) 청중의 감성과 이성 조절이 쉬워서 청중이 잘 듣게 된다.
7) 청중의 반응과 결과의 예측이 가능하다.

8) 성경 해석과 말의 어눌함이 극복된다.

9) 설교의 연습이 잘 된다.

10) 설교의 클라이맥스를 만들어 낸다.

11) 설교의 적용과 결단이 쉽다.

12) 설교의 열매가 풍성하다.

13) 설교와 목회의 접목이 쉽다.

14) 설교를 통해 교회가 부흥한다.

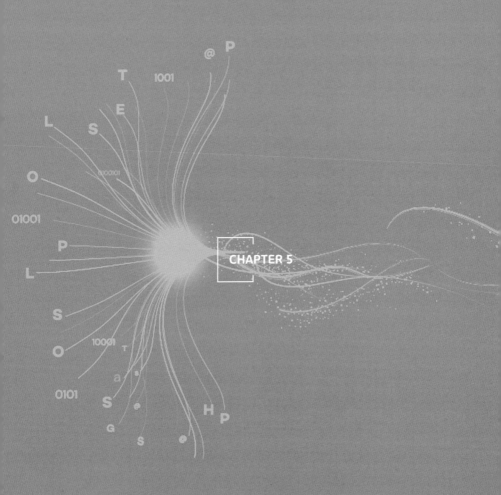

CHAPTER 5

CHAPTER 5	지저스 프레임(Jesus Frame)

유진 피터슨은 "영혼을 살리는 설교"에서 토마스 오웬의 말을 인용한다.

"설교는 사람을 구원하고 회심시키며 그들의 행위를 변화시키는 하나님의 유일한 방법이다."

F, B 크레독- "설교를 배운다는 것이 어려운 까닭은 바로 설교가 어려운 것이기 때문이다. 그러나 프레임을 익숙하고 편안해질 정도로 연습하고 반복하면 큰 열매를 맺는다."

그런데 많은 설교자의 경우 설교를 배우지 않는다. 그리고 나는 누구보다 설교를 잘한다는 자기기만(Self-deception)에 빠진다.

마 9:35- "~그들의 회당에서 가르치시며 천국 복음을 전파하시며 모든 병과 모든 약한 것을 고치시니라" 예수님은 자신이 메시아임을 증명하시기 위해서 많은 사람을 모아놓고 능력을 행하시기보다 먼저 설교를 통해 가르치시고 천국 복음 즉 하나님 나라의 복음을 선포하셨다.

존 파이퍼-"설교는 죄인을 회심시키며, 교회를 깨우며, 성도를 견인(Perseverance)하기 위해 하나님께서 정하신 방법이다."여기서 성도를 견인한다는 말에 주목해야 한다. 성도의 견인이란 하나님께서 선택하시고 구원하시기로 작정한 사람은 절대로 그 구원이 취소되지 않고 또 소멸하지 않도록 성도가 끝까지 믿음을 지키고 견디고 인내하도록 성령님께서 지속해서 포기하지 않으시고 성실하게 끈질기게 붙잡으시고 은혜를 베푸신다는 것이다. 이때 가장 강력한 도구로 하나님께서는 설교를 사용하신다는 것이 존 파이퍼의 주장이다.

그러기에 죄인들을 구원하시기 위해 성육신하신 하나님의 아들이신 예수님 역시 가장 중요한 사역이 설교 사역이었음을 당신께서 친히 몸소 우리에게 보여주셨다. 현대 교회는 다양한 프로그램이 교회 속에 들어왔다. 그러나 그 어떤 화려한 프로그램도 목사의 설교 사역 위에 있지 않다. 목사의 설교 사역은 하나님 나라의 왕이신 예수님께서 하나님 나라를 세우시는데 가장 신뢰하고 의지한 방법이다. 그래서 주님은 오늘도 설교자인 우리를 소중히 여기시고 우리에게 주목하시고 우리에게 온갖 은혜를 베푸신다.

존 스토트- '설교자의 이중 듣기'에서 설교자는 한 귀로는 하나님의 말씀을 다른 한 귀로는 우리의 문화가 내는 소리를 들어야 한다. 그래야 설교자는 설교를 통해 하나님과 청중 사이에 다리를 놓을 수 있다.

A Frame

(Audience, 청중 접근, 청중 교감, 청중 관계 형성)

일반 스피치 5대 요소가 있다.

1. 청중 2. 콘텐츠 3. 채색-꾸며 주는 것, 적용 4. 몸짓 언어-전달 기술 5. 공감 언어- 감동, 감격

설교에도 5대 독특성이 있다.

1. 하나님을 아는 지식 2. 성경 해석 3. 청중 이해 4. 설교 전달 능력 5. 청중 변화능력이다.

현대 설교학은 설교의 구성 즉 설교의 프레임을 가장 중요하게 여긴다.

왜냐하면 전달력을 가장 중요하게 여김으로 이야기식 구성의 프레임을 만들어서 설교의 독특성 5가지와 설교의 구성 요소 10가지를 프레임 속에 넣어 그 효과를 극대화할 수 있기 때문이다.

* 프레임을 위한 지식 모음

최근 음악 과학이라는 새로운 학문이 형성되었다. 예를 들면 불후의 명곡은 과학적이다. 모차르트, 슈베르트, 베토벤, 바흐의 교

향곡은 사람의 감성을 울리도록 철저한 과학적 구조를 갖추고 있기 때문이다. 음표, 악상 기호, 리듬 등 모든 음악적 요소가 마치 잘 계산된 수학의 공식처럼 조화를 이루면서 사람을 감동하게 한다는 것이다. 이것을 음악 프레임이라고 한다.

설교도 마찬가지다. 타고난 재능이나 성령의 감동으로만 되는 것이 아니다. 설교는 사람의 영혼을 감동하게 하고 설득하는 일이다. 그러므로 설교 역시 좋은 설교 프레임을 부단히 반복하고 연습함으로 탁월한 설교를 만들어 낼 수 있다. 그래서 현대 설교학은 설교의 구성 즉 설교의 Frame을 가장 중요하게 여긴다. 왜냐면 이야기식 설교 방식을 지향하기 때문이다. 그러므로 좋은 Frame을 만들면 좋은 설교를 만들 수 있다.

헤돈 로빈슨- 설교자의 유형을 세 유형으로 말한다. 1) 도저히 들을 수 없는 설교를 하는 목사 2) 귀를 기울여 들을 만한 설교를 하는 목사 3) 귀를 기울여 듣지 않으면 도저히 안 되게 만드는 목사다.

혹시 복잡성 보존의 법칙인 것을 아는가? 아마존과 야후에서 사용자 인터페이스 최고 책임자로 일했던 레리 테슬라가 주장한 법칙이다. 어떤 제품이나 서비스에 포함된 복잡함을 공급자가 짊어지면 그만큼 소비자는 단순함을 즐기게 된다는 것이다. 예를 들면 음향 기기 전문회사인 보스는 스스로 음향의 복잡함을 짊어짐으로 소비자에게 단순함을 선물했다.

지저스 프레임 역시 마찬가지다. 설교의 독특성과 설교의 목적과 목표와 설교의 구성 요소 10가지 등 설교의 모든 것을 프레임 속에 집어넣었다.

존 웰스- "우리는 선포되는 하나님의 말씀을 청중이 믿을 수 있도록 준비해야 한다. 복음은 우리의 이해력에 의해 우리의 마음속에 들어올 뿐 아니라 우리의 감정에 의해 닫히기도 한다. 그러므로 우리는 복음을 사랑함으로 먼저 듣고 준비해야 한다."

이제부터 본격적으로 **지저스 프레임**을 설명하겠다.

(인사)/ 설교라는 집의 문이다.

바울 서신은 항상 인사로 시작하는 것이 공식이다.

고전 1:1~3- "하나님의 뜻을 따라 그리스도 예수의 사도로 부르심을 받은 바울과 형제 소스데네는, 고린도에 있는 하나님의 교회 곧 그리스도 예수 안에서 거룩하여지고 성도라 부르심을 받은 자들과 또 각처에서 우리의 주 곧 그들과 우리의 주되신 예수 그리스도의 이름을 부르는 모든 자들에게, 하나님 우리 아버지와 주 예수 그리스도로부터 은혜와 평강이 있기를 원하노라."

갈 1:1~3- "사람들에게서 난 것도 아니요 사람으로 말미암은 것도 아니요 오직 예수 그리스도와 그를 죽은 자 가운데서 살리신 하나님 아버지로 말미암아 사도 된 바울은, 함께 있는 모든 형제와 더불어 갈라디아 여러 교회들에게, 우리 하나님 아버지와 주 예수 그리스도로부터 은혜와 평강이 있기를 원하노라."

비록 편지이긴 하지만 사도 바울은 서신을 통해 항상 성도들에게 가장 먼저 하나님 아버지와 주 예수 그리스도 안에서의 인사를 잊지 않는다. 이것을 우리는 설교 프레임에 적극적으로 적용하기로 했다. 지금은 많은 설교자가 설교를 시작하기 전에 인사하는 모습을 볼 수 있다. 바람직하다고 생각한다.

미국 노스웨스턴대 총장 헤럴드 후크 박사는 "첫 한마디로 청중의 흥미를 끌고 호의적인 관심을 획득할 수 있도록 아이디어를 짜라," 고 주문한다.

커뮤니케이션 전문가들은 청중은 설교 시작 후 30초 이내에 설교를 들을지 말지를 결정한다고 한다. 3분이 아니라 30초! 다. 명심하라.

＊최초의 열 마디 말은 그 뒤의 십만 마디 말보다 더 중요하다.

＊ 공식/ 목사가 일방적으로 하는 인사가 아니라 청중끼리 인사하게 한다.

＊ 이의행의 꿀 TIP/ 인사의 목적은 인사를 통해 청중들의 마음의 빗장을 푸는 것이다. 15개 정도의 인사법을 준비하라. 이렇게 하면 항상 새로운 인사를 할 수 있다.

예/ 하나님의 사랑으로 사랑합니다.

00 님의 얼굴을 보니 예수님 얼굴 같습니다.

00 님의 모습은 천사와 같습니다.

00 님은 꽃보다 아름답습니다.

00 님에게서 예수님 향기가 납니다.

(축복) / 설교의 집의 응접실이다.

성도 중에 어려운 문제로 고난을 겪고 있는 사람을 생각하면서 구체적으로 하라. 그러면 다른 청중은 자연히 성령께서 공감을 갖게 만든다. 예배에 참석한 청중은 설교자와는 판이하다. 설교자는 일주일 내내 말씀을 준비하고 기도하며 준비한다. 그러나 청중은 어제까지 돈 걱정, 사업 걱정, 직장 문제, 가정 문제로 시달렸다. 교회에 오기 직전까지 부부싸움을 할 수도 있고, 올지 말지 갈등하기도 하고, 억지로 끌려 나온 사람도 있다. 이런 청중들의 마음을 위로하고 격려하고 칭찬하고 인정하고 치유하는 프레임이다.

여의도 순복음 교회 조용기 목사는 이 축복 프레임으로 대 설교자가 되었다. 그는 이 축복 프레임을 보통 짧게는 5분, 길게는 15분까지 한다. 수많은 순복음 교회 성도들은 이 프레임을 듣기 위해 교회에 나온다고 한다. 심지어 축복 프레임을 들으러 15년 동안 부산에서 주일 아침 비행기를 타고 올라온다. 청중은 우리보다 훨씬 힘든 광야를 살기 때문이다.

1) 축복 프레임에서 반드시 청중의 귀가 아닌 마음을, 사로잡으라.
2) 형식적으로 입에 발린 축복을 하지 말라.
3) 청중들에게 설교자의 사랑이 흠뻑 느껴지게 하라.
4) 토요일에 청중을 위해 간절히 기도하면서 준비하라.
5) 반드시 청중으로부터 아멘! 이 나오게 하라.
6) 그러기 위해서는 철저히 청중 속으로 파고 들어가라.
7) 막연한 축복이 아니라 현실적이면서 하나님께서 지금, 여기서, 이와 같은 축복을 주시기 원하신다는 현장감을 느끼게 하라.

8) 교회 안에 문제로 힘들고 갈등을 겪고 있는 한 성도를 생각하
며 하라.

*이의행의 꿀 TIP/ 인사와 축복은 정식 프레임이 아니라 ( )안
에 넣었다. 이유는 하는 것이 좋지만 때에 따라 하지 않아도 좋은
프레임이기 때문이다.

1. AC(Audience contact, 청중 접촉) 프레임

AC 프레임은 마치 응접실의 커피와 같다. 이 프레임은 기존 설교
의 서론이다.

서론에는 좋은 서론과 나쁜 서론이 있다. 좋은 서론은 청중에게
초점을 맞춘 서론이고, 나쁜 서론은 설교자의 확신이 없는 서론이
다. 청중의 주의를 집중시키고, 흥미를 유발하고, 청중의 필요를 충
족시킬 목적이다.

* 인간의 7대 욕구 (아브라함 머슬로우)

① 육체적 욕구 ② 인정받고자 하는 욕구
③ 사랑과 소속감의 욕구 ④ 자존감의 욕구
⑤ 자아실현의 욕구 ⑥ 지식, 이해의 욕구
⑦ 심미적 욕구

AC 프레임에서는 이와 같은 청중의 욕구를 충족시킬 의도를 가
지고 프레임 채우기를 해야 한다. 그렇지 않고 아무 생각 없이 하는
것은 폭망이다.

* 좋은 서론은 어떤 것인가?

① **간결성:** 그레이 데이비스/1~2분, 횟셀/ 전체 설교 시간의
5-15%를 넘지 말아야 한다고 한다.

② **적절성:** 그레디 데이비스/지금 설교의 서론이 다른 설교 서론
에서도 쓸 수 있는 것이면 좋은 서론이 아니다.

③ **겸허성:** 서론은 본론에서 줄 수 있는 것 이상의 것을 제시하지
말라.

서론에서는 초호화 빌딩을 제시하고 본론에서 개집을 지어주지
말라.

* 다양한 서론

① 성경과 관련된 서론-성경 인물, 성경 사건, 성경 구절.
② 일반적 서론-개인의 경험, 간증, 사자성어, 뉴스, 시사, 계절,
역사, 책에 있는 내용, 영화 속의 내용, 질문을 통한 문제 제
시, 인용구 사용.

개인적인 경험으로는 설교자가 여기서 자기 자신의 경험을 이야
기하면 가장 강력한 서론이 된다. 이재철, 이찬수 목사 등은 자기
교회에서 자기가 경험한 이야기를 서론에서 풀어내기를 즐겨한다.
이럴 때 사전에 그 이야기와 연관된 성도에게 반드시 이해를 구해
야 한다. 그렇지 않으면 비밀을 들켰다는 수치심과 함께 시험에 들
소지가 아주 많다. 이렇게 설교자가 자기 경험을 이야기하면 듣는
청중은 모두 자기화함으로 설교가 아주 강력한 출발이 된다.

*공식/ 끝에서 설교의 목적:OW(Object Word)나 목표: TW(Target Ward)가 반드시 나와야 한다. 되도록 TW로 결론을 맺어라.

앞으로 모든 프레임마다 공식이 등장한다.

원래 인문학에는 공식이 없다. 그러나 우리는 여러분이 쉽게 **지저스 프레임**을 익히도록 프레임을 공식화했다. 그러므로 명심할 것은 공식이라고 표시된 부분은 무조건 암기해야 한다. 프레임의 공식을 무시하면 그야말로 프레임을 무시하는 것이다. 이렇게 되면 절대 프레임을 정복할 수 없다. 그리고 설교를 정복할 수 없게 된다.

*서론의 목적은

1) 청중의 주의를 집중시키고 흥미를 유발하기 위해서다.
2) 설교의 주제와 중심사상을 소개하는 것이다.
3) 청중의 필요 충족을 위해서다.

이때 읽듯이 말하느냐, 말하듯이 읽느냐? 는 아주 중요하다. 항상 설교자는 설교의 전달력을 극대화하겠다는 생각을 절대 잊어버리지 말아야 한다. 당신의 설교를 듣는 청중들은 어느 때보다 민감해 있는 상태다. 이것을 이용하는 것은 설교자의 능력이고 지혜다. 목소리에 감정을 담고 고저장단, 강약, 희로애락을 담아라. 열정이 깃든 목소리로 하라. 절대 길게 하지 말라.

* AC(청중 접촉) 프레임/ 워크숍

1) 본문: 창 12장 1~9절 제목:"아브라함은 어떻게 하나님의 친구가 되었을까?"
OW; 믿음 TW; 따라가다 STW; 하나님의 말씀 FC; 아브라함, 청중

AC(청중 접촉) 프레임/ 어느 교회의 장로님 한 분이 늘 원망과 불평을 입에 달고 살았습니다. 특히 아담과 하와가 에덴동산에서 범죄 한 일에 대한 불평입니다. 좀 어려울 때마다, 좀 힘들 때마다 "그 할아버지 할머니는 왜 선악과를 따먹어서 우리를 이렇게 고생시키나, 선악과만 안 따 먹었어도 지금까지 우리는 쫓겨나지 않고 에덴동산에서 힘들게 농사도 하지 않고 병들지 않고, 싸우지도 않고, 행복하게 잘 살 수 있었을 텐데" 늘 그런 식으로 원망을 합니다. 그런 어느 날 목사님께서 장로님 부부를 사택으로 초대했습니다. 음식을 잘 차려놓고 식사 기도를 하고 막, 식사하려고 하는데 밖에서 손님이 목사님을 찾습니다. 목사님께서 나가시면서 하시는 말씀이 "자, 우리 식사 기도를 했으니 먼저들 식사하십시오. 그런데 여기 가운데 뚜껑을 닫아 놓은 것을 그대로 두세요, 제가 나갔다 와서 열어보이겠습니다. 그동안 다른 것만 잡수십시오"

그리고 식사하는데 장로님이 궁금해 못 견디겠거든요 "저 안에 도대체 무엇이 들었을까?" 도저히 못 참아서 살그머니 뚜껑을 열어 보는데 그 순간 속에서 새 한 마리가 "푸드덕"하고 날아올랐습니다. 식사하다 말고 장로님 부부가 목사님 들어오시기 전에 잡아넣으려고 이리저리 새를 쫓아다니는데 도저히 잡아넣을 수가 없었습니다.

맛있는 식사는 뒷전이고 땀을 뻘뻘 흘리면서 쫓아다니는데 목사님이 들어오셨습니다. 목사님은 순간 빙그레 웃으면서 말씀하십니다. "장로님 여기 음식이 이렇게 많은데 하필이면 그것을 열어보았습니까?" "장로님도 아담 할아버지와 별로 다르지 않군요!" 그다음부터 장로님은 불평과 원망을 하지 않았다고 합니다. 하여간 우리 인간이 <u>하나님의 말씀을 따라 산다는 것은 쉬운 일이 아닙니다.</u>

2) 본문:행 1:1~5 제목:'하나님 나라와 성령'
   OW; 성도 TW; 살다 STW; 하나님 나라 FC:제자들, 청중

AC(청중 접촉) 프레임/ 미국에서 한인 목회를 하시는 어느 목사님이 사춘기 딸아이에게 그렇게 행동하면 안 된다고 훈계합니다. 그러자 딸아이가 "아빠, 누구나(everybody) 다 그렇게 해요"하고 대답합니다. 다시 목사님은 타이릅니다. "얘야, 넌, 누구나가 아니야, 하나님 딸이야." 지금은 제멋대로 하는 시대, 중심 없는 시대입니다. 자기 충동대로, 자기감정대로, 자기 내키는 대로 살아가기 때문에 죄에 대한 감각마저 사라지고 있습니다.

다윗은 오랜 세월 사울 왕의 위협 속에 고통당하며 살았습니다. 엔게디 광야에서 사울 왕을 죽일 수 있는 절호의 기회를 잡았지만, 그는 자기감정에 따라 사울을 죽일 수 없었습니다. 그의 마음에 찔림이 있었기 때문입니다. 다윗은 깊이 잠든 사울의 겉 옷자락을 가만히 베었는데 그것으로 다윗의 마음에 찔렸다고 성경은 기록합니다. 이때 '찔려'라는 원어의 단어는 '나카'인데 영) beat, 치다, 두드

린다는 의미가 있습니다. 하나님께서 다윗의 마음을 계속 두드리신 것입니다. 다윗은 하나님의 그 두드리심 때문에 자기감정대로 행할 수 없었습니다.

우리는 구원받은 하나님의 자녀요. 하나님 나라의 백성입니다. 죄에 대해 무감각해지고 제멋대로 사는 세상에서 우리도 다윗처럼, 날마다 우리의 양심을 두드리고 때로는 치시는 하나님의 손길을 경험해야 합니다. 그 하나님의 두드리심을 들으면서 우리를 다스릴 때 <u>하나님 나라를 살 수 있습니다.</u>

브라이언 채플- "설교에서 서론이 잘 되면 그 설교는 절반은 성공한 것이다."

2. 본문 (배경, 요약, 인물 설명) 프레임

기존 3 Point 설교의 방식과 같다.
1) 설화체: 연대와 장소, 사건 배경, 가주어의 심리 묘사,
　　　　　인물 설명
2) 강화체: 본문 앞부분을 요약 소개하는 것이 배경이 된다.

* 공식 – 절대 B2(성경 해석)를 하지 않는다.
여기는 서론과 같은 프레임이다. 여기서부터 딱딱한 논리를 전개하면 안 된다. 성경 해석은 이다음 프레임인 B 프레임에서 충분히 할 수 있도록 프레임이 여러분을 이끌어 갈 것이다.

* 설화체(이야기) 인 경우:
　1) 등장인물 중에서 주인공을 FC(Focus)로 삼는다.

2) 사건의 배경을 말한다.

3) 사건을 요약 설명한다.

4) 중요 인물의 육, 정, 영의 상태를 설명한다.

* 강화체(교훈, 가르침)인 경우:

1) 핵심 내용을 말한다.

2) 배경은 앞부분 혹은 전체 내용으로 한다.

3) 이때 등장인물이 있을 수도 있고 없을 수도 있다.
추론을 동원하라.

4) 상황을 살펴라.

3. 성경 ISSUE 프레임

본문의 주 논쟁점, 성경 문제 제기 프레임이다.

우리는 3 Point가 아닌 1 Point로 기, 승, 전, 결 방식의 스토리텔링 설교를 한다. 그러므로 가장 먼저 '起'에 해당하는 **문제를 제기하는 것이다.**

*성경 ISSUE의 목적은

1) 이제 막 본문을 접한 청중에게 본문에 관심을 집중시키게 한다.

2) 청중으로, 하여금 적극적으로 설교에 참여시킨다.

3) 본문에 대해 청중의 흥미를 유발한다.

4) 본문에 대해 청중의 공감대를 형성시킨다.

*공식- 성경 ISSUE를 만드는 방법

1) 성경을 반드시 신앙적 관점이 아닌, 일반적 관점으로 접근한다.

2) 설화체의 경우는 가주어와 상대자와 상황에서 문제를 찾고, 강화체의 경우는 핵심 내용에서 문제점을 찾는다.

3) 성경 문제 제기를 통해 설교의 목적과 목표를 정한다. 순서는 먼저 설교의 목표를 정하고 그다음에 어울리는 설교 목적을 정한다. 명심해야 할 것은 우리는 반드시 목적과 목표가 이끌어 가는 설교를 지향한다는 사실이다. 모든 설교 속에서 우리는 반드시 목적 단어를 만들고 또 목표 단어를 만들어서 여기서부터 청중이 눈을 번쩍 뜨게 만들어야 한다. 이때 설교의 목적 단어와 목표 단어는 본문에 보이는 단어를 잡기도 하고 보이지 않는 단어를 잡기도 한다. 그런데 나의 경험으로는 설교가 깊어지고 청중 속으로 파고 들어가기 위해서는 보이지 않는 목적 단어와 목표 단어를 잡는 것이 훨씬 파워풀하다.

4) 문제는 육체적, 정신적, 영적 문제를 제기한다.

5) 많은 역사적, 문화적, 사회적, 정치적, 종교적인 자료와 정보를 수집하라.

6) 할 수 있는 대로 문제를 확대 재생산하라. 침소봉대하라는 말이다.

7) 억지로 문제를 만들지 말고 자연스럽게 긍정은 긍정으로, 부정은 부정으로, 문제 원인은 문제 원인으로 이슈화한다.

성경 ISSUE 프레임은 성경 문제 제기 프레임이다. 이 시대 한국 교회나 세계교회에서 설교 대가들의 설교를 보면 반드시 이 성경 ISSUE 프레임을 강력하게 사용하는 것을 볼 수 있다. 여러 해 전 한국교회 100주년기념교회를 담임한 이재철 목사님의 사도행전 설교를 들었다. 항상 성경 ISSUE 프레임을 사용하지만, 그날은 그야말로 졸도 직전이었다. 성경 ISSUE 프레임을 설교의 거의 2/3를 사용하면서 설교를 전개하는 것을 보고 충격을 받았다. 그래서 아 이렇게 강력한 성경 문제를 제기하는구나! 하는 생각을 했다. 문제는 시간인데 특별한 예는 있겠지만 대부분 시간 에너지를 생각해서 시간을 활용해야 한다.

*성경 ISSUE 프레임/ 워크숍

(1) 창 12장 1~9절

"여호와께서 아브람에게 이르시되 너는 너의 고향과 친척과 아버지의 집을 떠나 내가 네게 보여줄 땅으로 가라, 내가 너로 큰 민족을 이루고 네게 복을 주어 네 이름을 창대하게 하리니 너는 복이 될지라. 너를 축복하는 자에게는 내가 복을 내리고 너를 저주하는 자에게는 내가 저주하리니 땅의 모든 족속이 너로 말미암아 복을 얻을 것이라 하신 지라, 이에 아브람이 여호와의 말씀을 따라갔고 롯도 그와 함께 갔으며 아브람이 하란을 떠날 때에 칠십오 세였더라, 아브람이 그의 아내 사래와 조카 롯과 하란에서 모은 모든 소유와 얻은 사람들을 이끌고 가나안 땅으로 가려고 떠나서 마침내 가나안 땅에 들어갔더라, 아브람이 그 땅을 지나 세겜 땅 모레 상수리나무에 이르니 그때 가나안 사람이 그 땅에 거주하였더라, 여호와께서 아브람에게 나타나 이르시되 내가 이 땅을 네 자손에게 주리라 하신 지라 자기에게 나타나신 여호와께 그가 그곳에서 제단을 쌓고, 거기서 벧엘 동쪽 산으로 옮겨 장막을 치니 서쪽은 벧엘이요 동쪽은 아이라 그가 그곳에서 여호와께 제단을 쌓고 여호와의 이름을 부르더니, 점점 남방으로 옮겨갔더라"

1절과 4절에 문제가 있다.

"여호와께서 아브람에게 이르시되 너는 너의 고향과 친척과 아버지의 집을 떠나 내가 네게 보여줄 땅으로 가라. 이에 아브람이 여호와의 말씀을 따라갔고 롯도 그와 함께 갔으며 아브람이 하란을 떠날 때에 칠십오 세였더라"

어떤 것이 문제인가? 먼저 아브라함이 고향과 친척과 아버지의 집을 떠나는 것이 문제다. **왜 이것이 문제인가?**

사회적 문제/ 지금으로부터 4,500년 전이다. 고대 사회는 교통이 발달하고 통신이 발달하고 왕래가 활발한 지구촌 시대가 아니다. 그리고 농경 사회다. 더욱이 당시는 부족 국가 형태 사회다. 만약 내가 다른 부족 사회로 들어가는 것은 상대방에게는 침입이고 전쟁이다. 곧 아브라함에게는 죽음을 의미한다. 그러므로 아브라함이 부족 사회를 떠나 다른 부족 사회로 절대 갈 수 없다.

문화적 문제/ 아브라함이 살고, 있는 갈대아 우르는 고대문명 발상지인 유프라테스강 유역이다. 이곳은 그 당시 이미 토판에 쐐기문자를 사용하고 있을 정도로 최고의 문화를 누리고 있었다.

에피소드/ 국회의원을 지내고 국회 사무처장을 역임한 박계동 의원이 이집트 고대 박물관을 방문해서 토판에 새겨진 쐐기문자가 무슨 뜻인지 가이드에게 물었다. 가이드의 대답은 "요즈음 젊은것들은 버르장머리가 없어!"였다. 세계에서 가장 앞서가는 사회였다. 그리고 당시 유적들이 발굴되는데 갈대아 우르는 벌써 수세식 화장실을 사용하고 있었다. 이런 상황에서 어딘지도 모른 채 하나님의 말씀만 믿고 본토 고향 집을 떠날 수 있겠는가? 마치 우리에게 한국을 떠나 북한으로 가든지, 아프리카 오지로 가라는 것과 다를 바가 없는 것이다.

경제적 문제/ 무엇보다 아브라함 집안은 대대로 갈대아 우르에서 우상을 제조해서 판매하는 기업을 일구어 왔다. 사업 기반은 탄탄했고 수많은 거래처와 단골들이 있다. 이렇게 여유로운 경제 여건을 몽땅 버리고 하루아침에 가난하고 불안하고 정처 없는 나그네의 길을 왜 떠난다는 말인가? 옛날이나 지금이나 사람 살아가는 이치는 크게 다르지 않다. 경제적으로 여유를 누리며 얼마든지 큰소리를 치며 살 수 있는 환경을 버리고 왜 정처 없이 떠난단 말인가?

영적인 문제/ 무엇보다 아브라함이 들은 하나님의 말씀을 어디까지 믿어야 한다는 말인가? 더욱이 성경도 기록되지 않은 시절에 하나님의 말씀이 언제나 어느 때나 아브라함이 원한다고, 아브라함이 듣고 싶다고, 또 아브라함이 묻는 대로 그때그때 말씀해 주신다는 보장이 어디 있는가? 이런 상황에서 아브라함이 갈대아 우르를 떠나는 것은 마치 자살 행위와 같은 것이다. 바보가 아닌 이상 고향 본토 친척 아비 집을 떠나 절대 말씀을 따라가면 안 된다.

* 이의행의 꿀 TIP/ 이렇게 문제를 제기하는 과정을 통해 우리는 더욱 세심하게 본문을 관찰하고 수면 위로 떠오른 하나님의 관점을 보게 된다. 그래서 확실하게 이 본문을 가지고 전할 설교의 목적과 목표를 설정할 수 있게 된다,

OW:믿음. STW:하나님의 말씀 TW:따라가다.

여기서 설교의 목적을 믿음으로 정하는 이유는 이 본문이 바로 믿음의 조상 아브라함이 태어나는 본문이기 때문이다. 그래서 성도들에게 믿음을 강조할 목적으로 설교자는 설교의 목적 단어를 믿음으로 정한다. 그리고 믿음을 설명해 주는 목표 단어는 말씀을 따라가다, 로 정한다. 아브라함의 믿음은 무작정 고향을 떠난 것이 아니다. 하나님께서 나타나 아브라함에게 약속하신 메시아 언약을 따라가는 믿음의 여정인 것이다.

1 POINT, PM(Point Message) / "믿음은 하나님의 말씀을 따라가는 것이다."

이렇게 설교의 목적 단어와 목표 단어를 합한 문장이 바로 핵심 메시지이다. 설교의 목적 단어와 목표 단어는 한 편의 설교에서 80번 이상 많게는 200번 가까이 등장하는 때도 있다. 그러니 한번 생각해 보라. 계속해서 반복되는 설교의 목적 단어와 목표 단어에 청중은 깊이 사로잡히게 되지 않겠는가? 방배동에서 목회하면서 오전에 지저스 프레임으로 설교하고 식당에서 식사를 마치고 이어서 오후 예배를 했다. 오후에는 장로들이 기도하지 않고 집사들이 기도했다. 그러면 기도를 가르치지도 않았는데 여지없이 백이면 백이 설교의 목적 단어와 목표 단어를 붙잡고 그렇게 살게 해달라고 기도하는 것을 수없이 경험했다. 이렇게 설교의 목적과 목표를 합한 원 포인트 설교야말로 복잡한 시대를 살아가는 청중에게 단순하고 집중력 있는 강력한 설교를 제공한다.

또 다른 본문을 살펴보자.

(2) 행 1장 1~5절

"데오빌로여 내가 먼저 쓴 글에는 무릇 예수께서 행하시며 가르치기를 시작하심부터, 그가 택하신 사도들에게 성령으로 명하시고 승천하신 날까지의 일을 기록하였노라, 그가 고난받으신 후에 또한 그들에게 확실한 많은 증거로 친히 살아계심을 나타내사 사십 일 동안 그들에게 보이시며 하나님 나라의 일을 말씀하시니라, 사도들과 함께 모이사 그들에게 분부하여 이르시되 예루살렘을 떠나지 말고 내게서 들은바 아버지께서 약속하신 것을 기다리라, 요한은 물로 세례를 베풀었으나 너희는 몇 날이 못 되어 성령으로 세례를 받으리라 하셨느니라"

*성경 ISSUE 프레임/ 워크숍

어떤 것이 문제인가?

문제의 핵심은 3절에 있다.

3절- "그가 고난받으신 후에 또한 그들에게 확실한 많은 증거로 친히 살아계심을 나타내사 사십 일 동안 그들에게 보이시며 하나님 나라의 일을 말씀하시니라"

예수님께서 부활하시고 40일 동안이나 세상에 계셨다. 그렇다면 인류 역사상 초유의 사건인 부활을 잘 이용하고 활용해야 한다. 그래서 당신이 메시아인 것을 확실하게 인정받아야 한다. 이를 위해 맨 먼저 로마 총독인 빌라도를 찾아가야 한다. 가서 빌라도가 못 박아 죽이도록 허락한 예수님이 살아나신 것을 빌라도에게 확인시켜야 한다. 예수님의 손과 발의 못 자국과 옆구리의 창 자국을 보여주면서 네가 십자가에 못 박도록 내어준 나사렛 예수가 이렇게 살아났다. '내가 누구냐? 내가 메시아다.' 그러면 아마 하루아침에 이것이 로마 황제에게 보고되고 로마제국은 몽땅 예수를 믿게 될 것이다. 그런데 왜 예수님은 이 손쉬운 방법을 나도 알고 있는데 사용하지 않으신단 말인가. 이상하다. 그런 다음 산헤드린 공회를 찾아가야 한다. 가서 대제사장 가야바와 70인의 산헤드린 공회원들을 긴급 소집해야 한다, 그리고 그들 앞에서 손의 못 자국, 발의 못 자국, 옆구리의 창 자국을 확실히 보여주어야 한다. 그리고 그들을 명령해서 이스라엘 전역의 사람들을 예루살렘의 헤롯 성전으로 모아야 한다. 그런 다음 온 백성들 앞에서 당신이 메시아임을 선포하면 간단히, 오신 목적이 성취된다. 그런데 왜? 11명의, 제자들만 상대로 그것도 무엇 때문에 하나님 나라의 일만 말씀하시는가? 도대체 하나님 나라가 무엇이란 말인가?

지금 당장 수많은, 동족들이 로마제국의 압제에 얼마나 시달리고 있는가? 그들의 고통과 굶주림과 가난과 신음을 먼저 해결해 주어야 하지 않는가? 그래야 그들이 복음을 받아들일 것이 아닌가? 그런데 사람들은 아무 관심도 없는 하나님 나라의 일만 40일 동안 말씀하시다가 훌쩍 하늘로 떠나신단 말인가? 남은 제자들이 어떻게 하란 말인가? 더욱 이상한 것은 하나님 나라와 인생의 문제와 성령님은 무슨 관계가 있다고 성령님을 보내신다는 약속만 하고 무책임하게 떠나신단 말인가? **여러분은 이것이 알고 싶지 않습니까?**

오늘 본문의 핵심이 그동안 기존 관점으로는 성령강림이라고 보았다.

그런데 우리가 성경의 이슈를 살피는 동안, 이 본문의 핵심은 성령강림보다 **하나님 나라**라는 사실을 알게 되었다. 또

행 19:8- "바울이 회당에 들어가 석 달 동안 담대히 **하나님 나라에 관하여** 강론하며 권면하되,"

그리고, 행: 마지막 장 마지막 절이 다시, 행: 의 주제가 무엇인지 확인시켜 준다.

행 28:30, 31 - "바울이 온 이태를 자기 셋집에 머물면서 자기에게 오는 사람을 다 영접하고 **하나님의 나라를 전파하며** 주 예수 그리스도에 관한 모든 것을 담대하게 거침없이 가르치더라."

그러므로 하나님의 관점으로 행:을 보면 행:은 성령 행전 이전에 바로, 하나님 나라 행전인 것이다. 사도들과 성도들이 하나님 나라를 위해 성령을 받고 성령 충만으로 **하나님 나라**를 살며 하나님 나라를 전파하는 것이 바로 행:이다.

다음 작업은 여기서 설교의 목적과 설교의 목표를 정하는 것이다. 설교의 목적도 없고 목표도 없이 설교하면 설교의 목적과 목표를 달성하지 못한다. 예수님의 설교는 항상 목적과 목표가 분명한 설교였다.

OW:성도 TW:살다 STW:하나님 나라

1 Point PM(핵심 메시지)/"성도는 하나님 나라를 살아야 합니다."

설교의 목적을 성도로 잡는 이유는 이 본문이 사도들에게 주님께서 하나님 나라의 일을 말씀하신 것이 핵심이지만 사실은 장차 구원받아 성도가 될 모든 믿는 사람에게 하신 말씀이다. 그러므로 성도라는 목적 단어를 잡아야 한다. 더욱이 우리는 하나님 나라보다 세상 나라를 더 사랑하고 좋아하는 경향이 강하다. 아니다. 구원받은 사람은 육적인 세상 나라를 사는 것이 아니라 영적인 하나님 나라를 살아야 한다. 육으로 난 것은 육이요 영으로 난 것은 영이다. 우리는 죽었던 영혼이 거듭난 사람들이다. 이것이 구원이고 이것이 복음이다.

우리는 복음을 십자가와 부활에만 국한하는 오류를 범하면 안 된다. 복음은 전체적으로는 하나님 나라이다. 구원받고 거듭난 사람은 이제 더는 세상 나라를 사랑하면 안 된다. 세상에서 잘 먹고 잘 살고 성공하고 행복하여지려고 하는 것은 복음을 모르는 사람들의 세계관이다. 거듭난 사람은 더는 세상 나라에 집착하면 안 된다. 무엇을 먹을까 무엇을 마실까? 무엇을 입을까 어떤 차를 탈까가 아니다. 우리는 먼저 하나님의 나라와 그 의를 구하는 삶을 살아야 한다. 여기서부터 천국을 하나님 나라를 살아야 한다.

생각해 보라. 타락한 죄악 된 인간들이 만든 세상이 좋은가? 창조주 하나님과 그리스도이신 예수님께서 만드신 하나님 나라가 좋겠는가? 세상 나라와 하나님 나라는 비교 불가이다. 세상 나라는 기껏 육체적인 것, 썩어질 것에 목을 맨다. 그러나 하나님 나라는 먹는 것과 마시는 것이 아니라 성령 안에 있는 의와 평강과 희락이다. 그런데 목사들조차 자꾸 세상 나라의 행복을 강조하고 세상 나라의 복을 강조하는 이유는 무엇인가? 한국교회는 목사들이 망쳐놓는다는 말이 사실이다. 세상의 복을 강조하는 것은 종교이다. 종교는 하나님이 만든 것이 아니고 타락한 무능한 인간이 만든다. 그러나 기독교는 인간이 만든 종교가 아니다. 기독교는 생명이다. 기독교는 거듭남이다. 거듭난 생명인 이 영혼으로 하나님의 사랑을 받고 하나님과 사랑을 나누고 하나님 나라의 행복을 누리는 것이다. 이것이 바로 하나님의 관점이고 또 복음을 설교하는 것이다.

4. 청중 ISSUE 프레임

청중의 문제 제기이다.

* 공식/ 성경 이슈는 정해진 OW와 TW를 가지고 청중 문제를 제기하라.

여기서는 성경 속의 문제 제기가 오늘을 사는 청중과 어떤 연관성이 있는가를 말한다. 설교는 성경 시대의 이야기가 오늘을 사는 청중에게 하나님께서 말씀하시도록 연결하는 다리 놓는 작업이라고 했다. 이렇게 성경 이야기를 청중에게 연결하게 해주는 설교자가 청중에게 인기를 얻고 사랑을 받는다. 물론 우리는 사람에게 인기를 얻기 위한 목적으로 설교하지 않아야 한다. 그러나 내 말은 청중의 영혼에 기쁨을 주고 유익을 주라는 말이다. 그래서 창 12장의 경우 오늘 아브라함의 이야기가 우리의 이야기라고 강조한다. 예를 들면 오늘 우리도 설교를 듣고 하나님의 말씀을 따라서 살아야 한다. 그런데 우리는 왜 하나님의 말씀을 듣고도 그 말씀대로 따라 살지 못하는지를 말해준다. 그리고 이 문제를 어떻게 할지를 말한다.

청중 ISSUE 프레임/ 워크숍

(1) 창 12장 1~9절

이 시대를 사는 우리는 돈의 노예로 사는 시대이다.

돈이 있으면 행복하고 돈이 있으면 장래도 걱정이 없고 돈이 있으면 천국도 갈 것처럼 생각하고 산다. 그러다 보니 성경을 읽고 설교를 듣고 성경 공부를 하고도 말씀을 따라서 사는 것이 아니다. 돈을 따라서 산다.

돈이 우리를 이끌고 인도한다. 나는 아니라고 항변할지 모르지만 실제로는 다 그렇게 돈을 따라 산다. 머리로는 말씀 따라 살겠다고 하지만 실제로는 돈을 따라 산다. 과연 이것이 주님께서 원하시는 성도의 모습인가? 이 믿음을 가지고 정말 하나님 나라를 살 수 있다고 생각하는가? 그리고 영원한 하나님 나라에 들어갈 수 있다고 믿는가? 성경은 이 문제를 무엇이라고 말씀하는가?

(2) 행 1장 1~5절

명절을 앞두고 제일 바쁜 사람들은 국회의원 선거 출마자들입니다. 올 4월에는 국회의원 선거가 있고 내년 후반기에는 대통령 선거가 있습니다. 벌써 온 나라가 선거 열풍으로 한파를 녹일 듯 뜨겁습니다. 왜 이렇게 온 나라가 선거에 관심이 많습니까? 정치인들은 자기들이 나라를 행복한 나라, 잘 사는 나라로 만들겠다고 국민에게 떵떵 큰소리를 칩니다. 그리고 국민은 지금까지 속았으면서도 여전히 세상 나라에 관심이 있어서 함께 장단을 맞추고 춤을 추는 것입니다. 그러나 우리 그리스도인들은 생각해야 합니다. 1960

년 대 초에 비해 400배나 소득이 올라갔지만, 우리나라가 정말 행복한 나라가 되었습니까?

*A 프레임의 전체 시간은 8~10분을 넘지 않아야 한다.

B (Bible)Frame

* 공식/ B2(성경 해석)로 한다.

(하나님의 목적과 이유와 방법. 진주어 중심, 가주어 중심, TW 중심 전개, 하나님의 관점)

> * B 프레임은 起承轉結에서 承에 해당하는 프레임이다. A 프레임에서 제기한 문제를 여기서는 하나님의 관점으로 성경을 해석하고 하나님의 목적과 이유와 방법을 말한다. 그러므로 이 프레임은 성경의 진주어인 하나님 중심이며 또 동시에 성경의 가주어인 인간 주인공인 FC(Focus)가 중심이 되어 논리가 전개된다. 그리고 대부분 프레임에서 설교의 목표인 TW가 중심이 되어서 청중을 설득한다.

* 청중으로 본문의 말씀을 이해하고 깨닫고 동의하고 믿게 만든다. 그러므로 이해 에너지, 설득 에너지가 많이 나오도록 논리에 집중해야 한다.

* 본문의 진주어: 하나님

* 본문의 가주어: 성경 중심인물

* 지금부터 본문을 볼 때 철저히 하나님의 관점으로 들여다보도록 한다.

예) 성공의 개념

세상의 성공 – 출세, 부귀, 재물. /하나님의 관점으로 성공– 하나님의 선하신 뜻을 이루는 것. 선한 영향력을 세상에 나타내는 것이다.

예) 행복의 개념

세상의 행복–만족하고 기쁘고 즐겁고 걱정이 없고 자기 뜻대로 평안히 사는 것

하나님 관점의 행복– 행복의 근원인 하나님과 함께 사는 것.

　* B Frame에서는 청중에게 성경 본문을 완전히 이해시키고 설득해라. 이를 위해서 콘텐츠 확보–성경 해석과 논리는 무엇보다 필수이다. 관점확보와 논리 프레임으로 프레임 채우기를 하면 이 문제는 쉽게 해결된다. 논리 프레임에 대해서는 7장에서 다루기로 한다.

1. TW(Target Word- 목표 단어) 설명 프레임

설교 주제어 설명이다.

* **공식/** A. B Frame에서는 OW를 사용하지 말고 TW로만 논리를 전개하라.
* 성경적 관점에서 TW – 설교 목표 단어를 설명, 즉 설교 주제어 설명이다.
* TW의 설명– 소요 시간을 적절하게 조절하라. 주제어와 본문에 따라 항상 융통성 있게 프레임을 운용하라.

* **공식/** TW는 반드시 긍정적 단어를 사용하라. 절대 부정적 단어 사용금지.

* 모든 프레임 채우기는 논리 프레임 10가지를 가지고 하면 훌륭하게 채운다. 이유, 풀이, 사례, 성구 인용, 경험과 간증, 은혜와 교훈, 연결, 적용, 결단, 축복.

* **공식/** TW의 품사는 강력한 동사만을 사용하라.

TW 설명 프레임/ 워크숍

(1) 창 12장 1~9절, TW:말씀 따라가다.

오늘 본문의 주인공 아브라함은 우리의 관점으로 보면 완전히 무능한 리더의 결정을 내리는 것을 볼 수 있습니다. 더욱이 그에게는 아내만 있는 것이 아니고 자신을 아버지처럼 의지하고 함께 살아온 조카 롯의 식구들이 있습니다. 자신의 결정에 수많은 사람의 운명이 걸려 있습니다. 리더로써 고민하고 또 고민하고 결정해야 합니다. 야구의 신이라고 불리는 한화 신임 감독 김성근 감독이 청와대 직원 250명을 상대로 지도력에 대해 강의했습니다. 그 자리에서 김 감독은 리더의 자질로 비정함을 들었습니다. 이어 김 감독은 "일구이무(一球二無)" 선수에게 두 번째 공은 없다. 즉 일생의 기회는 단 한 번뿐이라고 했습니다. 그러면서 손가락질을 피한다는 것 자체가 지도자가 될 자격이 없는 것이라며 "결과가 없는 리더는 아무 쓸모가 없는 사람"이라고 했습니다.

어쩌면 아브라함은 지금 자신을 위해 그리고 가족을 위해 현재의 안일함을 버리고 비정한 결단을 해야 할 순간인지 모릅니다. 그리고 아브라함에게 기회는 단 한 번뿐인지도 모릅니다. 또한 먼 훗날 혹시 어려움이 있고 생각대로 안 풀릴 때 손가락질을 받고 비난을 받을지 모릅니다. 그런데도 아브라함은 모든 것이 부족함이 없는 갈대아 우르를 떠나 하나님께서 보여줄 땅을 가기로 합니다. 그리고 그는 하나님의 말씀을 따라 한 걸음 한 걸음을 옮깁니다.

　"주의 말씀은 내 발의 등이요, 내 길에 빛임을"(시 119; 105) 굳게 믿고 한 치 앞도 분간할 수 없는 미래를 향해 말씀을 따라 나갑니다. 인생을 몽땅 하나님의 말씀 따라가는 것에 집중합니다.

(2) TW 설명/ 행 1장 1~5절, TW:하나님 나라를 살다.

　물론 그때보다 훨씬 잘, 먹고 잘 삽니다. 잘 입고 삽니다. 좋은 집에서 따뜻하게 삽니다. 좋은 차를 몰고 삽니다. 그런데 왜 자살하는 사람이 그렇게 많고 이혼율이 세계 최고이고 행복 지수는 세계 꼴찌입니까? 결론은 세상 나라가 아무리 세계 최고의 나라가 되어도 그 나라가 우리를 구원하지 못하고 행복하게 못 한다는 사실입니다. 예수님은 이것을 아시기에 로마제국을 향해 선전포고하시기보다는 11명의 제자에게 하나님 나라의 일을 말씀하십니다.

　여러분, 세상 나라와 하나님 나라의 차이가 무엇입니까? 세상 나라는 타락한 욕심을 가지고 있고 유한한 인간이 다스리는 나라입니다. 그러나 하나님 나라는 자기 목숨까지 주시는 사랑의 주님께서, 무한하신 능력과 지혜를 가지신 전능하신 주님께서 다스리시는 나라입니다. 또 세상 나라는 환경을 통해서 낙원을 이루려고 합니다. 그러나 하나님 나라는 우리 마음속에 천국을 이룹니다. 아무리 좋은 환경, 돈 많은 부자 나라가 되어도 사람들의 마음이 바뀌지 않으면 살인과 거짓과 사기와 도둑과 이혼이 사라지지 않습니다. 그러나 환경이 조금 나빠도 마음이 좋은 사람들은 행복합니다. 무엇보다 세상 나라는 인간의 구원 문제를 해결하지 못합니다. 그러나 하나님 나라는 인간의 구원 문제를 완벽하게 해결합니다. 예수님이 하나님 나라의 왕이시고 예수님 자신이 하나님 나라이기 때문입니다. 그 예수님을 믿고 구원받으면 그때부터 예수님께서 영으로 우리 속에 함께 계십니다. 그래서 "천국은 여기 있다 저기 있다 할 것이 아니요, 너희 안에 있느니라,"(눅 17, 20-21)는 주님의 약속이 현실화하는 것입니다.

신약 성경에만 '하나님 나라'가 **222번** 나오고 '천국'이 **37번** 나옵니다. 똑같은 말인데 우리는 '천국'이란 말에 더 익숙합니다. 왜냐면 내세 지향적 신앙을 소유하고 있기 때문입니다. 그러나 하나님 나라는 죽어서 가는 곳이 아닙니다. 여기서부터 소유하고 누리고 사는 것이 하나님 나라입니다. 성경은 구원받은 사람들이 이 세상에서부터 하나님 나라 즉 천국을 산다고 끊임없이 강조합니다.

2. WHAT FOR 프레임

* WHAT FOR 프레임의 대표적 질문

B 프레임에는 WHAT FOR, WHY, HOW 프레임이 자리 잡고 있다. 이 프레임에서 하나님 관점의 핵심 논리가 형성된다. 프레임 이론에서 WHAT과 WHY는 상위 프레임이고 HOW는 하위 프레임이다. 그런데 프레임의 성격상 논리를 전개하는데 가장 먼저 중요한 것이 대표적 질문을 만들고 그 질문에 대한 답을 함으로 각 프레임의 논리가 전개된다. 그러므로 가장 먼저 해야 할 설교자의 작업은 대표적 질문을 만드는 것이다. 그리고 이 질문은 3가지 형태 중 하나를 선택해서 논리가 전개된다.

* **공식 1**/ 하나님께서 + 무엇 때문에 +우리 혹은 FC+ TW(설교목표) 하라고 하시는가? (예, 하나님께서 무엇 때문에 우리에게 하나님만 선택하라고 하시는가?)

* **공식 2**/ 우리 또는 FC+무엇 때문에 + TW 해야 하는가?

* **공식 3**/ 하나님께서+ 우리 또는 FC+ 무슨 목적으로+ TW 하라고 하시는가?

* **공식 4**/ 질문의 답이 본문에서 나와야 한다.

* **공식 5**/ 본문에 답이 없는 경우 성경적 추론으로 답을 만든다.

설교자가 본문에서 확보한 하나님의 관점에 대한 확신을 두고 설교해야 한다. 그래야만 청중 관점이 하나님의 관점으로 바뀌면서 신앙의 변화, 가치관의 변화가 일어난다. 만일 듣기 좋은 내용으로 설교는 만들었는데 하나님의 관점이 아닌 세상 관점으로 설교를 진행한다면 청중은 절대 변하지 않는다. 그러므로 설교자인 여러분은 지금부터 모든 성경을 하나님의 관점으로 보기를 연습하기를 바란다. 본문에서 먼저 설교의 목표 단어를 정하고 그 목표 단어를 중심으로 대표적 질문을 만들어 보라. 좋은 질문을 만들면 좋은 답이 나오기 마련이다. 그러나 나쁜 질문을 만들면 나쁜 답이 나온다.

이것은 질문의 법칙이 그렇게 이끌어 가는 것이다. 그러기 위해서는 먼저 성경을 프레임으로 보라. 무슨 말이냐면 성경 ISSUE 프레임으로 성경을 보고 청중 ISSUE 프레임으로 청중을 보고 B 프레임에서는 WHAT FOR와 WHY와 HOW 프레임으로 성경을 보라는 것이다. 가장 좋은 방법은 신약 성경 한 곳을 선택해서 오늘부터 노트에 매일 본문 하나씩을 가지고 설교 Dysign을 하는 것이다. 설교 디자인은 본문에서 성경 이슈를 찾고 그다음에 설교 목표 단어를 정하고 그다음에 설교 목적 단어를 정하고 청중 이슈를 찾고 이어서 WHAT FOR, WHY, HOW 프레임의 대표적 질문을 만들고 답을 적어나가는 방식이다. 나는 이렇게 사도행전과 마태복음을 했더니 하나님의 관점으로 성경을 보는 눈이 나름 굉장히 발전했다.

　* "WHAT FOR의 답이 본문에 보이지 않는 경우" – **반드시 추론**
하라.

　① **성경적 추론**– 성경을 근거로 결론을 끌어내는 것이다.

　* 우리가 보는 성경의 문맥은 크게 두 가지로 나눈다.

A. 근접 문맥: 본문의 앞과 뒤의 문맥을 말한다.

B. 원접 문맥: 본문의 앞과 뒤를 제외한 나머지 성경 전체다.

성경적 추론 시 본문의 앞뒤를 자세히 살펴보라.

반복해서 읽어라.

앞과 뒤에 답이 없으면 원접 문맥에서 답을 찾아라.

답은 여러 개가 있을 수 있다.

그때는 설교자가 청중을 보고 적합한 답을 선택하면 된다.

설교자의 재량에 의해서 많은 추론 가운데 청중을 보고 선택하라.

② **신학적 추론**- 필요한 추론 기법이지만 신학적 지식이 부족하면 큰 오류가 발생할 수 있으므로 많이 주의하고 신학적 지식을 갖추어야 한다.

일반적 추론은 되도록 사용하지 않는다. 청중의 동의를 얻기 어렵다.

* WHAT FOR 프레임의 대표적 질문에 대한 답은

1) 목적성으로 답을 한다./ 딤후 1:6~9, TW:극복하다 STW:두려움을

질문-하나님께서는 무엇 때문에 우리에게 두려움을 극복하라고 하시는가?

답- 8절-복음과 함께 고난을 받게 하려고

2) 의미 변화로 답을 한다./ 욥 23:10~17, TW:단련 받다 STW:하나님께

질문-우리가 무엇 때문에 하나님께 단련을 받아야 합니까?

답-10절- 순금 같이 나오기 위해서

3) 가치관 변화로 답을 한다./ 단 6:10~23, TW:기도하다 STW:목숨
걸고

질문- 하나님께서는 무엇 때문에 다니엘에게 목숨 걸고 기도하게
　　하시는가?

답- 사자 굴:(지옥)을 천국:(하나님께서 함께하심.) 으로 만들어
　　주기 위해서

* **공식** - 항상 끝에서 직접 적용하라.

WHAT FOR 프레임/ 워크숍

(1) 창 12장 1~9절,

대표적 질문/ 하나님께서는 무엇 때문에 아브라함에게 말씀 따라가
라고 하십니까?

　답/ 2절- "내가 너로 큰 민족을 이루고 네게 복을 주어 네 이름을 창대케 하리
니 너는 복의 근원이 될지라" 그렇습니다. 이것이 하나님께서 설계하신
아브라함의 인생 설계도입니다. 아브라함이 갈대아 우리에 그냥 살
면서 말씀을 따라가지 않았다면 4천5백 년 전 갈대아 우리에 살던
그 이름 넉 자를 누가 기억하겠습니까? 그런데 하나님께서는 그를
통해 아브라함이 전혀 생각지 못하고 상상도 못 했던 큰 뜻을 이루
도록 하시기 위해 그에게 찾아오셔서 말씀하십니다.

　2절에 보면 하나님께서 아브라함의 인생 설계도의 주목할 만한
내용을 말씀하십니다. 첫째, "내가 너로 큰 민족을 이루고" 이것은
단순히 수적으로 큰 민족이 아닙니다. 영적으로 위대한 민족인 이

스라엘을 가리키는 것입니다. 둘째, "네게 복을 주어" 이것은 아브람이 아브라함 즉 많은 무리의 아비가 될 것을 말합니다. 셋째, "네 이름을 창대 캐 하리니" 직역하면 "내가 네 이름을 크게 할 것이다" 입니다. 하나님께서 아브라함을 유명하게 만드시겠다는 것입니다. 그를 믿음의 조상으로 만들겠다는 것입니다. 넷째, '너는 복이 될지라" 개역 성경은 "너는 복의 근원이 될지라"로 되어 있어서 그 뜻이 더 분명합니다. 즉 아브라함을 통해 장차 여자의 후손인 메시아께서 오시도록 하시겠다는 것입니다.

이상이 하나님께서 아브라함에게 말씀을 따라가라고 하시는 이유가 되는 것입니다. 이것은 말씀드린 대로 하나님께서 설계하신 아브라함의 새로운 인생 설계도입니다. 아버지 데라의 가업을 이어받아 장자로서 열심히 우상을 만들어 생업을 이어가는 아브라함입니다. 하나님께서 만일 아브라함에게 찾아와 말씀하지 않으셨다면 그는 돈 벌어서 자식 가르치고 아내 사라와 잘 먹고 잘살다 초야에 묻혀 한 줌의 흙 이상 더는 아무것도 없었을 것입니다.

그런데 하나님께서 아브라함에게 찾아오셔서 말씀하시며 말씀 따라 사는 인생이 되라고 하십니다. 그리고 아브라함이 그대로 갈대아 우르를 떠나는 결단을 내리고 말씀 따라갔을 때 그의 이름 넉 자가 인류 역사 속에 가장 크고 빛나는 별이 됩니다. 여러분과 저도 아브라함처럼 하나님께서 부르시고 말씀하십니다. 지나온 과거는 묻지 말고, 이제부터, 오늘부터 하나님의 말씀을 따라 삽시다! 그래서 하나님께서 우리를 위해 꿈꾸시는 그 꿈을 이루어 갑시다!

(2) 행 1장 1~5절/

대표적 질문/ 주님께서는 무엇 때문에 우리에게 하나님 나라를 살라고 하십니까?

답/ 오래전부터 인간은 낙원을 꿈꾸어 왔습니다. 그리고 이 낙원이 현실화할 수 있는 것이 유토피아 즉 이상 국가라고 생각해 왔습니다. 반면에 하나님의 나라는 하나님께서 친히 세우시는 나라입니다. 전지전능하시고 사랑인 하나님께서 다스리시는 나라입니다. 인간이 세우려는 유토피아는 공산주의의 실험으로 실패로 돌아갔습니다. 그런데도, 불구하고 사단 마귀는 이번에는 '돈'이라는 힘을 앞세워서 사람들을 유혹합니다. 마치 에덴동산에서 선악과를 앞세워서 거짓말로 아담과 하와를 타락시키고 불행하게 만들었듯이 돈이면 얼마든지 유토피아를 이룰 수 있다고 우리를 속입니다.

그러나 하나님의 은혜를 받은 그리스도인들은 이제 속으면 안 됩니다. 오직 구원받은 하나님의 자녀들만이 이 세상에서 하나님 나라를 사는 특권을 누립니다. 이런 하나님의 자녀들만이 진정한 행복을 누리며 삽니다. 그래서 예수님께서 공생애 첫 메시지가 "회개하라 천국이 가까이 왔느니라."였습니다. 하나님을 부인하고 자신이 하나님 노릇을 하던 사람들이 하나님을 시인하고 하나님 말씀에 순종하기로 하고 예수님을 구주로 영접하면 구원을 받습니다. 그때부터 우리는 하나님 나라의 시민이 됩니다. 그 결과 하나님 나라의 축복을 누립니다. 동남아 사람들이 왜 대한민국에 불법으로 밀입국하려고 시도합니까?

대한민국 영토에 들어오면 대한민국이 제공하는 어느 정도의 혜택을 누리며 살 수 있기 때문입니다. 마찬가지로 우리가 회개하고 예수 믿고 구원받으면 하나님의 자녀가 됩니다. 하나님 나라의 당당한 시민권자가 됩니다. 그때부터 우리는 하나님 앞에 당당히 나가게 됩니다. 그리고 하나님의 사랑을 받습니다. 보호를 받습니다. 인도를 받습니다. 전능하시고 전지하신 하나님께서 통치하시는 하나님 나라의 통치 영역에서 살게 됩니다. 그런 인생은 절대 불행하지 않습니다. 실패하지 않습니다. 허무하지 않습니다. 미국도 대통령 선거가 코앞에 있고 우리도 그렇습니다. 온 국민이 선거에 관심을 두는 것은 어떤 사람이 통치하느냐에 따라서 그 나라에 사는 사람들의 운명이 결정되기 때문입니다.

김정은 철부지가 통치하는 북한 인민들은 세계에서 가장 불행합니다. 그러나 용감하게 목숨을 걸고 탈북해서 대한민국에 온 사람들은 여유와 자유로움을 만끽합니다. 그중에서도 남한에 와서 예수를 믿고 하나님 나라의 백성이 된 사람들은 하나님 나라 자녀의 특권을 누립니다. 물론 지상에서의 하나님 나라는 완벽하지 않습니다. 그런데도 세상이 주지 못하는 기쁨과 평안을 누립니다.

3. WHY 프레임

*WHY 프레임의 대표적 질문

▶공식 1/ 하나님 + 왜 + 우리 혹은 FC+ TW + **WHAT FOR의 답?**

여러분이 여기서 정신을 바짝 차려야 한다. WHY는 단순한 왜가 아니다. 프레임 이론을 모르면 WHAT FOR는 단순히 무엇 때문이고 WHY는 단순히 왜라고 생각하기 쉽다. 그러나 프레임 이론에서 WHY는 WHAT FOR의 답에 대한 WHY임을 명심 또 명심해야 한다. 10여 년 전 1년에 천만 원을 주고 배운 설교학교 목사들이 평촌에서 열심히 모여 설교 프레임을 잡고 있었다. 그런데 어느 날 갑자기 나에게 SOS를 치면서 지금 급히 와달라고 한다. 하던 일을 멈추고 차를 몰고 달려갔다. 그런데 열서너 명 목사들이 한결같이 WHAT과 WHY가 도저히 구분이 안 된다고 하소연한다. 무엇 때문에 와 왜가 종이 한 장 차이라는 것이다.

그래서 내가 지금 하는 이야기를 자세히 가르쳐 주었다. WHY는 WHAT FOR의 답을 가지고 대표적 질문을 만들어야 논리가 깊어지고 발전하는 것이라고. 그 순간 거기 모인 모든 목사가 이구동성으로 탄식한다. 자기들이 배운 설교학교에서는 무엇 때문에 와 왜가 종이 한 장 차이니까 알아서 한 가지만 가지고 하라고 한다는 것이다. 이것은 프레임을 너무 모르기 때문이다. 다시 한번 강조하고 넘어가자. WHY는 반드시 WHAT FOR의 답을 가지고 대표적 질문을 만들어야 한다.

*대표적 질문/ 욥 23:10~17, TW:단련 받다 STW:하나님께

하나님께서는 왜 우리가 하나님께 단련 받게 하셔서 순금같이 만드시는가?

WHAT FOR에서 대표적 질문은 하나님께서는 무엇 때문에 우리를 단련 받게 하시는가? 였다. 여기에 대한 답이 순금같이 만드시기 위해서였다. 그래서 WHY의 대표적 질문이 하나님께서는 왜 우리가 하나님께 단련 받게 하셔서 순금같이 만드시는가? 이다. 그리고 그 답이

10절 상-우리가 가는 인생길을 그분이 다 아시기 때문이다. 우리의 연약함과 부족함과 어리석음과 나약함과 불신앙을 아시기 때문에 우리를 단련해야만 우리의 연약함이 강해지고 어리석음이 지혜로워지고 불신앙이 믿음으로 바뀌기 때문이다.

*공식 2/ 하나님 + 왜 +우리 혹은 FC+ WHAT FOR의 답?

* 하나님께서 왜 아브라함을 복의 근원이 되게 하시는가?
   답은 아브라함을 통해서 메시아를 보내주시기 위해서이다.

* WHAT FOR를 잡으면, WHY를 쉽게 잡을 수 있다.

* 반드시 끝에 직접 적용하라.

*WHY 프레임/ 워크숍

(1) 창 12장 1~9절

대표적 질문/ <u>왜, 하나님께서 아브라함을 복의 근원으로 만드십니까?</u>

답/ 3절- "너를 축복하는 자에게는 내가 복을 내리고 너를 저주하는 자에게는 내가 저주하리니 땅의 모든 족속이 너를 인하여 복을 얻을 것이니라 하신 지라" 이 말씀은 2절의 핵심이 되는 '복의 근원'에 대한 보충 설명입니다. 여기서 하나님께서는 두 가지를 말씀하십니다. 첫째; "너를 축복하는 자에게는 내가 복을 내리고 너를 저주하는 자에게는 내가 저주하리니" 이것은 이제부터 하나님께서 아브라함의 인생에 적극적으로 개입하신다는 말씀입니다. 그런데 그 개입이 보통 정도가 아니라 하나님께서 아예 아브라함의 인생에 동업자가 되시겠다는 것입니다. 어쩌면 친구가 되시겠다는 것입니다. 그래서 철저히 아브라함을 지키시고 축복하시고 아브라함을 괴롭히는 적들은 반드시 징벌하시겠다는 것입니다.

둘째: "땅의 모든 족속이 너로 말미암아 복을 얻을 것이라"라는 것입니다. 이것은 장차 아브라함의 후손을 통해서 메시아가 올 것이고 그 메시아를 통해서 천하 만민이 구원의 복을 얻게 된다는 것입니다. 이 모든 것이 아브라함이 하나님의 말씀을 따라가는 삶을 통해서만 이루어질 것입니다. 아브라함이 자기가 계획한 꿈을 통해 이루는 것이 아닙니다. 하나님께서 아브라함의 인생 설계도를 작성하시고 아브라함이 그 인생 설계도대로 하나님의 말씀을 따라서 살아가면 하나님께서 말씀대로 되게 하시는 것입니다.

(2) 행 1장 1~5절

대표적 질문/ 왜 하나님의 자녀들에게 만 하나님 나라를 사는 특권을 주십니까?

답을 먼저 말씀드린다면 우리에게 하나님 나라를 사는 특권을 주신 것은 우리가 하나님 나라를 세우는 일을 하도록 하시기 위해서입니다. 성경 전체의 맥락에서 하나님 나라는 이미와 아직 사이에 끼어있다고 보면 정확합니다. 무슨 말이냐면 예수님께서 오심으로 이 땅에 이미 하나님 나라가 세워졌습니다. 그러나 그 하나님 나라는 아직 완성되지 않았습니다. 그리고 우리는 아직 완성되지 않은 하나님 나라의 백성으로 하나님 나라의 백성 된 특권을 누릴 뿐만 아니라 하나님 나라를 세우시는 하나님께서 우리에게 맡기신 일을 감당하면서 주님과 함께 하나님 나라를 세우는 것입니다. 그리고 우리가 아무리 하나님 나라를 위해 열심히 일했다고 할지라도 눅 17장의 지혜로운 종처럼 겸손히 '우리가 마땅히 할 일을 했을 뿐 무익한 종'이라고 해야 합니다. 이것이 하나님 나라를 누리고 세우는 우리의 자세입니다.

마 25장에는 장차 완성될 하나님 나라의 최종 심판 장면이 나옵니다.

그런데 각, 비유마다 특징이 있습니다. 첫 번째 열 처녀 비유는 주님과 우리와의 관계를 강조합니다. 두 번째 달란트 비유는 주님께서 맡기신 사역에 대한 평가입니다. 세 번째 양과 염소의 비유는 이웃과의 관계를 평가합니다. 우리가 세상에서 하나님 나라를 세우는 일은 하나님 나라의 왕이신 주님의 통치를 얼마나 믿음으로 충실히 받는가입니다. 또 주님의 백성들과 얼마나 사랑을 실천하면서 사느냐입니다, 마지막으로 하나님 나라의 일 즉 주님의 뜻에 얼마나 순종하면서 사는가입니다. 마지막 심판은 결국 하나님 나라의 일을 얼마나 믿음으로 감당했느냐? 로 결정됩니다. 그러니까 진정한 믿음은 우리가 하나님 나라 백성답게 살았는가, 살지 못했는가? 로 증명이 되는 것입니다,

4. GH(하나님의 마음과 속성) 프레임

*설교는 인간의 이야기가 아니고 하나님의 이야기다. 하나님을 전하는 것이며, 하나님을 보여주는 것이다. 설교를 통해 하나님을 보여주지 못하면 실패한 설교이다. 우리는 철저히 복음을 선포하는 설교를 한다. 복음은 사람이 주인공이 아니고 삼위일체 하나님께서 복음의 주인공이다. 그러므로 성경의 진주어인 하나님을 집중적으로 전해야 한다. B 프레임은 이해시키고 설득하는 논리 에너지가 강하게 나오기 때문에 청중의 처지에서는 감성이 메마를 수 있다. 이것을 생각하고 설교자는 GH 프레임에서 청중의 감성 터치를 반드시 신경을 써야 한다.

십여 년 전 전남 광양에서 설교 아카데미를 진행하면서 끝나갈 무렵 참석한 목사들에게 각자 자기에게 맞는 프레임을 설계하라고 했다. 그때 깜짝 놀랄 일이 벌어졌다. 목사님 한 분이 이 GH 프레임에 설교의 4/5 정도의 시간을 할애하도록 프레임을 설계했다. 그 목사님은 실제로 주일 설교 시간에 삼위 하나님에 관한 이야기로

대부분을 사용한다고 한다. 그리고 그 교회에 출석하는 성도들은 그 설교를 듣기 위해 출석한다고 한다. 그래서 그런지 그 교회는 교회의 규모에 비해 헌신도가 하늘을 찌를 정도로 높았다. 왜냐면 매주일 설교 시간에 하나님의 임재를 강하게 느끼는 설교를 듣기 때문이다. 여러분이 이 GH 프레임을 강력하게 만들려면 여러분이 먼저 살아계신 전능하신 하나님, 사랑의 하나님, 기도에 응답하시는 하나님을 만나야 한다. 그렇지 못하면 이 프레임에서 여러분은 성도들에게 여러분의 보잘것없는 영성을 폭로하게 된다.

*공식/ 앞에 있는 WHAT과 WHY에서 하나님의 속성과 마음이 나와야 한다.

반드시 본문에서 나와야 하고 만일 본문에 없으면 추론한다. 그리고 프레임을 채울 때는 WHAT과 WHY의 내용을 버무려 프레임을 채워야 한다.

*설교자는 하나님의 속성을 신학적으로 접근하려고 한다. 그러나 청중은 아니다. 청중 해석을 통해 청중이 아는 하나님의 속성을 말하라. 여러분의 청중은 생존경쟁의 싸움터에서 날마다 총성 없는 전쟁을 치르며 산다. 날마다 철철 흐르는 피를 닦아가면서 하루하루를 버틴다. 이런 청중에게 말장난이나 하는 설교자는 그야말로 죽어야 한다. 여러분은 돈 때문에 겪는 고통이 얼마나 큰지 아는가? 필자는 1998년 IMF 금융위기가 닥쳤을 때 통장이 39개였다.

모두 빚 통장이었다. 그때 나는 밤마다 15층 아파트 베란다에서 하나님께 이렇게 기도했다. '하나님, 저 오늘 밤 여기 떨어져 죽으면 안 되나요?' 이 심정을 여러분은 아는가? 앞에서 설교자는 영적인 아비요 어미라고 했다. 여러분은 정말 이런 주님의 마음으로 이 GH 프레임을 설교하기를 바란다. 그러면 여러분의 청중은 매주 여러분의 설교를 통해 하나님의 임재를 경험할 것이다. 그러기 위해서 하늘에만 계신 하나님이 아니라 우리의 생활 깊숙이 찾아오시는 하나님을 이야기하라. 이것을 목회적 속성, 신앙적 속성으로 하라는 것이다.

예/ 거룩하신 하나님을 죄를 싫어하시는 하나님으로, 피조물과 구별되시는 창조주 하나님으로. 사랑의 하나님을 나를 나보다 더 사랑하시는 하나님으로. 나를 위해 독생자까지도 벌레만도 못한 사람으로 보내시고 나 대신 아들을 죽이시며 나를 용서하시고 나를 감싸시며 나에게 기대를 걸고 계시는 하나님으로.

* 성도들이 지금 처해 있는 상황 가운데 계시는 하나님을 나타내야 한다.
* 이론적, 지식적인 하나님을 '하나님의 속성'과 '하나님의 심정'을 통하여 실제적인 하나님을 소개해 주어야 한다.

* 하나님의 속성과 마음을 잘 풀어주려면:
① 목회자의 기도가 많이 있어야 한다.
② 성도들의 감성을 자극하라. -감성 에너지가 집중적으로 나오

는 프레임.

③ 열정으로 전하라.

④ 진정성을 담아라(공감 언어).

⑤ 반드시 내가 먼저 만난 하나님이어야 한다.

⑥ 오감(보고, 듣고, 만지고, 느끼고, 맛본) 언어를 사용하라.

*역시 끝에서는 직접 적용하라.

*GH 프레임/ 워크숍

(1) 창 12장 1~9절

어제 인터넷에서 일본 부자 1위 재일교포 3세인 손 정의 소프트 뱅크 회장의 기사를 유심히 읽었습니다. 그가 19세 때 세운 '50년 인생 계획'입니다. "20대 이름을 떨치고, 30대에 1,000억 엔의 운영자금을 마련하고, 40대에 승부를 걸고, 50대에 사업을 완성하고, 60대에 다음 세대에 물려준다는 것"입니다. 그때 적어도 300년은 살아남는 기업을 만든다는 것입니다. 그런데 그의 지금까지의 인생은 실제로 이루어졌고 이루어지고 있다고 합니다. 한 사람의 천재성과 자기 인생에 대한 열정이 위대한 인생을 만들 수 있다는 가능성을 읽을 수 있습니다. 하지만 우리에게는 그런 천재성이 없다고 할지라도 이 세상 70억 인류의 머리를 다 합해도 0.001%도 따를 수 없는 전능하신 창조주 하나님께서 우리 인생의 설계도를 작성하십니다.

그리고 아브라함처럼 나를 믿고 내 말대로 따라 살라고 하십니다. 그러면 내가 손 정의보다 뛰어난 아브라함 같은 인생을 살게 하시겠다고 하십니다. 여러분, 소프트뱅크는 300년을 갈지 모르지만, 하나님의 나라는 영원히 존재합니다. 그 나라에서 인정받고 그 나라에서 쓰임 받는 여러분 되시기를 축원합니다!

(2) 행 1장 1~5절

독일에서 신학박사 학위를 받고 신학대학 교수를 하는 이 모 목사가 중학생 딸을 때려죽이고 미라가 되도록 1년 가까이 방치했다가 붙잡혀 구속되었습니다. 이 사람이 과연 하나님 나라에서 왕이신 주님께 인정받을 수 있겠습니까? 신학박사 학위와 목사라는 직분이 하나님 나라의 왕이신 주님을 설득하고 감동을 줘서 천국 문을 활짝 열게 하시겠습니까? 하나님 나라의 시민답게 하나님께 순종하고 이웃을 사랑하고 성실히 사역을 감당할 때 비로소 하나님은 기뻐하시며 영원토록 아버지의 나라에서 해와 같이 빛나게 하실 것입니다.

5. HOW 프레임

*HOW 프레임의 대표적 질문

HOW의 대표적 질문은 두 가지가 있다. 하나는 하나님의 방법이고 다른 하나는 인간의 방법이다.

하나님의 방법으로 대표적 질문을 만드는 경우는 인간의 노력이나 의지보다 전적인 하나님의 은혜와 주권이 강조되는 경우이다. 그러나 인간의 경우는 인간의 헌신과 노력과 의지가 강조되는 경우이다.

*공식 1/ 하나님의 방법: 하나님 + 우리 혹은 FC + 어떻게 + TW하게 하시는가?

* 하나님의 방법으로 갈 때는 하나님의 은혜와 사랑이 강조된다.
 예문) 창 12장- '하나님께서 어떻게 아브라함으로 말씀을 따라가게 하시는가?'

*공식 2/ 인간의 방법: 우리 혹은 FC + 어떻게 + TW 할 수 있습니까?
* 아브라함이 어떻게 하나님의 말씀을 따라갈 수 있습니까?
* 이 경우에는 인간의 헌신과 의지가 강조된다.

1) HOW는 하위 프레임이다.
하수는 보이는 답을, 고수는 보이지 않는 답을 잡는다.

2) HOW는 방법이기 때문에 구체적이어야 한다.
 * 하나로 깊이 파고 들어가라.
 * 그러나 본문에서 확실하게 여러 가지(하나님의 방법과 인간의 방법)를 말할 때는 무시하지 말아라. 이런 경우는 먼저 에너지가 강하게 나오는 방법을 말하고 다음에 다른 방법을 말하는 것이 좋다.

3) HOW는 다른 프레임과 다르게 귀납적이 아니고 연역적 논리 방법이다.
 * 연역적 방법은 결론부터 말한다.

4) 청중 적용

* B에서 청중 적용은 어느 Frame이나 다 직접 적용하라.

5) B 프레임에서 B1(본문 사실)과 B2(해석)의 비율은 5:95가 되어야 이상적이다.

*HOW 프레임/ 워크숍

(1) 창 12장 1~9절
대표적 질문/ <u>우리가 어떻게 하나님의 말씀을 따라 살 수 있습니까?</u>

4절- "이에 아브람이 여호와의 말씀을 좇아갔고 롯도 그와 함께 갔으며 아브람이 하란을 떠날 때 그 나이 칠십오 세였더라"

여러분, 아브라함은 하나님의 말씀 따라 살기 위해서 먼저 갈대아 우르를 떠나야만 했습니다. 하나님께서 아브라함에게 일평생 잘 먹고 잘살 수 있는 갈대 아 우르를 떠나라고 하신 까닭은 거기서는 아브라함이 말씀 따라 사는 일이 힘들었기 때문입니다. 생각해 보십시오! 갈대아 우르에서는 계속 우상을 만들어 팔아야 합니다. 또 그 사업을 키우기 위해서는 더 많은 우상을 만들어야 합니다. 그러고는 하나님의 말씀을 따라 살 수 없습니다.

우리도 마찬가지입니다. 현대인의 우상은 무엇입니까? "그러므로 땅에 있는 지체를 죽이라 곧 음란과 부정과 사욕과 악한 정욕과 탐심이니 탐심은 우상 숭배니라" (골 3; 5)

그렇습니다. 현대인의 우상은 육신의 탐욕과 안목의 탐욕과 이생의 탐욕입니다. 남이 좋은 옷을 입고 있으면 나도 꼭 입어야 합니다. 남이 명품을 사 들고 다니면 나도 꼭 그렇게 해야 직성이 풀립니다. 이것이 우상 숭배입니다. 이 탐심을 버려야만 하나님의 말씀을 따라 살 수 있습니다. 그다음에는 적극적으로 말씀을 따라 순종해야 합니다. 순종이 없는 믿음은 죽은 믿음입니다. 아침에 일어나면 스마트폰을 들기 이전에 먼저 성경을 들어야 합니다. QT 책을 먼저 손에 들어야 합니다. 가장 먼저 눈을 뜨자마자 하나님께서 하루라고 하는 선물을 주셨는데 무엇 때문에 주셨는지 먼저 하나님께서 하시는 말씀에 귀를 기울여야 합니다. 그리고 하나님께서 주시는 말씀 붙잡고 오늘을 살게 해 달라고 성령님의 도움을 구하며 기도해야 합니다.

(2) 행 1장 1~5절

대표적 질문/ 우리가 어떻게 하나님 나라를 살 수 있습니까?

3~5절- "그가 고난받으신 후에 또한 그들에게 확실한 많은 증거로 친히 살아계심을 나타내사 사십 일 동안 그들에게 보이시며 하나님 나라의 일을 말씀하시니라, 사도와 함께 모이사 그들에게 분부하여 이르시되 예루살렘을 떠나지 말고 내게서 들은바 아버지께서 약속하신 것을 기다리라, 요한은 물로 세례를 베풀었으나 너희는 몇 날이 못 되어 성령으로 세례를 받으리라 하셨느니라."

왜 예수님께서 하나님 나라의 일을 말씀하시면서 함께 성령세례를 약속하십니까? 성령세례를 받고 성령 충만한 삶을 사는 사람이 힘차게 하나님 나라를 살 수 있기 때문입니다. 제주도가 중국인들에게 무비자 입국을 적용하면서 제주도에 입국해서 사라진 사람들이 무려 7천 명이라고 합니다. 아마도 이 사람들은 분명히 대한 민국 어딘가에 숨어 살 것입니다. 그리고 중국에서 1년을 일해야 버는 돈을 한 달만 일하면 벌 수 있을 것입니다. 그러나 그들은 여전히 대한민국 사람이 아닙니다. 그 결과 의료보험 혜택도 받지 못하고 투표권도 행사하지 못합니다. 더욱이 맘껏 활보하며 자유를 누리지 못하고 마치 두더지처럼 숨어서 지내야 합니다. 마찬가지로 많은 사람이 구원은 받았지만, 성령 충만하지 못함으로 하나님 나라의 축복과 특권과 혜택을 누리지 못합니다. 항상 사단 마귀에게 코가 꿰이어서 이 세상과 죄의 종노릇을 하면서 그것을 행복이라고 착각합니다. 하나님 나라의 왕이신 주님의 사랑도 누리지 못합니다. 그분의 통치를 받음으로 누리는 기쁨도 화평도 오래 참음도 자비도 양선도 충성도 온유도 겸손도 절제도 모른 채 살아갑니다. 성령 하나님의 통치를 받음으로 혈기도 분노도 교만도 아집도 버리고 새롭게 변화되는 삶도 살지 못합니다.

그러나 성령님의 통치를 받으면 내 안에 하나님의 나라가 이루어집니다. 그 결과 매일매일 변화되는 삶을 누리게 됩니다. 바로 하나님 나라의 왕이신 주님을 닮는 변화가 일어납니다. 하나님 나라의 실제적 소유는 변화로만 증명됩니다. 그리고 이 변화의 가장 표준적인 것은 성령의 9가지 열매입니다.

"사랑과 희락과 화평과 오래 참음과 자비와 양선과 충성과 온유와 절제"입니다.

사랑하는 여러분, 천국을 산다는 것은 모든 인간의 로망입니다. 하나님 나라는 이상형이 아닙니다. 실제입니다. 사실입니다. 그러므로 성령으로 충만 합시다! 반드시 천국을 사는 축복을 누립니다. 내 자아가 나를 지배하면 지옥을 살지만, 성령님께 지배받으면 천국을 삽니다.

*공식/ 방법이 하나님의 방법이면 하나님의 은혜를 7로 인간의 의지, 헌신을 3으로 하고 반대로 인간의 방법이면 인간의 의지, 헌신을 7로 하나님의 은혜를 3으로 프레임을 채우라.

*공식/ B 프레임의 총시간은 15~20분 정도로 한다. 다만 여러분 각자가 좋다고 생각하는 그리고 여러분의 청중이 요구하는 시간을 참고하기를 바란다.

*이의행의 꿀 TIP/

최근 과학계는 뇌 과학에 많은 관심을 기울인다. 뇌 과학의 발달로 이른 시일 안에 치매가 정복될 것이라는 예측이 나온다. 그런데 뇌과학자들의 연구에 의하면 사람의 뇌가 한 가지 주제를 완전히 자기의 것으로 만드는 데 걸리는 시간이 **46분이라고** 한다. 과거 심리학자들은 인간의 마음은 20분을 넘기면 지루하고 답답함을 느낀다는 이유로 그동안 설교 학계는 할 수 있으면 짧은 시간 안에 주제를 함축해서 전달하는 것이 효율적이라고 생각했다. 그래서 많은 설교 학자가 20분 설교 혹은 길어야 25분을 넘지 말 것을 강조했다. 그러나 지금은 미국이나 유럽 혹은 급성장하는 교회들이 있는 개발도

상국 교회들은 보통 설교가 1~1시간 30분씩 길어지고 있다. 여러분도 이것을 고려해서 각 프레임의 시간을 배정하기를 바란다. 나는 요즈음 보통 45~50분 설교를 한다. 원고는 12포인트로 160, 125로 보통 A4 용지 10~11매로 작성한다.

C (Convert) frame

B2를 B4, B5로 전환한다. (설교 전환, 영적 교훈, 연관, 적용, OW 중심 전개)

* C Frame 은 B Frame에서 다루어진 과거 성경을 근거해서 오늘을 사는 청중의 이야기를 하며 청중 속으로 설교자가 깊숙이 파고 들어가야 한다.
* C Frame은 청중의 문제해결과 영적 교훈을 주는 연관, 적용 Frame이다.

* **공식/** C Frame에 와서 비로소 OW(설교 목적 단어)가 등장한다.
* C Frame은 설교자 자신 속에서 나오는 말로 청중의 감성을 터치해 주라.
* B Frame에서는 이성, 지성을 통한 이해, 설득 에너지가 나온다면,
C Frame은 변화, 감성 에너지가 나와 변화시키는 청중 연관, 적용 관점이 되어야 한다. B의 성경 해석이 C에서는 청중 적용과 교훈으로 설교가 전환된다.

* B Frame, 이 In put이라면, C Frame은 Out put이다. 예를 들어 음식을 입에 넣고 먹는 것은 In put이라면 음식을 먹은 결과로 힘이 나고 기쁜 마음을 나타내는 것이 바로 Out put이다. 그러므로 B 프레임에서는 청중에게 하나님의 관점으로 본문을 풀어서 먹이는 것이라면 C 프레임은 B 프레임에서 하나님의 말씀을 먹었으니, 여러분은 그 말씀대로 살아야 한다고 청중의 삶에 연관성과 적용을 통해 하나님과 청중 사이에 다리를 놓아주는 역할이다.

1. PM(Point Message, 핵심 메시지) 프레임.

1) 예문- **히 12:1-5**
* OW: 믿음(2절)
* PM: "믿음은 날마다 힘써 예수를 바라보는 것이다."
* OW: 믿음(2절) TW: 바라보다. * STW: 예수 *CH:날마다, 힘써

2) PM을 만드는 세 가지 유형
 ***공식 1**/ OW + TW / 믿음은 바라보는 것이다.

 ***공식 2**/ OW + STW + TW / 믿음은 예수를 바라보는 것이다.

 ***공식 3**/ OW + CH + STW + TW / 믿음은 날마다 힘써 예수를 바라보는 것이다.

(CH= 캐릭터, 특징, 특성- 설교자가 이미지를 만들어 내는 것)

3) OW와 TW를 한 문장으로 연결한 영적 의미 설명
   FWF(Function Word Frame)(+ − +) (− + −) (− + + −)
   를 사용하라.

예를 들어 + − +의 FWF로 믿음은 날마다 힘써 예수를 바라보는 것이다.라는 핵심 메시지의 프레임 채우기를 하려면 이렇다. 먼저 +/ 만일 여러분에게 살아 있는 믿음이 있다면 여러분은 날마다 눈을 뜨자마자 가장 먼저 말씀을 통해 주님의 음성을 들을 것이다. 그리고 그 말씀 속에서 만난 예수님을 바라보며 하루를 출발할 것이다.

이제 −/그러나 여러분에게 믿음은 형식적이고 영적으로 깊은 침체에 빠졌다면 눈을 뜨자마자 무엇을 먹을까, 오늘은 누구를 만나서 즐겁게 지낼까만 생각할 것이다. 아마 여러분의 하루 속에 예수님은 손님으로 계시고 여러분의 주인은 여러분이거나 사단일 것이다.

마지막 마무리로 +/ 그러나 날마다 힘써 예수님만 바라보는 사람은 행복의 근원인 예수님께서 여러분의 친구가 되어 하룻길을 여러분과 동행하실 것이다. 그러므로 힘든 일을 만나도 어려운 환경을 만나도 주님께서 여러분에게 힘을 주시고 기쁨을 주셔서 불행하지 않은 하루를 살게 하실 것이다. 이런 식으로 PM 프레임 채우기를 하면 쉽고 또 청중에게 분명한 소리를 전할 수 있다.

4) B Frame의 WHAT, WHY, HOW를 OW로 설명해 주라.

5) C Frame에서는 설교자의 속에서 나오는 교훈으로 청중의 감성을 터치하라.

*PM 프레임/ 워크숍

(1) 창 12장 1~9절
PM(핵심 메시지) / "믿음은 하루하루 말씀 따라 사는 것입니다."

세계적인 전도자 빌리 그래함 목사님과 함께 사역하는 킴 윅스라는 시각장애인 성악가가 있습니다. 한국 전쟁 때 실명을 하고 보육원에서 자랐습니다. 어떤 미군 중사의 도움으로 미국으로 건너가 인디애나 주립대학에서 공부하고 오스트리아에서 성악을 공부해서 훌륭한 성악가가 되었습니다. 그가 예수님을 영접하자 지금까지 베푸신 하나님의 은혜가 너무 감사해서 빌리 그래함 전도 캠프에 합류해서 전도자로 활동합니다. 그가 이런 간증을 했습니다.

"사람들이 시각장애인인 나를 인도할 때 저 100m 앞에 뭐가 있다고 말하지 않습니다. 다만 바로 앞에 물이 있으니 건너뛰라고 말하고, 앞에 계단이 있으니, 발을 올려놓으라고 말합니다. 나를 인도하시는 분을 믿고 한 걸음 한 걸음을 옮기기만 하면 나를 인도하시는 분이 성실할 때 나는 내가 가고자 하는 목적지에 꼭 도착합니다." 이처럼 우리가 하루하루 말씀을 따라 살면 하나님께서는 우리의 인생 전체를 형통한 길로 축복과 성공의 길로 인도하십니다. 이런 하나님을 J. I. 페커는 {하나님을 아는 지식}이라는 책에서 이렇게 표현합니다. "우리가 현재 행동하기에 필요한 것 이상으로 미래에 대해 알려주신다거나 한 번에 몇 걸음씩 인도하시는 것은 하나님의 방법이 아니다" 그렇습니다. 우리는 시각장애인이 안내자를 믿듯이 인생의 목자 되시는 하나님을 전적으로 신뢰하고 하루하루를 믿음으로 말씀 따라 한 걸음씩 한 걸음씩 걸어가는 것입니다.

(2) 행 1장 1~5절

PM(핵심 메시지) / "성도는 이 땅에서도 하나님 나라를 삽니다."

우리는 예수를 믿고 구원받은 성도가 되었습니다. 성도의 진정한 국적은 하나님 나라입니다. 우리의 육신적인 국적은 대한민국이지만 영원한 국적은 하나님 나라입니다. 그러므로 구원받은 성도인 우리는 하나님 나라의 법인 말씀 따라 순종함으로 여기서부터 구원받은 사람에게 주시는 특권인 하나님 나라의 온갖 혜택을 누리며 살아야 합니다. 우리는 사람이 다스리는 나라보다 하나님께서 다스리시는 나라가 얼마나 좋은지 아는 사람들입니다. 이 세상 아무도 나를 위해 죽어주지 않습니다. 그러나 하나님 나라의 왕이신 예수님은 나를 위해 죽어주셨습니다. 나를 죄와 그 형벌과 저주로부터 영원히 구원하셨습니다. 주님은 그 사랑으로, 그 지혜로, 그 능력으로, 나를 하나님의 자녀답게 왕 같은 제사장답게 변화되도록 나를 통치하십니다. 그러므로 나는 매일 매일을 하나님 나라에서 일어나고 하나님 나라에서 살다가 하나님 나라에서 잠들어야 합니다. 우리는 순간순간 하나님 나라의 시민답게 말하고 생각하고 행동해야 합니다.

2. 성경 예화 프레임.

가주어(FC)의 증명, 본문에 가주어가 없는 경우는 다른 곳에서 끌어오라.

*공식/ 가주어가 OW + TW 한 내용과 결과를 말해주라.
* 설화체는 가주어가 OW+TW 한 결과를 설명하라.
* 강화체는 성경의 가상 가주어를 끌고 와서 OW+TW 한 것을 설명하라.

*성경 예화 프레임/ 워크숍

(1) 창 12장 1~9절

오늘 본문 이후에 보면 아브라함이 드디어 가나안 땅에 도착해서 여호와 앞에 제단을 쌓습니다. 갈대아 우르에서 벧엘까지는 자그마치 2,000km가 넘습니다. 몇 달이 걸렸는지 몇 년이 걸렸는지 모르지만, 분명한 것은 아브라함이 젖과 꿀이 흐르는 하나님께서 약속하신 땅에 들어왔다는 것입니다. 문제는 약속의 땅에 도착했는데 그 땅에 극심한 기근이 있습니다. 그래서 아브라함은 이집트로 내려갑니다. 거기서 하나님의 개입이 없었더라면 하마터면 아내 사래를 이집트의 바로에게 빼앗길 뻔했습니다. 우리도 큰 결단을 하고 말씀 따라가려고 하지만 처음부터 100% 성공하는 것은 아닙니다. 그때 비록 우리가 조금 실수해도 하나님께서는 우리 편이 되셔서 우리를 지키신다는 것입니다.

그 후 아브라함의 목자들과 롯의 목자들이 다투게 되자 롯은 미련 없이 약속의 땅을 떠나 소돔, 고모라로 내려갑니다. 그 결과 롯은 오랜 세월 후 마누라도 잃고 알거지가 되어서 목숨만 살아남습니다. 말씀 따라 살지 않고 부모처럼 의지하던 삼촌 따라왔다가 삼촌이 필요 없자 미련 없이 말씀을 버린 결과입니다. 그러나 조카를 떠나보내고 홀로 남은 아브라함은 고독하고 쓸쓸하고 힘들었지만 좁은 문, 좁은 길을 선택한 사람답게 믿음으로 끝까지 약속의 말씀을 붙잡고 살아갑니다. 그리고 하나님께서는 아브라함에게 100세가 되어 약속의 아들 이삭을 주시고 다시 먼 훗날 메시아를 그의 후손으로 보내십니다. 그뿐만 아니라 약속대로 아브라함의 후손이 오늘날 하늘의 별처럼 바다의 모래처럼 많게 하십니다. 그중에 저와 여러분이 그의 허리에서 나온 것입니다. 그는 자랑스러운 우리의 믿음의 조상입니다.

(2) 행 1장 1~5절

예수님께서 설교하신 산상수훈은 하나님 나라의 대헌장입니다. 예수님은 '천국 대헌장'을 말씀하시면서 가장 먼저 하나님 나라 시민의 인격성을 8가지로 규정하십니다. 심령이 가난한 자, 애통하는 자, 온유한 자, 의에 주리고 목마른 자, 긍휼히 여기는 자, 마음이 청결한 자, 화평하게 하는 자, 의를 위하여 박해받은 자입니다. 시간상 8가지 성품의 특성을 다 말씀드릴 수는 없습니다.

심령이 가난하다는 것은 겸손해서 자신은 철저히 죄인이요 악한 사람임을 인정합니다. 또 자신의 무능함과 어리석음을 인정합니다. 그래서 하나님을 돈보다, 자기보다 더 간절히 의지하는 사람을 말합니다. 화평하게 하는 사람은 자아를 죽이고 자존심과 욕심을 버리고 평화의 주인이신 하나님께 순종하는 사람을 말합니다. 그리고 이런 성품은 거듭남으로 하나님의 형상이 회복되고 하나님 나라의 백성이 되어서 성령님의 통치를 받는 사람의 성품입니다. 지금 우리 그리스도인들이 세상 사람들에게 욕을 먹고 비난받는 이유가 무엇입니까? 예수 믿는 우리가 세상 나라 사람들보다 성품이 훨씬 못되었기 때문입니다.

반면에 초대 예루살렘 교회 성도들은 가난하고 어려운 고아와 과부들을 돌보고 나누어주고 베풀고 배려하고 존중합니다. 자연히 세상 사람들과 구분이 되고 그들로부터 칭찬을 받았습니다. 초대교회 성도들은 하나님 나라를 누리며 살았고 한국교회 성도들은 하나님 나라에 무지하고 무관심합니다. 그 대신 세상 나라에 대해서는 세상 사람들보다 더 관심이 많고 열심히 특심합니다. 우리는 통곡하며 가슴을 치며 회개해야 합니다.

3. 예화 프레임

존 스토트-"참된 설교는 성경의 세계와 현실의 세계에 다리를 놓는 것이다." 그런데 설교가 이렇게 다리 놓는 작업을 할 때 아주 중요한 자료가 있는데 바로 예화다. 그래서 예화는 청중이 우리가 사는 이 세상과 성경 진리가 밀접하게 관련되어 있다는 사실을 깨닫게 해준다. 또 예화는 육의 세계와 영의 세계 사이의 간격도 연결하는 중요한 역할을 한다.

* 같은 예화를 반복하지 말라.

* 물리지 않는 예화를 끊임없이 발굴하라.

요즈음은 예화 사이트가 많아서 잘 활용하면 얼마든지 좋은 예화를 발굴할 수 있다. 나의 경우는 물리지 않은 예화를 사용하기 위해서 주제별로 끊임없이 새로운 예화를 스크랩해서 필요할 때 꺼내어 사용한다.

* 예화의 중요성

① 성경 자체가 예화로 가득 차 있다.

② 예화가 육과 영의 세계를 좁혀 주는 충분한 역할을 하게 한다.

③ 예수님께서도 예화를 사용하셨다. (성경의 3/4 이야기로 구성되어 있다. 산상수훈에는 비유가 56개가 들어 있다는 신약학자들의 연구 결과이다.)

* 예화를 하는 이유

① 예화는 진리에 대한 이해를 돕는다.

② 예화는 진리를 오래 기억하게 한다.

③ 진리가 일상생활과 밀접하게 연결되어 있음을 입증해 준다.

④ 예화는 관심을 끌고 청중을 집중하게 한다.

⑤ 예화는 행동을 유발한다.

* 예화 사용의 주의점

① 설교의 보조 자료이다.

② 사실을 말하는 예화가 좋다. ―다만 예수님은 창작 예화를 사용하셨다.

③ 긍정적 예화가 좋다. 설교의 목적과 목표가 잘 드러나야 한다.

*공식/ 예화의 결론은 반드시 OW와 TW로 맺어야 한다. 명심하기를 바란다.

*예화 프레임/ 워크숍

(1) 창 12장 1~9절

어느 아버지가 고3 아들에게 대학에 합격하면 자동차를 사주겠다고 약속합니다. 아들은 열심히 공부해서 대학에 합격했습니다. 그런데 기다려도 아버지는 아무 말씀이 없습니다. 보따리는 싸서 학교 기숙사로 떠나는 날, 아버지는 아들에게 성경 한 권을 주면서 이릅니다. "매일 쉬지 말고 읽어라, 그리고 오늘 저녁에는 빌 4장을 꼭 읽어라!" 그 순간 아들은 시큰둥해서 집을 떠났습니다. 그리고 4년 동안 한 번도 성경을 읽지 않은 채 대학을 졸업합니다. 졸업식 날 아버지는 아들을 차에 태워 오면서 "내가 읽으라고 준 성경책 어디 두었니?" 하고 물었습니다. "글쎄요, 책장 어딘가에 있겠지요" 하고 볼멘소리로 대답을 합니다. 아버지는 집에 돌아와 딱하다는 표정으로 그 성경을 찾아서 빌 4; 19절을 읽어보라고 합니다. 아들은 책장에서 먼지 묻은 성경을 찾아서 **빌 4; 19절**을 읽습니다. "나의 하나님이 그리스도 예수 안에서 영광 가운데 그 풍성한 대로 너희 모든 쓸 것을 채우시리라,"는 말씀과 함께 하얀 봉투가 하나 들어 있습니다.

무슨 봉투인가 하고 열어보니 그 속에는 "대학 합격을 축하한다"라는 아버지의 축하 메시지와 함께 자동차 교환권 한 장이 들어 있었습니다. 아버지의 말씀을 따라 시키는 대로 했더라면 4년 전부터 멋진 자동차를 운전할 수 있었을 텐데 4년간을 책 속에 묻어둔 것입니다. 성경은 하나님 아버지의 약속 보증수표입니다. 믿고 말씀 따라 살면 우리 인생이 축복된 인생이 됩니다.

(2) 행 1장 1~5절

미국 시골 마을에 새벽기도를 열심히 하는 성도가 있었습니다. 어느 날 기도하는 그에게 성령께서 말씀하십니다. 그의 앞에 앉아 기도하는 청년에게 통장에 들어있는 재산을 다 주라는 것입니다. 그것도 그날 당장 주라는 것입니다. 처음에 그는 황당한 그 생각을 무시합니다. 얼굴도 모르고 이름도 모르는 사람에게 왜 주어야 하는지 이해가 가지 않았기 때문입니다. 그런데 기도하면 할수록 그 음성은 더욱 확실해졌습니다. 미국 사람들은 지갑에 현금이 없어도 은행 통장 잔액만큼 수표 액수를 적어주면 그 돈이 다 빠져나갑니다. 순간 그는 하나님께 항의합니다. '하나님 어떻게 그렇게 합니까? 저는 무엇으로 살고요? 저는 부자도 아니잖아요, 주님이 아시잖아요.'

그렇지만 계속 성령님께서 강하게 말씀하셔서 어쩔 수 없이 기도를 마치고 나가는 그 청년을 따라 나갔습니다. 그 청년에게 은행 잔액의 전 재산을 적어 수표를 건네주었습니다. 순간 청년은 수표에 적힌 액수를 보고 펑펑 울기 시작합니다. 그리고 말합니다. 사실은 하나님께서 계속 신학교에 가라고 말씀하셔서 작정한 새벽기도 마지막 날까지 등록금을 마련해 주시면 신학교에 가겠다고 했습니다. 그런데 오늘이 그 마지막 날이고 또 정확한 등록금 액수입니다. 결국 그 청년은 신학교에 갔고 졸업 후 그 집사님이 다니는 농촌교회에서 목회했습니다. 하나님 말씀에 순종해서 하나님 나라의 시민으로 사는 집사님과 하나님 나라의 왕이신 주님께 순종해서 신학교에 간 목사님과 함께 교회를 섬기니 얼마나 아름다운 교회가 세워지겠습니까?

* 공식/ C 프레임의 시간은 4~5분 정도가 적절하다.

그러나 청중의 레벨을 고려하여 **7~8분 정도**로 충분히 교훈과 연결과 적용을 하는 것도 아주 유익하다고 생각한다. 설교의 에너지는 변화 에너지가 가장 중요하기 때문에 변화 에너지를 만들어 내는 연결과 적용을 집중적으로 활용하는 것은 굉장히 유익하다. 참고로 명성교회의 원로 목사인 김삼환 목사님은 설교에서 거의 B 프레임은 없고 90% 이상이 C 프레임이라고 해도 과언이 아니다. 그런데 명성교회 성도들은 이런 설교에 중독이 되었다고 한다. 여러분은 분별력을 가지고 어떤 설교가 하나님 나라의 백성으로 부름을 받은 청중을 변화시키는지를 잘 분별함으로 그런 설교자가 되기를 힘써야 한다.

D (Determination frame) 프레임

1. 적용, 결단, 복 프레임

1) 적용

설교의 마무리다. (설교 전체 요약: WHAT, WHY, HOW의 핵심 요약)
*공식/ C Frame 전체는 간접 적용이지만, <u>D는 반드시 직접 적용하라.</u>

* 설교 적용의 4가지 영역
① 그리스도인의 의무: 사명, 책임, 의무이다. 전도, 선교, 예배 등.
② 그리스도인의 성품: 그리스도인으로서 어떤 성품을 가질 것인가?

이때 그리스도인의 성품은, 팔 복, 성령의 9가지 열매, 고전 13
장의 사랑의 다양성 같은 것이다.

③ 그리스도인의 목표: 그리스도인으로서 어떤 목표를 가지고 살
아갈 것인가?

예를 들면 '하나님 나라와 그의 의를 구하라'는 것 같은 큰 목표
를 말한다.

④ 그리스도인의 분별력: 그리스도인이 어떤 분별력을 가지고 살
아가야 하는가? 선악에 대한 분별력이나 가치관에 대한 분별
력이나 하나님의 뜻에 대한 분별력 같은 것을 말한다.

* **공식/** 4가지 중 하나의 영역만을 선택하여 집중적으로 적용하라.

2) 결단

1) 결단 Item: OW + TW를 보고, 결단 Item을 만들어라.

2) 행동: 구체적인 행동 제시

예) 특 새 : 9시 이후에 TV 전원을 꺼라. 알람 시계를 맞추라.

목장 식구들에게 서로 연락하기.

3) 촉구: 결단 Item에 대한 촉구

4) 복: 결단 Item을 순종했을 때 받는 복을 말한다.

자신이 영적인 잠에서 깨어나게 된다. 기도 응답을 체험한다.

공동체를 사랑하게 된다 등.

3) 복

B'1- 육 적인 복, B' 2- 정신적인 복, B'3- 영적인 복

OW + TW 하여 가주어가 받은 복이다.

예)룻이 자기 행복을 추구하지 않고 하나님 여호와 신앙을 선택했을 때 받는 복/ B' 1의 복(육체적인 복): 보아스를 만난 것, B '2의 복(정신적인 복): 생활을 걱정 안 해도 됨, 이방인으로 평안, B' 3의 복(영적인 복): 메시아의 조상이 됨.

1) 적용, 결단, 복 프레임/ 워크숍

(1) 창 12장 1~9절

오래된 영화 중에 [지붕 위에 바이올린]이라는 영화가 있습니다. 그 영화에서 인상적인 대사 하나가 있습니다. 주인공 테비어 부부는 첫딸 자이텔이 돈 많고 나이 많은 부자에게 시집가기를 원합니다. 그러나 딸은 그 결혼을 죽기보다 싫다며 말합니다. "엄마, 전 아직 스무 살도 안 됐잖아요?" 그때 엄마가 말합니다. "네가 젊음이 얼마나 빨리 가는지 몰라서 그렇게 말하는구나! 이제 순식간에 마귀가 돼버려!" 그렇습니다. 시간이 얼마나 빨리 자는지 모릅니다.

저는 요즘 시속 몇백 킬로로 달리는 것 같습니다. 세월은 젊음도 정력도 열정도 순식간에 삼킵니다. 저기 꽃꽂이를 보며 아름답다! 감탄했는데 1주일 후면 쓰레기통으로 들어갑니다. 아무리 젊고 싱싱한 인생도 마찬가지입니다. 짧은 인생! 어떻게 복되고 가치 있는 인생으로 만들 수 있는가! 아브라함처럼 믿음으로 말씀 따라 사는 것입니다. 이것밖에 다른 비결은 없습니다. 하나님께서는 믿음으로 말씀 따라 사는 아브라함을 친구로 삼아주십니다. 여러분! 하나님을 친구로 삼는 인생이 되시길 축원합니다.

PM(핵심 메시지)/"믿음은 순간순간 말씀을 따라 사는 것입니다."

(2) 행 1장 1~5절

창세기부터 요한 계시록까지 성경의 두 가지 큰 주제는 첫째는 구원이고 둘째는 하나님 나라입니다. 메시아이신 예수님께서는 구원을 이루시고 하나님 나라의 왕이 되십니다. 그러므로 우리가 예수님을 믿으면 구원을 받고 하나님 나라의 왕이신 예수님의 통치를 철저히 받으면, 하나님 나라를 누립니다. 우리가 대한민국 국적을 가지고 대한민국에 살지만, 대한민국의 법을 어기면 처벌을 받고 벌금을 내고 교도소에도 갑니다. 마찬가지로 하나님 나라 백성인 구원받은 우리가 왕이신 주님의 통치를 받지 않고 하나님 나라의 법인 말씀에 불순종하면 사단 마귀의 종이 됩니다. 그 결과 하나님의 자녀이면서도 지옥을 삽니다. 만일 이런 생활이 계속되면 하나님의 징계와 심판을 받습니다. 그러나 다시 돌이켜 회개하고 성령님의 통치를 받으면 회복해 주시고 치료해 주십니다.

우리가 하나님의 자녀로 하나님 나라를 누리는 것은 우리가 주님과 함께 하나님 나라를 세우기 위해서입니다. 우리가 하나님 나라를 누리고 살면 우리도 행복하고 세상 사람들의 칭찬도 받고 하나님께도 영광이 돌려지고 하나님 나라가 든든히 세워지고 확장됩니다. 그러나 우리가 하나님 나라를 살지 않으면 우리도 불행하고 하나님의 영광도 가리게 되고 하나님 나라의 일도 쇠약해집니다.

PM(핵심 메시지)/"성도는 날마다 하나님 나라를 살아야 합니다."

* 공식/ 1) 지저스 프레임의 마무리는 반드시 핵심 메시지로 끝을 맺는다.

2) D 프레임은 적용, 결단, 복을 하나의 프레임 속에 묶어서 한 프레임이다.

3) D 프레임의 시간은 2~3분으로 합니다.

* 지저스 프레임 순서별 정리

A 프레임/ (인사와 축복) 1. AC 프레임 2. 본문 프레임 3. 성경 ISSUE 프레임 4. 청중 ISSUE 프레임

B 프레임/ 1. TW 설명 프레임 2. WHAT FOR 프레임 3. WHY 프레임 4. GH (하나님의 마음, 속성) 프레임 5. HOW 프레임

C 프레임/ 1. PM(핵심 메시지) 프레임 2. 성경 예화 프레임 3. 예화 프레임

D 프레임/ 1. 적용, 결단, 복 프레임

이상. 13개의 서브 프레임으로 구성됨.

〈 지저스 프레임 7대 과제 〉

1. 프레임을 정복하라.
2. 콘텐츠를 확보하라-성경 해석, 교리, 신학, 독서, 논리성 확보.
3. 에피소드를 개발하라--간증, 예화 등
4. 프레임 채우기를 연마하라--논리 프레임을 연마하라.
5. 전달 기술을 연마하라-스피치, Emotion, Face Control
6. 하나님의 관점을 정복하라. -본문을 붙들고 기도하라.
7. 영성을 부단히 개발하라--하나님 사랑과 이웃 사랑, 기도.

*프레임 적 사고를 하라

기계적 사고- 성경적 사고로 성경에 있는 것만 가지고 생각한다.

목회적 사고- 적용 적 사고로 유연성을 가지고 목회의 현장을 주시한다.

* 독일의 격언- "연습이 대가를 만든다."

아무리 좋은 프레임을 잡았어도 자신의 것으로 만들지 않으면 다시 3 Point 설교로 되돌아간다. 다음 세대를 붙잡는 설교는 반드시 프레임 설교이다. 그러므로 부단히 프레임을 반복 연습하고 또 하나님의 관점을 잡기를 훈련해야 한다. 혼자서 하기 힘이 들면 행복한 설교 아카데미에서 진행하는 훈련 프로그램에 들어오면 훨씬 쉽게 코칭을 받게 되고 이른 시일 안에 프레임을 정복한다. 설교는 프레임이 만든다. 그러므로 프레임을 정복하면 설교를 정복한다. 그리고 프레임 사용법이 향상될수록 설교 역시 함께 급속도로 향상된다.

* 헤밍웨이- '무기여 잘 있거라'의 마지막 장면을 탈고하면서 39번 고쳐 썼다.

기자: 선생님, 글 잘 쓰는 비결을 알려주십시오.

"글을 잘 쓰는 비결은 따로 없고 타자기 앞에 앉아서 피를 철철 흘릴 뿐이다."

'窮卽變 變卽通 通卽久'"궁하면 사람이 변하고 변하면 통하고 통하면 오래간다."

* Jesus Frame 용어 해설

① OW : Object word, 목적 관점, 목적 단어

② TW : Target word, 목표 관점, 목표 단어

③ STW : Sub Target word

④ B1: Bible 본문 B2: 본문 해석 B3: 신학 B4:은혜와 교훈

   B5: 연관 B6: 적용 B7: 결단 B8: 축복 B9: 논리 B10: 전달력

⑤ FC : Focus, 가주어

⑥ CP : Counter Part, 상대자

⑦ CH : character, 특징 · 특성, 이미지

⑧ FWF : Function Word Frame, + − +

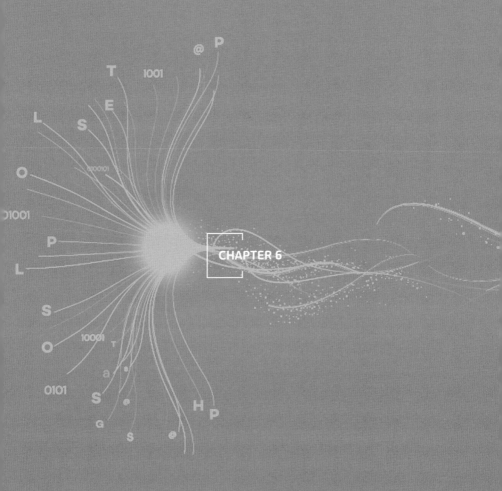

CHAPTER 6

JESUS FRAME 설교 전문

1) 본문: 마 26장 6~13절 제목: "어느 가난한 마을에서 일어난 일"

OW; 감사 TW; 드리다, STW; 계산하지 않고 FC; 마리아, 청중

A

인사 /

축복 /

AC(청중 접촉)/주님을 사랑하는 사람들의 마음 한편에는 빨리 천국에 가고 싶어 하는 마음이 자리 잡고 있습니다. 사도 바울은 빌립보교회 성도들에게 자신의 심정을 말하면서 "자신은 차라리 빨리 세상을 떠나서 주님과 함께 있는 것이 훨씬 더 좋은 일이라고 합니다. 그러나 살아서 있는 것이 빌립보교회 성도들을 위해 더 유익하므로 살고 있다,"고 고백합니다. 하여튼 신실한 성도들은 고향을 그리워하듯이 본향인 천국을 사모합니다. 그런데 우리가 사모하는 천

국에는 목사도 전도사도 선교사도 사모도 권사도 장로도 교회학교 부장이나 당회원도 성가대원도 교회학교 교사도 없습니다.

왜냐면 천국에서 우리의 업무는 모든 구원받은 성도들이 오직 삼위일체 하나님께 감사하며 예배하는 것만 있기 때문입니다. 이 땅에 있는 동안에는 목사이면서 예배자일 수도 있고, 사모나 교사이면서 예배자일 수 있습니다. 그러나 천국에 가면 모든 성도는 오직 신령과 진정으로 삼위일체 하나님께 감사하는 업무만 할 것입니다. 하나님은 모든 것을 아시는 분이십니다. 금덩이가 어디에 감추어져 있는지, 유전이 어느 바닷속에 들어 있는지, 엄청난 다이아몬드 광석이 어느 산속에 매장되어 있는지 손가락으로 콕 집어낼 수 있습니다. 그러나 하나님께서 끊임없이 찾으시는 보물은 금덩이나 유전이나 다이아몬드가 아닙니다. 하나님께서 오늘도 온 땅을 두루 살피시면서 두 눈을 크게 뜨고 찾으시는 보물은 신령과 진정으로 계산하지 않고 감사하는 성도입니다.

본문 (배경, 요약, 인물 설명) / 예수님의 공생애 동안 기름을 붓는 사건이 두 번 발생합니다. 누가복음에서 1번, 마태, 마가, 요한복음에서 1번입니다. 오늘 예수님께 부어진 기름은 나드 향입니다. '**나르도르타키스 자타만시**'라고 불리는 히말라야산맥에서 나는 향나무 뿌리에서 추출되는 향기로운 점액성 액체입니다. 나드 향은 한 옥합의 가격이 예수님 당시 무려 300데나리온을 호가했습니다. 예수님 당시 이런 귀한 나드 향은 1) 집을 방문한 귀한 손님의 머리에 바릅니다. 2) 거룩하게 하는 고대적 예식에서 사용합니다. 3) 귀족들의 장례식 때 시신에 사용합니다. 4) 왕이 즉위할 때, 왕의 머리에 붓습니다. 5) 제사장의 임직식 때, 6) 그리고 선지자로 세워질 때 부어졌습니다.

그런데 마리아는 이 비싼 옥합을 깨뜨려 몽땅 예수님의 발과 머리에 부었습니다. 그리고 자기의 머리털로 예수님의 발에 부은 기름을 발라 드립니다. 이것을 본 가룟 유다와 다른 제자들이 마리아를 책망합니다. 쓸데없이 값비싼 물건을 허비한다고. 차라리 그것을 팔아서 가난한 사람들을 도와주는 것이 훨씬 좋았을 것이라고 말합니다. 그러나 예수님의 생각은 달랐습니다. 마리아는 나의 장례를 준비했다고 하시면서 복음이 증거되는 곳이면 어디서든지 온 천하에 이 여인의 행한 일을 말해서 여인의 일을 기념하라고 하십니다.

성경 ISSUE / 지금 베다니, 나병환자 시몬의 집에서는 예수님을 위한 잔치가 벌어지고 있습니다. 여기에는 죽은 지 4일이 지났는데 예수님께서 살려주신 나사로와 동생 마르다와 마리아도 참석했습니다. 아마 흥이 넘치는 동네잔치였을 것입니다. 그런데 잔치가 한참 무르익을 즈음 마리아가 300데나리온이나 하는 비싼 옥합을 깨뜨려 예수님의 머리에 부어드립니다. 순간 예수님과 함께 참여해서 잔치를 즐기던 제자들이 갑자기 분기탱천합니다. 이 어마무시한 금액의 향유를 팔아 가난한 사람들을 도와주면 얼마나 좋겠느냐는 것입니다.

저도 잠깐이지만 제자들의 편에 한 표를 던지고 싶습니다. 당시 1데나리온은 한 사람의 하루 노동의 일당입니다. 요즈음 한국 남자의 하루 노동 시장 일당은 20만 원입니다. 그러면 300데나리온은 6천만 원입니다. 이 돈이면 가난한 한 사람에게 20만 원씩만 도와줘도 300명의 사람을 구제할 수 있습니다. 지금까지 제자들이 예수님을 따라다니면서 배운 것이 무엇입니까? 병든 자와 외로운 자와 무시당하는 자와 가난한 자들의 친구가 되는 것 아닙니까? 그러면 예수님의 가르침을 실천할 좋은 기회를 지금 마리아는 아무 생각 없이 한 방에 날려버린 것입니다. 그러니 제자들 처지에서는 얼마나 열을 받겠습니까? 그리고 마리아가 이런 일을 하려고 할 때 재빨리 선생님이신 예수님께서 쓸데없는 낭비를 하지 말라고 만류하셨으면 제자들이 역시 우리 선생님은 말로만 가르치지 않고 몸소 우리에게 본을 보인다고 하면서 얼마나 감동하겠습니까? 그런데 예수님의 반응은 평소와는 전혀 다른 예상치도 못한 반응입니다.

9~11절- "너희가 어찌하여 이 여자를 괴롭게 하느냐 그가 내게 좋은 일을 하였느니라, 가난한 자들은 항상 너희와 함께 있거니와 나는 항상 함께 있지 아니하리라"

이 말씀이 여러분도 놀랍지 않습니까? 화려하고 권세 있는 하늘 보좌도 내려놓고 오셔서 장차 당신의 목숨까지도 내주실 예수님이십니다. 그런데 마치 보잘것없는 저희 같은 생각을 하시며 자신을 위해 과소비하는 마리아를 칭찬하십니다. 잠시 예수님의 생각이 무슨 생각인지 저는 잘 이해가 되지 않았습니다.

우리가 지금 나병환자 시몬의 집에서 벌어지는 이 옥합을 깨트린 마리아의 행동을 거두절미하고 제자들처럼 돈으로만 계산하면 얼마든지 마리아의 행동에 대해 시비를 걸 수 있는 여지가 많이 있습니다. 그런데 마리아가 왜 이런 엄청난 허비를 했는지에 대해 깊이 관찰하고 살피면 우리도 마리아의 행위에 대해 다른 생각을 할 수 있을 것입니다. 그런데 우리는 잘 모르지만, 제자들은 마리아와 예수님 사이에서 있었던 일에 대해 속속들이 알고 있으면서도 이런 반응을 보이는 것은 좀 지나치다 못해 예수님 입장에서는 섭섭하셨을 것입니다. 제가 하는 말에 대해 여러분은 설교를 들으면서 다시 생각해 보시기 바랍니다.

청중 ISSUE / 오늘은 우리가 일 년에 한 번 작정하고 드리는 추수 감사 주일입니다. 물론 전반기 6개월을 보내고 후반기를 맞으면서 맥추 감사 주일을 지키는 때도 있습니다. 그러나 사실 오늘은 올 한 해를 돌아보면서 하나님께서 우리에게 베푸신 은혜를 생각하면서 드리는 감사 예배입니다. 그런데 우리가 기도를 힘써야 할 수 있는 것처럼 감사 역시 힘써야만 된다는 것입니다. 부모에게 효도하는 것은 따지고 보면 부모에게 받은 사랑을 감사하는 보답입니다. 그런데 이 효도는 힘쓰지 않으면 쉽지 않습니다. 부모를 생각하는 것보다 나를 생각하는 것이 훨씬 본능적이기 때문입니다. 그런데 부모는 날마다 보기라도 하지만 하나님은 눈에도 보이지 않습니다. 그러니 하나님을 향해 감사하기가 하늘의 별 따기처럼 어렵다는 것을 우리는 먼저 인정해야 합니다.

그래서 **보세스 몬티피올**은 "생각하고 감사하라,"는 좌우명을 가지고 살았습니다. 생각하지 않고 연구하지 않고 힘쓰지 않고는 감사가 되지 않습니다. 그런데 우리는 항상 감사는 쉽다고 착각합니다. 감사가 힘든 이유는 우리는 부패한 본성을 가지고 있어서 잊어버려야 할 것은 잊어버리지 않고 기억해야 할 것은 잊어버립니다. 이스라엘 백성들이 4백 년 동안 노예로 살던 이집트에서 해방되어 홍해의 기적을 맛보고 젖과 꿀이 흐르는 가나안을 향해서 갑니다. 하나님께서 쉽고 빠른 블레셋 땅을 돌아 광야로 인도하십니다. 이유는 블레셋 사람들과 전쟁하면 이스라엘이 겁이 나서 이집트로 돌아갈 것을 염려하셨기 때문입니다. 그런데 이스라엘 사람들은 조금 전에 경험한 수많은 기적과 구원의 은혜는 다 잊어버리고 홍해 앞에서부터 하나님께 불평하고 원망합니다.

이것이 그들만의 일이 아니고 우리도 마찬가지입니다. 우리는 하루도 빠짐없이 순간순간 산소를 마시고 물을 마십니다. 값없이 햇빛을 누립니다. 값없이 하나님께서 주시는 것이지만 값으로 살 수 없는 생명 유지의 필수품입니다. 이런 것에 대해서 우리는 한 번도 감사하는 일이 없지 않습니까? 그런데 오늘 마리아는 어마무시한 감사를 합니다. 마리아도 사람인지라 아마 3백 데나리온의 옥합을 들고 값을 계산했더라면 예수님께 감사를 드리지 못했을 것입니다.

B
TW 설명/ 오늘 마리아가 드린 나드 향은 유대 여인들이 평소에 돈이 생기면 옥합을 사서 한 방울씩 옥합에 부어 마치 저축하듯이 모은다고 합니다. 마리아가 300데나리온의 향유를 모으는 데는 아마 자신이 돈을 만지면서부터 평생을 모았을 것입니다. 마치 피 같은 물건입니다. 그것을 한두 방울쯤 떨어뜨린 것이 아니라, 옥합을 통째로 깨서 전부를 주님께 부어드립니다. 한 방울도 남김없이 몽땅 부어드립니다. 아마 마리아는 자기가 주님께 받은 은혜를 생각하니 이 300데나리온의 향유는 값으로 계산할 가치조차 없는 것이었을 것입니다.

그런데 제자들은 마리아의 마음은 안중에도 없고 오직 300데나리온이라고 하는 돈만 계산한 것입니다. 열심히 계산기를 두드리니까 300데나리온 이상에 팔 수 있었는데…. 그 돈이면 많은 가난한 사람들을 구제할 수 있다는 것입니다. 그런데 이 사건을 똑같이 기록한 사도 요한은 좀 더 날카롭게 이 사건을 살폈습니다.

요 12장 4~6절- "제자 중 하나로서 예수를 잡아 줄 가룟 유다가 말하되, 이 향유를 어찌하여 삼백 데나리온에 팔아 가난한 자들에게 주지 아니하였느냐 하니, 이렇게 말함은 가난한 자들을 생각함이 아니요, 그는 도둑이라 돈궤를 맡고 거기 넣는 것을 훔쳐 감이러라"

여러분, 이 사건의 숨은 진실은 바로 이것입니다. 마리아의 감사에 시비를 건 것은 가룟 유다였습니다. 그는 돈을 계산하는 사람입니다. 우리도 마찬가지일 수 있습니다. 받은 은혜를 계산하는 것이 아니라 감사해야 할 돈을 계산하면 인색해지고 아까워집니다. 그러므로 진정한 감사는 받은 은혜를 계산할지언정 내가 드릴 감사는 계산하지 않는 것입니다. 어떤 분이 연말정산 때 자신이 헌금한 기부금 내용을 보면서 그동안 헌금을 너무 많이 했다는 것에 놀랐고, 그런데도 넉넉히 먹고 사는 데 별 지장 없었다는데 놀랐고, 그렇게 많은 헌금을 한다는 것을 알면서도 자신이 교회를 떠나지 않고 있는 것에 놀랐다고 합니다. 어쩌면 마리아는 평소에 먹고 싶은 것이 있어도 먹지 않았을 것입니다. 예쁜 옷을 사고 싶은 마음이 생기면 한 벌 옷으로 만족해하시는 주님을 생각했을 것입니다. 마리아는 택시를 타고 싶으면 버스를 타고 버스를 타고 싶으면 걸었을 것입니다. 이렇게 마리아는 돈을 모았습니다. 자신과 가족들의 안락한 노후를 생각하고 모은 노후 자금일 수 있습니다. 그러나 주님께서 자신과 가족에게 베푸신 사랑을 생각하니 이런 것, 저런 것을 계산할 마음이 사라진 것입니다. 그래서 도저히 상상할 수 없는 감사를 할 수 있었던 것입니다.

WHAT FOR/ 여러분, 우리가 하나님께 드릴 때 무엇 때문에 계산하지 않고 드려야 합니까?

<u>우리가 하나님께 받은 것은 돈으로는 계산할 수 없는 영원한 생명을 받았기 때문입니다.</u> 이 사건은 마태복음과 마가복음과 요한복음이 함께 기록합니다.

요 12장 1~3절- "유월절 엿새 전에 예수께서 베다니에 이르시니 이곳은 예수께서 죽은 자 가운데서 살리신 나사로가 있는 곳이라, 거기서 예수를 위하여 잔치할새 마르다는 일을 하고 나사로는 예수와 함께 앉은 자 중에 있더라, 마리아는 지극히 비싼 향유 곧 순전한 나드 한 근을 가져다가 예수의 발에 붓고 자기 머리털로 그의 발을 닦으니 향유 냄새가 집에 가득하더라"

바로 앞에 **요 11장에** 보면 죽은 지 나흘이나 되어서 벌써 썩어서 냄새가 나는 마리아의 오라버니 나사로의 무덤에 가신 예수님께서 나사로야 나오너라! 하심으로 죽었던 나사로를 다시 살리시는 사건이 있습니다. 이렇게 마리아와 나사로와 마르다 가족은 예수님으로부터 부활의 새 생명을 선물로 받았습니다. 이 부활의 영원한 생명은 값으로 계산할 수 없는 것입니다. 천하를 주고도 얻을 수 없는 것이 바로 우리가 구원받은 새 생명입니다.

이 구원의 생명을 삼성 회장 이재용 씨가 소유한 모든 재산을 다 동원한다고 살 수 있습니까? 세계 최고의 부자인 테슬라의 회장 일론 머스크가 소유한 **255조** 원의 재산을 투자한다고 우리가 얻은 구원의 새 생명을 살 수 있습니까? 여러분, 우리는 계산이 불가능한 구원을 받았습니다. 그러므로 우리는 마리아처럼 하나님께 그리고 주님께 계산하지 않고 드리는 감사를 해야 합니다.

눅 21장 1~4절- "예수께서 눈을 들어 부자들이 헌금함에 헌금 넣는 것을 보시고, 또 어떤 가난한 과부가 두 렙돈 넣는 것을 보시고, 이르시되 내가 참으로 너희에게 말하노니 이 가난한 과부가 다른 모든 사람보다 많이 넣었도다, 저들은 그 풍족한 중에서 헌금을 넣었거니와 이 과부는 그 가난한 중에서 자기가 가지고 있는 **생활비 전부를 넣었느니라** 하시니라"

여러분, 우리가 계산하지 않고 하나님께 드린다는 것은 많은 것을 드린다는 말이 아닙니다. 정말 이 가난한 과부처럼 내일의 끼니를 걱정하지 않고 자기의 전부를 드리는 것을 말합니다. 우리가 이렇게 계산하지 않고 우리 전부를 드리는 이유는 우리가 받은 엄청난 구원의 새 생명 때문입니다. 이 새 생명은 바로 하나님 아버지께서 당신의 독생자를 이 세상에 사람으로 보내시고 또 친히 십자가에서 우리 대신 죗값을 치르심으로 얻은 것입니다. 사실 이 생명은 하나님 아들의 목숨값으로 얻은 것입니다. 그러니 우리가 가진 모든 것을 다 드린다고 해도 그것이 과연 계산될 수 있는 것입니까? 절대 불가능한 것입니다. 그러므로 이왕에 우리가 받은 은혜에 감사함으로 드린다면 계산하지 않고 순수한 마음으로 드려야 합니다.

저는 지금도 종종 떠올리며 감사합니다. 제 아들이 중학교 2학년 때 대구 동부교회 김서택 목사님께서 우리 교회에서 사경회를 인도하셨습니다. 수요일 저녁 집회에 아들이 은혜를 받고 집에 돌아와 저에게 3만 원을 달라고 합니다. 이유를 물었더니 하나님께 감사하고 싶은데 초등학교 때부터 세뱃돈을 쓰지 않고 모은 돈이 27만 원입니다. 거기에 3만 원을 합해서 30만 원을 드리고 싶다는 것입니다. 저는 1초도 망설이지 않고 3만 원을 주었습니다. 아마 아들은 그날 계산하지 않고 자신의 전부를 하나님께 드린 것입니다. 그 이유는 자신이 예수님을 통해 새 생명을 얻었다는 구원의 확신 때문이었습니다.

WHY/ 여러분, 왜 구원받은 우리가 계산하지 않고 하나님께 드려야 합니까?

우리가 구원받은 것이 감사해서 계산하지 않고 감사하며 하나님께 드립니다. <u>그러면 그것이 전혀 생각지 않은 복음에 참여하는 것이 되기 때문입니다.</u>

10~13절- "예수께서 아시고 그들에게 이르시되 너희가 어찌하여 이 여자를 괴롭게 하느냐 그가 내게 좋은 일을 하였느니라, 가난한 자들은 항상 너희와 함께 있거니와 나는 항상 함께 있지 아니하리라, 이 여자가 내 몸에 이 향유를 부은 것은 내 장례를 위하여 함이니라, 내가 진실로 너희에게 이르노니 온 천하에 어디서든지 이 복음이 전파되는 곳에서는 이 여자가 행한 일도 말하여 그를 기억하리라 하시니라"

예수님께서는 마리아의 계산하지 않고 드린 감사에 대해 그가 나에게 좋은 일을 했다고 하십니다. 그리고 마리아의 감사가 예수님의 장례를 준비한 것이라고 하십니다. 유대인들은 사람이 죽으면 시신에 향유를 바르는 것이 장례의 중요한 절차입니다. 예수님께서 십자가에 돌아가시자 일찍이 예수님께 밤중에 찾아와서 어떻게 하면 하나님 나라에 들어갈 수 있는지 물었던 니고데모도 몰약과 침향 섞은 것을 백 리트라쯤 가지고 와서 예수님의 시체에 부었습니다. 그런데 아직 예수님께서 십자가에 돌아가시기 전 마리아는 예수님의 장례를 준비합니다. 만약 그가 계산하고 무엇을 드렸다면 예수님의 장례를 준비하지 못했을 것입니다. 그는 예수님께서 언제 돌아가실지 모르고 부지불식간에 자신의 전부인 옥합을 깨트려 주님께 드렸습니다. 그런데 그것이 세밀하게 계산된 예수님의 장례 준비였습니다. 그리고 다름 아닌 복음에 참여하는 것이었습니다.

4 복음서를 통해 주님께서 이렇게 최고의 인정과 축복을 하시는 장면은 이 마리아의 계산되지 않은 감사밖에 없습니다. 그렇습니다. 우리가 순수한 마음으로 우리가 받은 부활의 새 생명이 너무 감사해서 날마다 계산하지 않고 범사에 감사함으로 하나님께 드립니

다. 그러면 주님께서는 그것이 우리가 복음에 참여하는 것으로 인정하시고 축복하십니다. 여러분, 우리의 신앙 행위에서 이렇게 가치 있게 인정받는 것이 이것 말고 또 무엇이 있겠습니까?

마리아는 연약한 여성이었지만 자신의 전부라고 할 수 있는 300데나리온의 옥합을 깨트려 계산하지 않고 주님께 드립니다. 그것은 놀랍게도 그가 주님의 복음에 참여하는 축복을 누리게 됩니다. 그리고 그가 행한 이 일을 복음이 전파되는 곳에는 복음과 함께 마리아의 이름과 함께 계산하지 않고 드린 이 일을 전하라고 하십니다. 이것은 인간이 메시아이신 주님으로부터 받는 최고의 인정이고 최고의 칭찬이고 최고의 축복이고 최고의 영광이 아닐 수 없습니다.

GH (하나님의 속성, 심정) / 성경은 '**하나님의 목적 사**'입니다. 즉 하나님께서 무엇을 목적으로 삼으시고 역사를 주관하시며 우리에게 말씀하시는지를 성경은 말씀합니다. 성경이 말씀하시는 4가지 하나님의 목적이 있습니다.

1. 구원입니다. 하나님께서는 죄인 된 인간을 구원하시는 것이 목적입니다.

2. 하나님 나라입니다. 하나님께서는 구원받은 하나님의 자녀들로 하나님 나라를 살게 하시는 목적으로 졸지 않으시고 주무시지 않고 지금도 일하십니다.

3. 예배입니다. 좀 더 구체적으로는 교제입니다. 하나님께서는 구원받고 하나님 나라의 백성 된 하나님의 자녀인 우리와 끊임없이

교제를 나누기 원하십니다. 하나님께서는 찬송으로 교제를 나누기 원하시고 기도로 교제를 나누기 원하시고 감사로 끊임없이 교제를 나누기를 원하십니다. 또 주님의 몸 된 교회의 지체인 우리가 서로 사랑의 교제를 나누기 원하십니다.

4. 이 세상입니다. 하나님께서는 이 세상, 이 땅을 우리가 다스리고 정복해서 하나님 나라를 이루고 영광을 나타내기를 원하십니다.

이처럼 **예배는 하나님의 4대 목적 중의 하나**입니다. 그래서 하나님께서는 오늘도 온 땅을 두루 감찰하시면서 전심으로 하나님을 감사함으로 예배하는 사람을 찾으십니다. 찾으신 다음에는 그 사람에게 온갖 은혜를 베풀어 주십니다. 그래서 그 사람을 통해서 영광을 받으시기를 원하십니다. 하지만 우리에게 가장 소중한 것은 물질도 아니고 정성도 아니고 우리 자신입니다. 우리에게 최고로 가치 있는 것은 바로 나 자신입니다. 마리아의 옥합은 바로 마리아 자신이었습니다. 그것을 계산하지 않고 하나님께 드린 것은 바로 마리아의 인생 전체를 주님께 내어드린 것입니다. 주님께서는 지금 마리아에게서 최고의 예배를 받으신 것입니다. 주님은 이 땅에 죄인들을 구원하시기 위해 오신 메시아로서 마땅히 받으셔야 할 영광을 받으신 것입니다.

오늘 주님께서는 우리 자신을 계산하지 않고 드리는 예배를 요구하십니다. 우리 생명나무 교회의 예배환경은 매우 열악합니다. 그러나 초대 교회는 전부 가정교회였습니다. 그 가정교회에서 세계를 향해 복음이 전해졌습니다. 세계를 품은 선교의 열정이 싹텄습니다. 초대 교회의 강력한 성령의 역사는 바로 그들이 마리아처럼 자신들을 계산하지 않고 드리는 감사가 원동력이었습니다. 예배가 예배다울 때 하나님께서 우리에게 은혜를 베푸시고 부흥을 허락하십니다. 주님께서는 오늘도 계산하지 않고 감사하는 심령에 성령의 기름을 부으십니다.

HOW / 여러분, 우리가 어떻게 계산하지 않고 드릴 수 있습니까?

막 14장 8절- "그는 힘을 다하여 내 몸에 향유를 부어 내 장례를 미리 준비하였느니라."

<u>마리아는 온 힘을 다하여 옥합을 깨뜨렸습니다. 힘을 다했다는 말은 마음을 다하고 뜻을 다하고 성품을 다하고 정성을 다한 온 힘을 써서 드린 것입니다.</u>

그렇습니다. 누구도 힘을 다하지 않고는 옥합을 깨뜨릴 수 없습니다.

그렇다면 우리는 어떻게 힘을 다할 수 있습니까?

6절에 보면 이 사건이 베다니, 나병환자 시몬의 집에서 일어났습니다. 베다니는 베트:집과 나인:가난한 이라는 의미입니다. 예루살렘에서 여리고로 가는 길목에 약 3km 떨어진 지점에 있는 아주 작은 마을입니다. 지명이 고난의 집, 가난한 집이라는 뜻입니다. 그곳은 주로 나병에 걸렸다가 고침을 받았지만, 예루살렘 시내로 들어가지 못하고 격리된 채 가난하게 살던 사람들이 살던 곳입니다. 소위 달동네였습니다. 예루살렘 근처에 있지만 예루살렘과는 너무나도 비교되고 차이 나는 외지고 소외된 곳입니다. 아무도 거들떠보지 않는 곳입니다.

그런데 예수님은 예루살렘을 방문하실 때면 항상 이곳을 **빼놓지** 않고 방문하십니다. 예루살렘에서 사역하시다가도 밤이 되면 이곳에 있는 나사로와 마르다와 마리아 3남매의 집에 가셨습니다. **마 21장에** 보면 하루는 베다니에서 묵으시고 이른 아침 예루살렘 성으로 들어오시다가 시장하셨습니다. 길가 무화과나무를 보니 잎사귀 밖에 아무것도 없습니다. 언뜻 이 내용을 읽을 때 그런 생각이 떠올랐습니다. 아니 왜 예수님은 사랑하는 베다니, 나사로의 집에서 묵으셨는데 아침도 드시지 못했을까? 이제 생각하니 베다니, 달동네는 그렇게 가난한 사람들이 살아서 예수님의 조반도 차려드리지 못할 정도였습니다.

예수님께서는 이런 가난한 사람들의 친구가 되어 사랑하시고 환대하셨습니다. 아마 주님께서 방문하시는 그날은 정말 풍성한 은혜로 넘쳤을 것입니다. 그러니까 마리아가 계산하지 않고 드리기 전에 예수님께서 먼저 이들에게 계산할 수 없는 은혜를 부어주셨습니다. 그렇습니다. 예수님께서는 지금도 우리를 차별하지 않고 사랑해 주십니다. 친구가 되어주십니다. 용서하시고 감싸 안아주십니다. 레위기를 읽으면 저는 천 번 죽어 마땅한 죄인 중의 괴수를 죽이지 않으시고 지금까지 살려주시고 사용하십니다. 여전히 은혜를 베풀어 환대하십니다.

은혜를 많이 받은 사람은 주님을 많이 사랑하고 적게 받은 사람은 적게 주님을 사랑합니다. 그래서 많이 은혜를 받은 사람이 계산하지 않고 자신의 옥합을 깨뜨릴 수 있습니다. 그런데 사실 죄인 된 우리가 부활의 생명을 받고 구원받은 은혜는 모든 사람에게 차별 없이 베푸신 하나님의 은혜입니다. 다만 이 은혜를 깊이 깨달은 사람이 계산하지 않고 드리는 감사를 할 수 있습니다. 바울 사도가 죄인 중에 괴수인 자신에게 찾아오신 부활의 주님을 만납니다. 이방인의 사도로 부름을 받습니다. 그리고 자신의 옥합을 깨뜨렸습니다.

"그러므로 형제들아 내가 하나님의 모든 자비하심으로 너희를 권하노니 너희 몸을 하나님이 기뻐하시는 거룩한 산 제물로 드리라 이는 너희가 드릴 영적 예배니라"(롬 12; 1)

여러분! 오늘 이렇게 모여 함께 드리는 예배도 중요하지만, 그러나 우리의 삶 가운데서 드리는 삶의 예배는 더욱 중요합니다. 이것이 진정으로 드리는 영적 예배입니다. 우리의 삶 속에서 만나는 사람과 갖게 되는 인간관계 속에서 내 말과 내 생각과 내 마음 씀씀이 하나하나를 통해 주님의 사랑을 나타냅니다. 주님께서 죄인 중의 괴수인 나를 용서하신 은혜를 나타냅니다. 그렇게 함으로 주님께서 영광을 받기를 원하십니다. 그러므로 우리는 매일매일 순간순간 하나님의 임재를 의식하며 힘을 다해서 계산하지 않고 하나님께 드려야 합니다.

C

PM(핵심 메시지) / "감사는 계산하지 않고 드리는 것입니다."

사람마다 소중하게 여기는 옥합이 있습니다. 물질일 수 있고, 명예일 수 있고, 자존심일 수 있고, 자기 자신일 수 있습니다. 부모에게는 자녀일 수 있습니다. 그것이 무엇이든지 자기의 옥합을 깨뜨려 주님께 드리는 것이 감사입니다.

잔머리를 굴리면서 계산하고 계산해서 자기의 옥합을 깨뜨리지 않는 사람은 진정 감사한다고 할 수 없습니다. 우리 자아의 옥합을 깨뜨릴 때 그 속에서 우리의 죄가 흘러나옵니다, 우리의 허물이 흘러나옵니다, 우리의 아집과 교만이 흘러나옵니다. 그런 것이 사람들에게는 냄새나는 것일 수 있습니다. 그러나 회개함으로 우리의 죄와 교만이 깨어져 흘러나올 때 주님께서 보실 때는 그것이 나드향이 될 수 있는 것입니다. 그러므로 우리는 지금 예배하면서 나 자신을 깨뜨려야 합니다. 그때 비로소 복음의 향기가 흘러넘치는 것입니다.

예화/ 제가 20대에 십자가의 주님을 인격적으로 영접하고 날마다 눈물로 회개하며 부른 찬송가가 있습니다. **305장** 존 뉴턴의 찬송 시 [나 같은 죄인 살리신]입니다. "나 같은 죄인 살리신 주 은혜 놀라워, 잃었던 생명 찾았고 광명을 얻었네, 큰 죄악에서 건지신 주 은혜 고마워 나 처음 믿은 그 시간 귀하고 귀하다, 이제껏 내가 산 것도 주님의 은혜라 또 나를 장차 본향에 인도해 주시리, 거기서 우리 영원히 주님의 은혜로 해처럼 밝게 살면서 주 찬양하리라"

저는 이 찬송을 수백 수천 번 불렀을 것입니다. 그때마다 눈물 없이 감동 없이 부르지 않았습니다. 그리고 제가 이 찬송을 부를 때마다 주님께서는 저의 찬송으로 드리는 감사를 받으시고 기뻐하셨습니다. 그리고 오늘까지 계산하지 않는 감사를 드리려고 노력합니다. 잠시 생각하니 저희 사역 초기에는 십일조를 거의 4조, 심지어 5조까지 드렸습니다. 그때 그렇게 심었던 것을 하나님께서 요즈음 거두게 하신다는 생각이 듭니다. 저의 외조부님에게는 3형제분이 있으십니다. 첫째분이 친 외조부님이신데 한의사고 서당 훈장이셨습니다. 둘째분이 초등학교 교장을 하셨고, 셋째분이 항만청 지청장을 지내신 장로님이셨습니다. 셋째분이신 장로님께서 94세에 소천하시기 몇 주 전 제가 방문을 했습니다. 노환으로 피골이 맞닿은 앙상하고 초췌한 모습이었습니다. 그런데 저를 보시고는 침상에서 일으켜 달라고 하십니다.

침상에서 온 힘을 다해서 구부러지지 않는 무릎을 꿇으시더니 손자인 저에게 "이 목사님, 노 종을 위해서 축복해 주십시오!" 이 어른이 침상에서 무릎을 꿇기까지 수 분이 걸릴 정도로 힘들어하셨습니다. 그런데 이 어르신은 그 순간이 하나님 앞에 자신을 드리는 감사의 순간이었습니다. 저는 지금도 가끔 그 어른의 하나님 앞에 무릎을 꿇기 위해 애쓰는 마지막 그 모습을 생각해 봅니다. 그리고 저도 그 모습으로 저의 남은 인생을 감사하며 살겠노라고 다짐합니다.

D

적용, 결단, 복/ 믿음은 감사입니다. 감사는 계산하지 않고 드리는 것입니다. 우리는 매일매일 하나님의 임재 앞에서 나의 옥합을 깨뜨려 감사해야 합니다. 우리가 자신을 하나님께 산 제물로 드릴 수 있다는 것은 엄청난 축복입니다. 우리는 이제부터 우리 자신을 죄에 드려 죄의 종이 되지 말아야 합니다.

히브리서 13:15- "그러므로 우리는 예수로 말미암아 항상 찬송의 제사를 하나님께 드리자, 이는 그 이름을 증언하는 입술의 열매니라"

우리는 우리의 모든 삶 속에서 무엇보다 예수님 구원의 은혜를 찬송하고 전하는 입술의 제사를 힘쓰도록 합시다. 입술로 제사한다는 것은 내 삶이 먼저 입술로 전하는 내용을 드러내야 합니다. 삶으로는 드러내지 않고 입으로만 하는 것은 진정한 예배가 아닙니다. 은혜를 사모하면서 우리 자신을 의에 드리고 하나님께 드려서 하나님을 기쁘시게 하는 하나님의 종으로 살아야 합니다. 그러면 하나님께서는 우리 인생의 모든 삶을 반드시 책임져 주실 것입니다.

고후 9:6, 7- "이것이 곧 적게 심는 자는 적게 거두고 많이 심는 자는 많이 거둔다 하는 말이로다, 각각 그 마음에 정한 대로 할 것이요 인색함으로나 억지로 하지 말지니 하나님은 즐겨 내는 자를 사랑하시느니라"

농사의 법칙대로 영적 농사의 법칙이 여러분에게 이루어지기를 축복합니다.

PM(핵심 메시지)/ "감사는 계산하지 않고 드리는 것입니다"

2) 본문: 행 5장 12~16절 제목: "불신자들이 칭찬하는 교회"
OW; 성도 TW; 칭찬받다 STW; 불신자들에게 FC:초대교회, 청중

A

인사 /

축복 /

AC(청중 접촉) / 1849년 12월 어느 날 도스토옙스키는 농민반란 선동 혐의로 얼어붙은 상트페테르부르크 광장 사형대에 세워졌습니다. 고작 몇 달간의 유배를 예상했던 그에게 돌연 총살형이 내려지고 두건이 얼굴에 씌워졌습니다. 병사가 소총을 들어 그의 심장을 겨누었습니다. 죽음 앞에 선 그는 지금까지 인생을 낭비한 것을 후회하며 가능성은 없지만, 만에 하나라도 여기서 살아 나갈 수 있다면 남은 인생은 단 1초도 허비하지 않겠다고 하나님과 스스로 맹세했습니다. 그때 갑자기 마차 한 대가 질주하며 광장에 들어섰습니다.

황제가 보낸 사람이었습니다. 그는 사형 대신 유배를 보내라는 황제의 명령을 전했습니다. 즉시 사형집행이 중지되고 도스토옙스키는 시베리아로 유배를 떠났습니다. 그리고 거기서 보낸 4년은 그의 인생에서 가장 값진 시간이었습니다. 살을 에는 혹한 속에서 무려 5kg이 가까운 쇠고랑을 팔과 다리에 매단 채 그는 창작 활동에 몰두했습니다. 물론 글쓰기가 허락되지 않았습니다. 그러나 그는 머릿속으로 소설을 구상한 후 모조리 외워두었습니다. 그리고 4년의 유배를 마친 후 글쓰기를 시작했습니다. 그 후 그는 죽는 날까지 온갖 열정을 다해 '죄와 벌' '악령' '카라마조프가의 형제들' 등 잇달아 대작을 내놓았습니다. 그는 다시 얻은 삶의 한순간도 헛되이 보내지 않으려고 노력했습니다.

그렇습니다. 누구든지 죽음에서 벗어나 새로운 삶을 산다면 지금까지 산 것처럼 살지는 않을 것입니다. 또 죽었다가 깨어나 다시 사는 사람이라면 반드시 의미 있게 살려고 노력할 것입니다. 그런데 우리는 예수를 믿음으로 죽었던 영혼이 다시 거듭난 사람들입니다. 우리는 죄로 말미암아 죽었던 영혼이 다시 살아난 사람들입니다. 그러면 우리의 삶을 어떻게 살아야 합니까? 하나님에게도 그리고 사람들에게도 잘사는 삶이라고 칭찬받는 삶을 살아야 하지 않겠습니까? 만일 우리가 열심히 교회는 다니는데 사람들이 우리를 칭찬하지 않고 오히려 우리를 향해 뒷담화하게 한다면 우리는 다시 한번 우리의 신앙을 성경 말씀에 비추어서 냉철하게 돌아보아야 하지 않겠습니까? 나는 지금까지 교회를 다니는 사람 이전에 인간으로 이웃에게 칭찬을 받아본 적이 있습니까?

본문 (배경, 요약, 인물 설명)/ 예수님께서 십자가에 돌아가시고 부활하시고 40일 동안 세상에 계시면서 하나님 나라의 일을 말씀하십니다. 그리고 500여 명의 성도가 지켜보는 가운데 너희가 본 그대로 내가 다시 오리라고 약속하시고 동시에 성령님을 보내실 것을 약속하시고 하늘로 올라가십니다. 사도들과 120명의 성도는 그 후 한곳에 모여 오로지 기도에 힘쓰다가 열흘이 지난 오순절 날 성령 강림의 강력한 역사를 경험합니다. 이 성령강림의 힘이 얼마나 강했는지 세상 사람들이 그들을 향해 새 술에 취했다고 할 정도였습니다. 그리고 즉시 밖으로 뛰쳐나가 누가 먼저랄 것도 없이 십자가와 부활의 복음을 전합니다. 그뿐만이 아닙니다. 사람들이 어제와는 전혀 다른 삶을 살기 시작합니다. 자기 것을 자기 것으로 주장하지 않고 한마음과 한뜻이 되어 서로 물건을 통용하고 나누어줍니다. 심지어 어떤 사람은 자기의 밭을 팔고 집을 팔아 교회의 가난한 사람들에게 나누어 줍니다.

그러자 한꺼번에 3천 명, 혹은 5천 명의 사람들이 회개하고 돌아옵니다. 충격을 받은 유대교 세력들이 사도들과 교회를 향해 복음을 전하지 못하게 하지만 아랑곳하지 않고 교회는 열심히 전도하며 서로 나눔의 삶을 힘씁니다. 자기 재물을 자기 것이라 하는 사람이 없이 한 마음과 한뜻이 되어서 행진합니다. 그때 호사다마라고 아나니아와 삽비라가 자신들의 소유를 팔아 얼마를 감추고 나머지를 교회에 바칩니다. 이 사실이 탄로나 그들은 차례로 하나님께 죽임을 당합니다. 이 사건이 많은 사람을 크게 두려워하게 합니다.

그런데 오늘 본문에 보면 복음의 행진은 멈추지 않습니다. 사도들을 통해 기적이 일어나고 초대교회 성도들은 믿지 않는 사람들에게 칭찬받습니다. 자연스럽게 더 많은 사람이 주님을 믿게 되고 구원을 받습니다. 심지어 베드로가 지나갈 때 그의 그림자라도 덮이면 나을 것이라고 기대하게 합니다. 그 결과 병든 사람과 귀신 들린 사람들이 다 고침을 받게 됩니다.

성경 ISSUE/ K-pop이 전 세계의 젊은이들에게 큰 인기를 끌고 유행되고 있습니다. 팝의 고향이라고 할 수 있는 영국과 미국에도 k-pop을 즐기는 젊은이들이 늘어나고 있습니다. 심지어 지구 끝 남미에도 K-pop이 유행하고 철저히 폐쇄 사회였던 쿠바에도 K-pop이 들어갑니다. 지난해 이웃 나라 일본에서는 젊은이들이 이제는 굳이 서양 pop을 듣지 않는다고 합니다. 오히려 k-pop을 가장 많이 듣는다고 합니다. 이렇게 문화라는 것은 유행을 따라 변합니다. 패션이나 음식이나 레저도 유행에 따라 움직입니다.

그런데 전혀 유행에 요지부동하는 것은 종교라고 할 수 있습니다. 특히 사도행전 당시 유대 사회는 2천5백 년이라는 유구한 역사 동안 구약과 율법을 근거한 유대교가 종교와 삶 전체를 이끌어 왔습니다. 이런 사회에서 갑자기 나타난 기독교에 대한 그들의 반감은 이만저만한 것이 아니었습니다. 우리나라에 기독교가 들어왔을 때 가장 저항을 많이 받은 지역은 유교의 전통이 강한 지역이었습니다. 왜요? 오랫동안 조상을 숭배하고 조상에게 제사했습니다. 그런데 그런 것을 전부 부정하니, 마치 기독교는 상놈의 종교라고 했습니다.

그런데 생각해 보세요. 자신들은 아브라함의 자손이고 자신들만 하나님께 선택받은 사람들로 자신들만 천국에 간다고 철저히 믿어왔던 유대인들입니다. 그런데 갑자기 나사렛 예수를 믿으면 할례를 받지 않아도 구원을 받는다고 합니다. 또 번제나 화목제 같은 제사는 드릴 필요도 없다고 합니다. 그들은 조선왕조 오백 년이 다섯 번이나 반복된 세월 동안 구약과 율법을 신봉하고 철저히 하나님께 제사했습니다. 이런 사회에서 갑자기 나타난 기독교인들이 유대교 기득권층 시민들에게 인정받고 칭찬받는다는 것은 도저히 있을 수 없는 일입니다. 초대교회 성도들이 세상에 칭찬받았다는 것은 우리가 상상하기 힘들 정도로 그들의 삶이 흠이 없었고 문제가 없었다는 것을 웅변해 주는 것입니다.

청중 ISSUE/ 우리나라가 일본 제국주의에 의해 국권을 빼앗긴 상태에서 1919년 3월 1일을 기해 전국적으로 독립운동이 벌어졌습니다. 그때 민족 대표 33인이 독립선언문에 서명하고 독립선언문을 발표합니다. 그 민족 대표 33인 중에 목사님, 장로님 같은 기독교인이 무려 16명이고, 불교 승려는 한용운 단 한 명뿐이었습니다. 그당시 전국에 기독교 인구는 불과 1.3%였습니다. 이렇게 소수인 기독교인들이 생명을 내어놓고 독립운동에 앞장섰습니다. 무엇을 말합니까? 소수에 불과했지만, 민족을 앞장서 염려하고 걱정하고 사랑했다는 것입니다. 그 결과 당시 사회에서 기독교인들은 인정받고 칭찬을 받고 사회를 이끌어가는 지도자들을 무수히 배출할 수 있었습니다.

온 국민이 일본의 압제에 시달리고 고통을 당하는 상황에서 선교사들이 들어와 병원을 세우고 학교를 세우고 보육원을 세우는 일을 통해서도 사회에 큰 공헌을 했습니다. 그 결과 자연히 기독교는 좋은 평가를 받을 수 있었습니다. 그러나 지금 한국교회는 아, 옛날이여! 를 외치고 싶은 심정입니다. 저는 제가 목사라는 사실을 한 번도 숨기거나 부끄러워한 적이 없습니다. 그러나 얼마 전부터 처음 만나는 사람에게 제가 목사라는 신분을 가지고 있는 것을 말하는 것을 솔직히 주저할 때가 있습니다. 세상에 칭찬받아야 마땅한 우리 그리스도인과 교회가 세상 사람들에게 손가락질받는 상황이 되었기 때문입니다.

이런 상황에서 교회의 지도자들이나 성도들이나 이 사순절 기간을 보내면서 다시 한번 하나님의 영광을 가린 우리의 죄를 철저히 회개해야 하겠습니다. 그리고 초대교회처럼 세상에 칭찬을 듣는 한국교회가 되어야 하겠습니다. 이것을 위해서 과연 우리가 어떻게 해야 할지 하나님께서 오늘 우리에게 무엇을 말씀하시는지 진심으로 말씀에 귀를 기울이기를 바랍니다.

B

TW 설명 / 13절- "그 나머지는 감히 그들과 상종하는 사람이 없으나 백성이 칭송하더라"

저는 이 구절에서 상반되는 표현을 발견합니다.

첫째는 불신자들이 감히 초대교회 성도들과 상종하지 않았다는 것입니다. 여기 **'상종'**으로 번역된 말은 헬) **콜라스다이** 입니다. 그 뜻은 밀착시키다, 붙이다, 연합한다는 의미인데 사람들이 한 공간에 함께 있다는 의미와 마음을 주고받는 교제를 의미합니다. 제가 어렸을 때 기억으로 저희 부모님들께서 이웃들과의 관계에서 상처를 입으시거나 실망했을 때 그 사람, 앞으로 상종 못 할 사람이라고, 절대 상종하지 말자고 하십니다. 이제는 기대할 것이 없는 사람으로 결론을 내렸다는 뜻입니다. 그러니까 기존의 유대교 신자들이 초대교회 그리스도인을 보고 그들을 다시 유대교인이 되도록 할 가능성이 일도 없는 사람으로 볼 정도로 초대교회 성도들은 예수를 그리스도로 믿는 믿음이 철저했다는 것을 알 수 있습니다. 초대교회 성도들은 짧은 신앙 연륜이지만 믿음의 뿌리가 아주 확고했습니다. 자신들이 십자가에 못 박아 죽인 나사렛 예수는 하나님의 아들 메시아로 죽음을 이기고 부활하셨다는 것을 조금도 의심하지 않았습니다. 또 하늘로 승천하신 예수님께서 반드시 온 세상을 심판하시기 위해 다시 심판 주로 오신다는 것도 조금도 의심하지 않았습니다. 눈만 뜨면 주변에서 조롱하는 소리를 듣지만, 어떤 유혹과 핍박에도 흔들리지 않았습니다.

두 번째로 이상한 것은 당시 불신자들이 초대교회 성도들과 상종은 하지 않았는데도 불구하고 그들이 초대교회 성도들을 칭찬했다는 사실입니다. 어떻게 이런 일이 가능했을까요? 저는 이것을 당시 가족제도로 해답을 찾았습니다. 지금 우리는 핵가족 제도에서 살고 있습니다. 그런데 불과 저희 어릴 때만 해도 3대가 모여서 사는 가정이 많았습니다. 더욱이 초대교회 당시 유대 사회는 철저히 대 가족제도였습니다. 적게는 7~80명에서 많게는 150명에서 300명까지 함께 모여 살았다고 합니다. 그 당시 집터가 발굴된 곳을 가보니 방이 4~50개가 미로처럼 연결되어 있었습니다. 이때 한 사람이 예수님을 구주로 영접합니다. 그러면 나머지 사람들이 모두 그를 왕따하고 상종하지 않습니다.

그러나 그리스도인의 일거수일투족은 가까이에서 숨길 수 없이 오히려 적나라하게 드러납니다. 그때 무엇인가 트집을 잡으려고 평소보다 더 주시하고 관찰하고 심지어 감시하듯이 유심히 살핍니다. 그런데 오히려 사람이 완전히 180도 새사람이 되었습니다. 말도 함부로 하지 않습니다. 상대방을 배려합니다. 너그럽습니다. 아량이 있습니다. 경건합니다. 기쁨이 충만합니다. 서로 화평합니다. 나누어줍니다. 베풉니다. 지독한 미움을 받지만 절대 상대방을 함께 미워하지 않습니다. 비록 같이 어울리지는 않지만 뒤돌아서서 그 사람을 칭찬하지 않을 수 없습니다. 이것이 초대교회 성도들의 모습입니다. 그들은 입으로만 예수님을 구주로 고백한 것이 아니고 철저히 삶 속에서도 온몸으로 예수님의 주권과 통치를 인정하며 주님께 순종하며 살았습니다. 자기를 십자가에 못 박으신 주님처럼 자아를 못 박고 자신들 안에 살아계신 예수님으로 삽니다. 그러니 예수를 믿지 않는 불신자들에게 칭찬받지 않을 수 없는 것입니다.

WHAT FOR / 여러분, 예수님을 믿는 우리가 무엇 때문에 세상 사람들에게 칭찬받아야 합니까?

많은 이유가 있을 수 있겠지만 로마서가 이것을 밝히 알려준다고 믿습니다.

롬 1; 16, 17- "내가 복음을 부끄러워하지 아니하노니 이 복음은 모든 믿는 자에게 구원을 주시는 하나님의 능력이 됨이라 먼저는 유대인에게요 그리고 헬라인에게로다. 복음에는 하나님의 의가 나타나서 믿음으로 믿음에 이르게 하나니, 기록된바 오직 의인은 믿음으로 말미암아 살리라 함과 같으니라"

여러분, 복음에는 하나님의 능력이 있어서 우리를 하나님의 자녀로 만들고 하나님의 자녀답게 살게 만듭니다. 복음의 능력은 죄인된 우리의 모든 죄를 다 없이 만들고 죽었던 우리의 영혼을 거듭나게 만듭니다. 거듭난다는 말은 문자적으로는 새로 태어난다는 것입니다. 그렇다면 육신은 그대로 있는데 무엇이 새로 태어납니까? 바로 죽었던 영혼이 새로 살아난다는 것입니다. 그 순간 우리는 에덴 동산에서 잃어버렸던 하나님의 형상이 회복됩니다. 이 하나님의 형상은 의와 진리의 거룩한 생명입니다. 의는 하나님을 신뢰하고 하나님께 순종하고 사랑하고 하나님과 인격적인 신뢰 관계를 맺는 것입니다. 그리고 진리는 바로 하나님의 말씀입니다. 예수 그리스도께서 진리입니다. 이렇게 하나님과 사랑의 관계를 맺어 우리는 하나님의 자녀가 되고 하나님은 우리의 아버지가 되십니다. 그리고 하나님의 말씀인 진리를 따라서 우리가 순종하는 삶을 삽니다. 인생길을 걸어가면서 갈 바를 알지 못하고 갈지자걸음을 걸으면서 방황하며 죄를 짓고 욕을 먹는 삶이 아니라 진리인 주님을 따라서 진리의 길 위를 걸어갑니다. 그래서 보이지 않는 하나님을 보는 것처럼 믿으면서 하나님의 사랑과 공의를 실천합니다. 또 오직 하나님의 은총을 누리고 하나님의 능력을 의지하게 합니다.

그 결과 죄에 이끌리고 타락한 본성에 이끌리고 한없이 교만하던 우리가 예수님처럼 살게 됩니다. 이것이 믿음으로 사는 것입니다. 그러니까 믿음으로 살면 사람이 변합니다. 얼굴은 그대로 있는데 속마음이 변합니다. 생각이 바뀝니다. 과거에는 상대방에게 상처를 주고, 실수하고도 자존심 때문에 잘못했다, 미안하다, 사과한다는 말 한마디 하지 않았습니다. 마치 자기는 완벽한 것처럼 수없는 흠이 있으면서도 회개하지 않았습니다. 그런데 복음이 들어옵니다. 십자가의 사랑을 압니다. 부활의 생명을 소유합니다. 그때부터 사람이 바뀝니다. 부활의 생명은 바로 예수님의 생명입니다. 그리고 예수님은 바로 하나님의 형상입니다. **고후 4:4-** "그리스도는 하나님의 형상이니라"

여러분, 기독교는 종교가 아니고 생명이라는 말을 잘 새겨들으시고 이해하시기를 바랍니다. 우리가 예수를 믿고 구원받았다는 말은 근본적으로 세상에 사는 사람들과 다른 사람이 된 것입니다. 예수를 믿는다는 것은 나는 주일날 교회에 가고 예수를 안 믿는 사람은 교회에 가지 않는다는 정도가 아닙니다. 내가 예수를 믿었습니다. 구원을 받았습니다. 그때부터 우리는 육체를 따라서 사는 사람이 아니라 앞에서 말씀드린 새 생명인, 하나님의 형상을 따라서 사는 것입니다. 이 하나님의 형상이 바로 예수님입니다. 우리는 예수님의 생명과 영혼으로 사는 것입니다. 예수 믿기 전과 똑같이 밥 먹고 잠자고 일합니다. 그러나 밥 먹는 이유가 달라졌습니다. 잠자는 목적이 달라졌습니다. 일하는 목적도 달라졌습니다. 시간을 쓰는 것이 다릅니다. 여러분은 정말 이렇게 변했습니까?

변하지 않았다면 여러분의 믿음이 잘못된 것입니다. 사람을 바꾸는 것은 복음의 능력밖에 없습니다. 이 능력을 **'두나미스'**라고 합니다. 하나님께서 천지를 창조하실 때 능력으로, **'두나미스'**로 창조하십니다. 또 하나님께서 죄인들이 예수를 믿도록 믿음을 선물로 주십니다. 그런 다음 능력으로, **'두나미스'**로 새로운 창조를 하십니다. 죽었던 영혼이 거듭나게 하십니다. 이렇게 우리가 바뀌면 세상은 우리를 칭찬합니다. 바로 이것입니다. 우리는 우리가 믿는 우리속에 있는 복음의 능력을 나타내야 하기에 당연히 칭찬받아야 합니다. 생각해 보세요. 우리가 가진 돈이 우리를 칭찬 듣는 사람으로 변화시키지 못합니다. 우리가 가진 박사 학위, 석사 학위, 학사 학위가 우리를 칭찬 듣는 사람으로 변화시키지 못합니다. 우리가 얼굴이 아름답다고, 큰 집에서 산다고, 집안이 훌륭하다고 사람들에게 칭찬 듣지 못합니다. 사람다운 사람, 인간미 있는 사람이라야 사람들에게 칭찬받습니다. 그런데 이렇게 사람을 변화시키는 것은 사람에게서 나오는 것으로는 불가능합니다. 오직 예수 그리스도의 복음, 하나님 사랑의 능력으로만 죄인 된 우리는 거듭나고 변화됨으로 칭찬을 듣게 됩니다.

WHY/우리가 왜, 우리 속에 있는 복음의 능력을 나타내서 칭찬을 들어야 합니까?

14절- "믿고 주께로 나아오는 자가 더 많으니, 남녀의 큰 무리더라"

우리가 변화되어서 복음의 능력을 나타냅니다. 술을 밥 먹듯 하던 사람이 술을 끊고 기도하기 시작합니다. 사람들과 다투기만 하던 사람이 온순한 양처럼 온유해져서 이웃과 좋은 관계를 맺습니다. 가정에서 가장 중요한 것은 질서입니다. 왜냐면 질서가 깨지면 평화가 깨지기 때문입니다. 에덴동산은 하나님 나라의 모형입니다. 그런데 최초의 인간 아담과 하와가 에덴동산의 질서에 도전합니다.

하나님께 순종함으로 에덴에서 천국을 누리며 살 수 있었습니다. 그런데 사탄의 유혹에 넘어가 질서를 거슬러서 하나님처럼 되겠다고 생각합니다. 이것이 최초의 범죄입니다. 이런 인간을 하나님께서는 에덴동산에서 쫓아내십니다.

그런데 복음을 믿음으로 우리가 다시 하나님의 자녀가 됩니다. 그래서 우리가 성령 충만한 사람이라면 아내는 남편에게 복종하기를 주님께 하듯 하라고 합니다. 지금 우리 사회가 이혼을 아무런 문제가 아닌 것처럼 합니다. 그러나 이것은 분명 하나님의 말씀에 불순종하는 것입니다. 만일 가정에서 하나님의 말씀대로 아내는 남편에게 하기를 주님께 하듯 한다면 대한민국의 이혼율은 뚝 떨어질 것입니다. 또 남편 역시 아내를 그리스도께서 교회를 위해 자신을 주신 것처럼 사랑한다면 우리의 가정의 비극은 사라질 것입니다. 이렇게 기독교인들의 가정이 경건해지면 사람들이 우리를 칭찬합니다. 그것으로 끝이 아닙니다. 우리를 주목하고 칭찬하던 사람들이 자연스럽게 우리를 변화시킨 복음의 능력에 주목하게 됩니다. 그리고 누가 오라고 하지 않아도 자신들도 복음을 믿고 구원받고 변화되기 위해서 교회로, 교회로 들어오게 됩니다.

구약 스가랴서에 보면 예수 그리스도의 복음을 통해 이루어질 하나님 나라의 모습을 이렇게 말합니다. "많은 백성과 강대한 나라들이 예루살렘으로 와서 만군의 여호와를 찾고 여호와께 은혜를 구하리라 만군의 여호와가 이처럼 말하노라, 그날에는 말이 다른 이방 백성 열 명이 유다 사람 하나의 옷자락을 잡을 것이라 곧 잡고 말하기를 하나님이 너희와 함께하심을 들었나니 우리가 너희와 함께 가려 하노라 하시니라"(슥 8; 22, 23)

무슨 말씀입니까? 예수 그리스도의 복음이 완성되면 그 복음을 믿고 구원받은 영적인 유다 사람 즉, 그리스도인 한 사람의 옷자락을 불신자들 열 명이 붙잡는다고 합니다. 그러면서 하나님께서 너희와 함께하심을 들었으니, 우리도 당신들을 따라 함께 신앙생활을 하겠다는 것입니다. 그렇습니다. 복음을 통해 우리 옛사람이 죽고 새 사람으로 변화됩니다. 그런 모습을 통해 비로소 우리를 변화시킨 복음의 능력을 불신자들이 알게 됩니다. 그리고 그들도 믿게 되고 구원 얻게 됩니다. 앞서 말씀드린 것처럼 한국교회가 복음의 능력을 나타내고 교육과 의료와 복지에 앞장설 때는 많은 사람이 교회로, 교회로 들어왔습니다. 그러자 한국교회가 이번에는 사람들을 많이 수용할 수 있는 건물에 관심을 두기 시작합니다. 자연히 건축을 위해 돈을 모아야 하기에 물질 축복을 강조합니다. 그 결과 급속도로 교회의 가치관이 세속화됩니다.

지금 절대로 불신자들이 한국교회를 칭찬하지 않습니다. 그리고 자연히 교회는 급속도로 쇠퇴하기 시작했습니다. 이런 상황에서 강력한 전도 방법은 기존의 신자들이 복음의 능력을 회복하는 일입니다. 복음으로 돌아가는 것입니다. 그래서 세상의 신뢰를 회복해야 합니다. 그리스도인들이 칭찬을 듣지 못하면서 수많은 전도 방법을 동원하고 천문학적인 돈을 투자해도 소용이 없습니다. 우리가 초대교회로 돌아간다는 것은 복음의 능력을 소유해서 우리가 먼저 변화되는 것입니다. 그러면 초대교회 같은 부흥은 자연히 일어나게 되어 있습니다.

GH(하나님의 속성, 심정) / 15, 16절- "심지어 병든 사람을 메고 거리에 나가 침대와 요 위에 누이고 베드로가 지날 때 혹 그의 그림자라도 누구에게 덮일까 바라고, 예루살렘 부근의 수많은 사람도 모여 병든 사람과 더러운 귀신에게 괴로움 받는 사람을 데리고 와서 다 나음을 얻으니라"

오늘 본문을 자세히 보시면 복음의 능력은 두 가지로 나타납니다.

첫째는 믿는 사람들 속에서 큰 변화의 역사가 나타나 불신자들에게 칭찬을 듣게 합니다. 지금 대한민국이 의료 대란이라는 전무후무한 어려움을 겪고 있습니다. 그런데 그 중심에는 가장 많이 배우고 가장 돈이 많은 의사 집단이 있습니다. 우리나라는 30년 동안 한 번도 의대 학생 증원을 하지 않았습니다. 물론 정치인들의 잘못이 가장 큽니다. 그러나 뒤늦게라도 이것을 바로 잡자고 합니다. 왜냐면 앞으로 고령인구가 급속도로 늘어납니다. 그러면 의료 소비는 더욱 증가합니다. 그런데 의사 집단은 국민의 생명에 관한 것은 전혀 생각하지 않고 오직 자기들 돈줄만 생각합니다. 여기서 우리가 알 수 있는 것이 무엇입니까? 앞서도 말씀드렸지만, 인간은 돈이나 환경이나 지식으로 속 사람이 절대로 변하지 않습니다. 예수 그리스도의 복음만이 인간을 인간답게 변화시킵니다.

둘째는 복음의 능력이 병들고 귀신 들린 사람들을 치료해 주고 귀신을 쫓아내는 것으로 나타납니다. 하나님께서는 복음을 통해 우리의 영혼만 구원하시는 것이 아닙니다. 우리의 육체와 정신도 구원하셔서 완벽한 하나님의 나라를 건설하시기를 원하십니다. 반면 사악한 사탄·마귀는 어떻게든지 인간을 파멸로 이끌려고 지금도 수단 방법을 가리지 않고 동성애와 마약과 온갖 더러운 것들로 인간을 유혹합니다. 최근의 동성애에 대한 10대들의 의식 구조를 조사했습니다. 놀라운 것은 10명 중 5명이 동성애를 허용해야 한다는 생각하고 있다고 합니다. 그리고 실제로 4명 중 1명은 벌써 동성애를 경험했다고 합니다. 동성애는 철저히 하나님의 창조 질서를 파괴하는 사탄의 전략입니다. 그러나 하나님께서는 여전히 우리의 영혼을 축복하시고 몸과 마음과 삶까지도 치유하시고 부유케 하셔서 풍성한 하나님 나라를 누리게 해 주고 싶어 하십니다.

HOW / 문제는 우리가 어떻게 세상 사람들에게 칭찬받을 수 있습니까?

12절– "사도들의 손을 통하여 민간에 표적과 기사가 많이 일어나매 믿는 사람이 다 마음을 같이하여 솔로몬 행각에 모이고"

저는 여기서 "믿는 사람이 다 마음을 같이하여"라는 표현에 주목하고 싶습니다. 믿지 않는 사람들이 교회가 잘하는 것에는 별로 신경 쓰지 않습니다. 교회에서 기적이 일어나고 병자가 고침. 받는 것은 당연하다고 생각합니다. 그런데 교회가 마음을 같이 하지 못하고 하나 되지 못하고 서로 나뉘고 편을 가르고 싸우면 그것 보라고 합니다. 교회라고 하나도 다를 게 없다고 말합니다. 이런 상황에서 <u>초대교회는 "믿는 사람이 다 마음을 같이 했습니다."</u>

이것을 불신자들이 주목했습니다. 많은 사람이 모여 있는 곳에서 하나 된다는 것은 무척 힘든 일인 것을 그들도 잘 압니다. 저마다 생각과 가치관과 관심사와 우선순위가 다릅니다. 그런데 많은 사람이 모인 초대교회가 하나 된 모습을 봅니다. 형제들끼리도 하나 될 수 없는데 저들은 심지어 재산까지 나누며 하나 됩니다. 유대교 세력의 위협 속에서도 흔들리지 않고 흩어지지 않고 꿋꿋이 하나 되어 나갑니다. 그러자 핍박하고 방해하는 사람들조차 칭찬합니다. 교회는 삼위 하나님의 일체 되심처럼 하나 됨이 참으로 중요합니다.

엡 4:1~6- "그러므로 주 안에서 갇힌 내가 너희를 권하노니 너희가 부르심을 받은 일에 합당하게 행하여 모든 겸손과 온유로 하고 오래 참음으로 사랑 가운데서 서로 용납하고 평안의 매는 줄로 성령의 하나 되게 하신 것을 힘써 지키라 몸이 하나요 성령도 한 분이시니 이와같이 너희가 부르심의 한 소망 안에서 부르심을 받았느니라 주도 한 분이시오 믿음도 하나요 세례도 하나요 하나님도 한 분이시니 곧 만유의 아버지시라 만유 위에 계시고 만유를 통일하시고 만유 가운데 계시도다"

성령의 하나 되게 하신 것이 무엇입니까? 몸이 하나입니다. 즉 교회는 그리스도의 몸입니다. 이 몸은 절대 나누어질 수 없는 존재입니다. 만일 몸이 찢어지면 그것은 곧 죽음입니다. 또 성령도 한 분이십니다. 구원받은 모든 사람 안에 계신 분은 한 성령님이십니다. 내 속에는 성령님이 계신 데 다른 성도에게는 다른 존재가 있는 것이 아닙니다. 우리 모든 성도 안에는 한 성령님만 계십니다. 그래서 우리는 한 소망으로 부르심을 받았습니다. 또 우리의 주님도 한 분이십니다. 믿음도 하나입니다. 예수를 그리스도로 믿는 것은 구원받은 모든 사람의 만국 공통입니다. 세례 역시 하나입니다. 무엇보다 하나님 아버지가 한 분이십니다. 모든 믿는 자의 아버지는 여호와 하나님 한 분입니다. 한 아버지 안에 우리는 한 아버지의 자녀입니다.

저희는 7남매입니다. 어릴 적 마을에서 소문난 집안이었습니다. 다른 것으로 소문난 것이 아니라 착하고 부모님 말씀에 순종하고 공부 열심히 한다는 칭찬을 항상 받았습니다. 가끔 친구들이 의행아, 너 때문에 나 어제 혼났다. 그럽니다. 왜? 하고 물으면 너처럼 칭찬 좀 들어보라고 혼났다는 것입니다. 그때는 우리가 칭찬을 당연히 들어야 한다고 생각했습니다. 당연히 해야 할 일을 했기 때문입니다. 그런데 성장하면서 그리스도인으로 칭찬을 듣기는 쉬운 일이 아니라는 사실을 알게 되었습니다. 세상의 유혹이 너무 많기 때문입니다. 그러나 우리는 복음의 능력으로 구원을 받았습니다.

그리고 우리 속에 능력인 성령님이 계십니다. 지금 한국교회가 불신자들에게 칭찬을 듣지 못하는 큰 이유 중의 하나는 교회가 교회답지 못하다는 것입니다. 교회가 세상보다 더 세속화되었습니다. 앞서 교회는 주님의 몸입니다. 여러분과 저는 주님 몸의 지체입니다. 제가 항상 강조하듯이 교회는 그리스도 자신입니다. 여러분과 저는 작은 예수입니다. 그러면 우리는 예수님처럼 겸손하고 온유하고 사랑해야 합니다. 손해를 볼 줄 알아야 합니다. 섬길 줄 알아야 합니다. 용서할 줄 알아야 합니다.

C

PM(핵심 메시지) / "성도는 불신자들에게 칭찬받아야 합니다"

행 11; 에 가면 박해를 피해 흩어진 그리스도인들이 안디옥으로 가서 거기서 교회를 세웁니다. 그 소문을 듣고 예루살렘 모 교회에서 바나바를 안디옥 교회의 담임 목사로 파송합니다. 그때 행: 기자는 바나바를 "착한 사람이고 믿음과 성령이 충만한 사람"이라고 소개합니다. 그리고 그 안디옥 교회에서 비로소 믿는 사람들을 **'크리스천'**이라고 부르기 시작합니다.

'크리스천'은 '작은 예수'라는 말입니다. 신자를 향한 최고의 칭찬입니다. 그러나 오랜 세월이 흐르는 동안 '그리스도인'이라는 말은 예수 믿는 사람을 가리키는 보통명사가 되어버리고 말았습니다. 하지만 우리는 '작은 그리스도'라는 본래 의미를 회복하는, 불신자들에게 칭찬받는 사람들이 되어야 합니다.

한의택의 책[예수의 형제 야고보 장로의 영성]에 나오는 이야기입니다. 기도원에서 내려오는 길에 한 할아버지를 만났습니다. 그 할아버지는 기도원으로 연결되는 길 양쪽 밭에 호박, 고추, 깻잎 등을 재배하시는 분입니다. 그런데 이분이 예수님을 믿는 사람들을 보고 욕을 심하게 하시는 것입니다. "이 도둑놈들! 예수를 믿지나 말지!" 그 이유를 들어보니 기도원에서 밤샘 기도를 마치고 아침 일찍 산에서 내려가는 성도가 길가 밭에 열린 호박이며 고추, 깻잎을 다 따간다는 것입니다.

기도원에서 울며불며 기도하고 회개하고, 은혜 많이 받았다는 사람들이 내려가면서 왜 남의 것을 도둑질합니까? 예수 그리스도의 의로 구원받았다고 해서 우리 개인의 도덕적 의가 필요 없는 것이 아닙니다. 우리를 구원하신 하나님께서 우리에게 바라시는 것이 무엇입니까? 거룩하고 의롭고 진실한 삶으로 하나님의 영광을 드러내는 것입니다. 그래서 불신자들과 다른 모습을 보여주어서 그들도 구원받게 만들어야 합니다. 하나님을 욕 먹이는 것이 아니라 영광을 돌리고 칭찬을 듣게 해야 합니다.

간증/ 저희 아버님의 형제분은 삼 형제분입니다. 맨 윗분의 소생들이 7남매이고, 그다음 분의 소생들이 4남매, 저희 부친의 자녀들이 7남매입니다. 합해서 18남매입니다.

그런데 우리 집에서 믿기 시작한 예수를 삼 형제 어르신들은 물론 18남매 중 17남매가 예수를 믿고 나머지 한 사람 집에도 드디어 복음이 들어갔습니다.

그렇게 되기까지 그 뒤에는 저희 모친의 덕스러움이 있었습니다. 맨 막내며느리였지만 위에 형님들은 물론 조카들 입에서도 항상 작은 어머님에 대한 칭찬이 끊이지 않았습니다. 그리고 세월이 흐르면서 작은어머니께서 믿는 하나님을 믿기 시작했습니다.

지금은 그 18남매의 자녀들이 또 모두 예수를 믿는 삶을 살고 믿음의 가정을 이루었습니다. 만일 저희 모친께서 우리도 살기 어려운 살림살이를 핑계 대고 당신과 자녀들만 챙기셨다면 그런 칭찬은 돌아오지 않았을 것입니다. 그리고 18남매의 자녀의 자녀들까지 구원받는 일은 일어나지 않았을 것입니다.

　그래서 저는 그리스도인들이 삶 속에서 칭찬 듣는 것이야말로 가장 강력한 전도 방법이라고 생각합니다.

　예화/ 노예를 매매하던 시절에 어느 집에 '조'라는 노예가 있었는데 성실하고 일도 잘해서 주인은 그에게 많은 일을 맡기며 중대사를 의논했습니다. 어느 날 주인은 조와 함께 또 다른 노예를 사기 위해 노예 시장에 갔습니다. 많은 노예가 상품처럼 세워져 있는데 유달리 늙고 힘없는 노예가 끼어 있었습니다. 조는 잠시 그 노예를 바라보더니 주인에게 그 늙은 노예를 사라고 합니다. 주인은 마음에 들지는 않았지만 조가, 계속 설득하자 결국 그 늙은 노예를 사서 데리고 왔습니다.

　그날부터 조는 그 늙은 노예를 정성스럽게 돌봐 주었습니다.

　이것을 유심히 지켜보던 주인이 조에게 물었습니다.

　"조, 혹시 그가 네 아버지 아니냐?"

　조가, 대답합니다.

　"아닙니다. 주인님, 그는 제 원수였습니다.

　오래전에 어린 저를 유괴해서 주인님께 판 사람입니다.

　주인님과 노예 시장에 나가 그를 보았을 때 한 작은 음성이 제 마음에 들려왔습니다. '네 원수를 사랑하라, 네 원수가 주리거든 먹이고 목마르거든 마시게 하라' 예수님의 생명을 받은 제가 어떻게 그분의 말씀을 따르지 않을 수 있겠습니까?"

그렇습니다.

주님의 사랑은 원수인 우리를 위해서 목숨까지 내어주신 사랑입니다. 만일 우리가 이 사랑을 알고 이 사랑에 빚진 심정으로 원수까지 사랑한다면 우리는 모든 사람에게 인정받고 칭찬을 받게 될 것입니다.

D

적용, 결단, 복 / 창세기부터 요한 계시록까지 **66**권으로 이루어져 있는 성경은 총 **1,752**페이지에 달하는 방대한 분량으로 성경 전체의 절수는 무려 **31,173**절입니다. 그중에 오늘 우리에게 주신 말씀은 **행 5; 12~16절**까지 불과 다섯 절에 지나지 않습니다. **성경 31,173절** 중 주일 예배 시간에 이 다섯 절을 만날 수 있는 확률은 **6,235분의 1**밖에 안 됩니다. **0,0016%**의 확률밖에 없는 이 다섯 구절의 말씀을 오늘 우리에게 주신 것은 이 본문 속에 우리를 향한 하나님 아버지의 간곡한 뜻이 있지 않겠습니까?

특히 이 시대 한국의 그리스도인들은 하나님 아버지의 얼굴에 먹칠하는 불효막심한 인생들입니다. 이런 우리에게 "제발 부탁한다. 복음의 능력을 나타내서 칭찬 좀 들어라! 그래서 이 땅의 불쌍한 영혼과 북녘의 동포들을 구원해라! 그러기 위해서 복음과 삶을 하나로 일치시켜라. 복음 따로, 삶 따로 인 따로국밥이 아니라, 볶음 비빔밥이 되어라, 그래서 교회와 복음이 하나 되어라! 그러면 세상이 너희를 칭찬할 것이다.

　이것이 한국교회 그리스도인들에게 품은 내 뜻이다!"라고 주님께서 오늘 사순절 기간에 우리에게 간곡히 말씀하십니다.

PM(핵심 메시지)/ "성도는 불신자들에게 당연히 칭찬을 들어야 합니다."

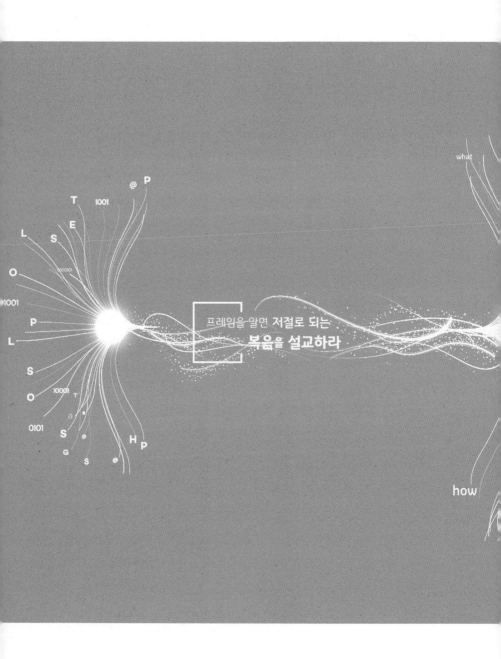

프레임을 알면 저절로 되는
복음을 설교하라

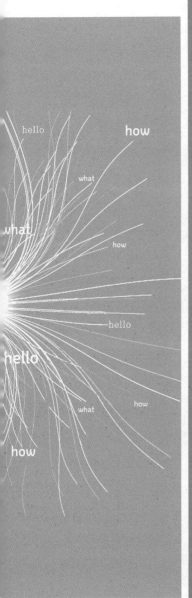

PART 3

하나님의
관점과
복음 설교

CHAPTER 7

CHAPTER 7	목적과 목표가 이끄는 설교

혹시 여러분은 '목적이 이끄는 40일'이라는 릭 워런 목사의 책을 읽거나 교회에서 훈련용 교재로 사용해 보지 않았는가? 나도 이 '목적이 이끄는 40일'이라는 책으로 90년대 성도들을 훈련했다. 그가 그 후로 '목적이 이끄는 설교'라는 책을 썼다. 그리고 한국에서는 국제 제자훈련원에서 그 책을 출판했다. 그런데 아쉽게도 나는 그 책을 읽지 못했다. 릭 워런이 우리에게 강조하는 것은 무엇인가? 목적이 있는 인생, 목적이 있는 신앙생활을 하라는 것이다. 이를 위해 설교자는 자신이 먼저 성경 본문에서 하나님의 목적이 무엇이고 하나님의 목표가 무엇인지를 찾아내고 그것을 근거로 맛있는 설교를 만들어 청중에게 전달해야 한다는 것이다. 우리가 목적을 이루기 위해서는 자연스럽게 목적을 이루기 위한 수단으로 목표를 분명히 설정하고 목적을 향해 가야 한다.

지금 이 책을 쓰는 순간 잠깐 스트레스를 받게 하는 것이 한국 축구다. 나는 테니스를 하고 있지만 보는 스포츠로는 축구밖에 보지 않는다. 그런데 지금 아시안컵에 대표팀을 이끌고 출전한 클린스만 감독은 국내 축구 팬을 화나게 만들고 있다. 목적은 분명한 아시안컵 우승이다. 그런데 그 목적을 이루는 과정인 목표를 이루는 과정에서 총사령관으로서 너무 우유부단하고, 무대책이다.

한 마디로 정확한 목표를 향한 전술이 없다. 그냥 훌륭한 선수들이 알아서 해주기를 바라면서 자신은 우승하겠다고 여전히 큰소리를 친다. 나는 이것을 보면서 목적이 아무리 크고 중요해도 목적을 이루는 것은 목표이다. 목표가 분명해서 한 걸음 한 걸음 실수 없이 목표를 이루어 가면 나중에는 자연스럽게 목적을 이루게 된다는 것이다. 이것을 통해서 나는 설교에서도 목적이 중요하지만, 그 목적을 이루는 데는 목표가 분명해야 함을 깊이 다시 한번 인식하게 된다. 그러므로 설교자는 모든 설교에서 목적과 목표가 분명한 메시지를 들고 청중을 설득하고 이해시키고 감동으로 이끌어야 한다.

최근에 설교학자들은 탁월한 설교를 만드는 4대 요소를 말한다.
첫 번째는 본문 (Text)이다. 본문에서 가장 중요한 것은 해석이다. 적어도 개혁주의적이고 복음주의적인 성경 신학과 역사신학과 조직신학의 테두리 안에서 본문을 해석하는 일은 무엇보다 중요하다. 마치 음식의 재료가 부패하지 않고 싱싱하고 영양가가 있어야 하는 것과 똑같다. 무엇보다 본문의 의미를 하나님의 관점으로 분명히 드러내고 전달하는 것이 하나님의 설교자에게 가장 중요하다. 설교에서 가장 중요한 첫 요소요 불변의 기초는 바로 본문이다.

탁월한 설교를 만드는 두 번째 요소는 연관성(relevance)이다. 연관성은 구 설교학에서는 다루지 않았던 현대 설교학에서 중요한 요소 중 하나로 집중적으로 논의되고 있다. 연관성은 수천 년 동안 거쳐오면서 완성된 성경이라는 텍스트를 오늘날 청중의 상황과 연결하는 것을 말한다. 설교는 이 시대를 사는 청중이 왜 몇천 년 전에 쓰인 말씀을 들어야 하고 그 본문이 청중의 삶과 어떻게 연관되는지를 말해야 한다. **존 스토트**는 설교에서 이 연관 작업을 성경 시대와 현대 사회라는 두 세계를 다리를 놓아주는 작업이라고 한다. 그러므로 설교자는 옛날 성경의 세계와 오늘 현대 세계의 중간에서 연관성이라는 다리를 놓아서 하나님의 진리와 뜻이 청중에게 정확히 전달되도록 해야 한다.

탁월한 설교를 만드는 세 번째 요소는 적용(application)이다. 설교자는 본문의 내용이 어떻게 현시대와 연결되는지 말할 뿐만 아니라 본문의 진리를 어떻게 청중이 삶 속에서 살아낼 수 있는지를 분명하게 제시하는 것이 적용이다. 많은 경우 목사는 본문의 뜻만 잘 전달하면 말씀을 살아내는 것은 청중들이 알아서 잘할 것이라는 믿음 아닌 믿음이 있다. 이것은 청중을 너무 모르는 것이다. 짧은 설교 시간에 청중이 이 중요하고 어려운 과제를 순식간에 생각한다는 것은 설교자도 어려운 일을 청중에게 떠넘기는 무책임한 일이다. 하늘의 언어를 땅에 천착시킨다는 것은 그리 만만한 일이 아니다. 그러므로 적용은 설교자가 책임 있는 영적 스승의 역할을 하는 것이다.

탁월한 설교를 만드는 네 번째 요소는 전달(delivery)이다. 아무리 설교의 내용이 금상첨화라도 효과적으로 전달하지 않으면 청중은 메시지에 집중하지 못하거나 그것을 거부하기까지 한다. 본문과 무관한 지나친 전달은 거부감을 느끼게 하고 맥없는 전달은 지루함을 준다. 탁월한 설교를 하기 위해서는 지나치지 않으면서도 다양하고 자연스러운 전달법을 반드시 계발하고 자기 것으로 만들어야 한다. 이것은 평소 생활 속에서 자연스럽게 훈련되는 것이 제일 바람직하다. 목소리의 자연스러움, 표정, 손과 몸을 사용하는 몸짓 언어가 자연스럽고 호소력이 있어야 한다. 전달력이 부족한 설교자는 마치 택배 물건을 주문했는데 택배 기사가 택배 사고를 일으키는 것과 같다. 아무리 비싸고 좋은 물건을 만들었어도 택배 사고를 일으키면 모든 것이 도루묵이 되고 만다. 그만큼 현대 설교에서 전달력은 중요하다. 그러나 많은 보수적인 설교자들은 이 부분을 너무 무시한다. 반면 진보적인 설교자들은 너무 이 부분만을 의지하는 경향이 강하다. 그래서 자칫 설교가 쇼를 하는 것 같은 착각을 하기도 한다.

*하나님의 관점으로 보는 그리스도인의 목적

잠시 설교의 목적을 이루기 위한 설교의 목표를 네 가지 분야로 나누어 살펴보았다. 지금부터는 좀 더 구체적으로 목적이 이끄는 설교에 대해 생각하자. 새들백 교회의 릭 워런 목사는 목적이 이끄는 40일이라는 책에서 그리스도인의 목적을 다섯 가지로 정리했다. 이것을 잠시 살펴보는 것이 우리가 목적이 이끄는 설교자로 자신을 만들어 가는 여정에 많은 도움이 되리라고 생각한다.

1) 우리는 하나님의 기쁨을 위해 구원받았다.

"여호와께서는 자기 백성을 기뻐하시며" (시 149:4)

우리는 우리의 기쁨이 아닌 하나님의 기쁨을 위해 창조되었다. 이것은 타락한 인간의 관점으로는 생뚱맞은 이야기다. 타락한 인간의 생각 속에는 애초에 하나님이라는 존재조차 존재하지 않는다. 그러나 창조주 하나님께서 인간을 창조하실 때도 또다시 예수 그리스도 안에서 우리를 하나님의 자녀로 구원하신 새 창조에서도 변함없이 인간은 창조주 하나님의 기쁨을 위해서 존재한다. 그래서 우리는 하나님의 유익, 하나님의 영광, 하나님의 목적 그리고 하나님의 즐거움을 위해 존재한다. 하나님께 기쁨을 드리는 것, 하나님께 영광을 돌리는 것, 하나님의 목적을 위해 사는 것은 우리 구원받은 하나님 나라의 백성에게 첫 번째 목적이다. 이 진리를 완전히 이해하면 내가 나를 위해 존재한다고 생각할 때보다 우리의 존재 가치가 훨씬 귀하게 된다.

하나님께서 하나님의 형상을 따라 지음을 받은 인간에게 주신 선물 가운데 가장 좋은 것은 기쁨을 누릴 수 있는 능력이다. 하나님께서는 우리가 기쁨을 경험할 수 있도록 오감과 감정을 주셨다. 그러므로 이 기뻐하는 감정의 원천은 바로 하나님이시다. 그런데 하나님께서는 하나님을 예배하고 하나님의 사랑을 신뢰하는 자들을 가장 기뻐하신다. (시 147:11) 그런데 신약 시대에 와서는 하나님께서는 구약처럼 의식에 의해 드려지는 예배보다 삶을 통해서 우리가 드리는 예배를 더욱 기뻐하신다. 물론 구약에서도 "해 뜰 때부터 해 질

때까지 찬양하라"(시 113:3)고 우리를 초청한다. 그러므로 우리는 직장에서, 집에서, 전쟁터에서, 감옥에서, 심지어 침대에서 하나님을 찬양해야 한다. 그래서 우리는 우리 자신을 산 제물로 하나님께 드려야 한다. 특히 우리를 죄에서 구원하신 예수님과 사랑에 빠지는 것, 이것이야말로 진정한 예배이다. 그리고 우리 구원받은 하나님 나라의 백성들은 하나님을 기쁘시게 하는 것이 인생의 제일 목적이 되어야 함을 명심해야 한다. "주께 기쁘시게 할 것이 무엇인지 시험해 보라"(엡 5:10)

성경에서 죽음을 보지 않고 육신을 그대로 가지고 하늘로 올라간 사람이 두 사람이 있다. 한 사람은 에녹이고, 또 한 사람은 엘리야다. 에녹은 300년 동안을 하나님과 동행한 사람이었다. 그리고 엘리야는 죄악이 가득한 이스라엘 땅에서 하나님을 경외하고 순종한 선지자였다. 이들의 특징은 하나님과 가장 가까운 친구처럼 인생을 살았다는 것이다. 이것이 바로 우리가 하나님을 기뻐하는 삶을 사는 것이다. 우리가 구원을 생각할 때 항상 세속적 관점으로 우리를 위해서만 구원받았다는 프레임에 갇혀 있다. 그러니 많은 경우 하나님의 기쁨이나 하나님의 영광을 위해 산다는 것은 왠지 우리가 손해 보는 장사를 하는 것처럼 계산하는 사람들이 많다. 아니다. 하나님께서 수많은 죄인 중에서 우리를 선택하시고 구원하신 목적은 우리가 하나님의 기쁨이 되는 존재가 되기를 원하시기 때문이다. 이것이 우리의 목적인 것을 잊지 말고 설교자는 항상 인간의 제일 되는 목적을 염두에 두어야 목적이 이끄는 설교를 할 수 있다.

2) 우리의 목적은 하나님의 가족으로 다시 태어난 것이다.

"아버지께서 우리를 얼마나 사랑하고 계시는지 생각해 보십시오. 하나님께서는 우리를 너무나 사랑하셔서 우리를 그분의 자녀로 불러주셨습니다. 이제 우리는 정말로 그분의 자녀입니다. 그러나 세상 사람들은 우리를 이해하지 못합니다. 왜냐하면 그들은 하나님을 모르기 때문입니다." (요일 3:1, 쉬운 성경)

지금 우리 사회는 비혼주의자들이 넘쳐난다. 이것은 사탄의 전력이 우리에게 먹혀들고 있다. 그러나 하나님께서는 인간을 남자와 여자로 창조하시고 남자와 여자로 가정을 이루고 자녀를 낳아 가정을 이루는 행복을 누리도록 창조하셨다. 이렇게 하나님께서 가족이 있는 가정을 최초로 설계하셨다. 그리고 하나님께서는 때가 되어 예수 그리스도를 통해 우리를 하나님의 가족으로 부르셨다. 이것이 하나님께서 우리의 삶에 대해서 계신 두 번째 목적이다. 사실 성경은 하나님을 사랑하고 그분께 영광을 돌리며 영원히 그분과 함께 통치할 하나님의 가족을 만드는 이야기이다.

"그 기쁘신 뜻대로 우리를 예정하사 예수 그리스도로 말미암아 자기의 아들들이 되게 하셨으니" (엡 1:5)

하나님은 사랑이기 때문에 관계를 소중히 여기신다. 관계를 중요하게 여기시는 것은 하나님의 본성이다. 그래서 성경은 신앙은 관계라고 정의한다. 신앙은 하나님을 사랑하고 또 이웃을 내 몸처럼 사랑하는 관계이다. 또 삼위일체 역시 성부와 성자와 성령은 하나님 자신에 대한 관계이다.

"그가 그 피조물 중에 우리로 한 첫 열매가 되게 하시려고 자기의 뜻을 따라 진리의 말씀으로 우리를 낳으셨느니라"(약 1:18)

우리가 그리스도를 믿을 때 하나님은 우리의 아버지가 되시고 우리는 그분의 자녀가 되며 다른 믿는 사람들은 우리의 형제자매가 되고 교회는 우리의 영적인 가족이 된다. 하나님께서 모든 인류를 창조하셨지만, 모든 사람이 하나님의 가족이 되는 것은 아니다. 하나님의 가족이 되는 방법은 거듭나는 것, 새롭게 태어나는 것뿐이다. 우리의 영적인 가족은 사실은 혈육 관계의 가족보다 더 중요하다. 그것은 영적인 가족은 영원히 함께하기 때문이다.

그렇다면 하나님의 가족이 되는 유익은 무엇인가?

첫째, 우리는 영원히 하나님과 함께하게 될 것이다. (살전 4:17) 둘째, 우리는 완전히 변화되어 그리스도처럼 될 것이다. (요일 3:2, 고후 3:18) 셋째, 우리는 모든 아픔, 죽음 그리고 고통으로부터 자유로워질 것이다. (계21:4) 넷째, 우리는 영원한 상급을 받을 것이고 섬김의 자리에서 섬길 것이다. (막 9:41, 고전 3:8, 히 10:35) 다섯째, 우리는 그리스도의 영광 안에서 그분이 소유한 모든 것을 함께 나누게 될 것이다. (롬 8:17, 골 3:4, 벧전 5:1) 혹 대통령의 가족에 대해 생각해 보았는가? 아니면 재벌 회장의 가족에 대해서는? 이런 썩어질 것에 근거한 가족의 영광도 우리가 무시할 수 없다면 영원하신 창조주 하나님의 가족이 된다는 사실에 대해 다시 한번 깊이 묵상해 보기를 바란다. 이 어마무시한 축복을 누리는 하나님의 가족으로 사는 것이 바로 성경이 말하는 하나님의 목적임을 명심하고 설교자는 세상의 축복을 침소봉대하지 말고 이 영광스러운 축복을 청중을 향해 선포하는 그것이야말로 목적이 이끄는 설교이다.

*그런데 하나님의 가족으로서의 우리의 삶의 목적을 이루는 데 가장 중요한 것이 있다. 그것이 무엇인지 아는가? 바로 사랑이다.

"하나님이 우리를 사랑하시는 사랑을 우리가 알고 믿었노니 하나님은 사랑이시라 사랑 안에 거하는 자는 하나님 안에 거하고 하나님도 그의 안에 거하시느니라"(요일 4:16)

하나님의 가족 공동체에서 우리의 아버지가 되시는 하나님 아버지는 사랑이시다. 그러므로 교회는 사랑 공동체이다. 그리고 하나님의 사랑으로 구원을 받은 우리는 하나님의 가족으로 가족 공동체인 교회 안에서 죽는 순간까지 하나님을 사랑하고 사람을 사랑하는 법을 배우는 삶을 사는 것이다. 천국에서 우리는 하나님의 가족으로 영원히 살게 될 것이다. 하지만 그 전에 우리는 이 땅에서 그 영원한 사랑을 준비하는 시간을 보내야 한다. 설교자는 하나님의 가족 공동체인 교회 안에서 이 사랑을 나누고 배우는 법에 대해서 쉬지 않고 말씀을 통해 가르쳐야 한다. 이것이 바로 목적이 이끄는 설교를 반드시 해야 하는 당위성인 것이다. 우리는 여기서 교회론을 생각하고 넘어가야 한다. 교회란 무엇인가? 케토릭 신학자이면서 개혁주의 신학을 가진 **한스 큉**은 그의 책 **'교회란 무엇인가'**에서 '교회란 그리스도 자신이다' 라고, 말한다.

*왜 교회가 그리스도 자신인가?"

"모든 통치와 권세와 능력과 주권과 이 세상뿐 아니라 오는 세상에 일컫는 모든 이름 위에 뛰어나게 하시고 또 만물을 그이 발아래에 복종하게 하시고 그를 만물 위에 교회의 머리로 삼으셨느니라 **교회는 그의 몸이니** 만물 안에서 만물을 충만케 하시는 이의 충만함이니라"(엡 1:21~23)

바로 이것이다. 교회는 그리스도의 신비한 몸이다. 그리고 교회의 머리인 주인은 바로 그리스도이다. 한국교회의 교회론은 마치 복마전 같은 인상까지 갖게 한다. 내가 개척하고 내가 땀 흘려 건축했으니 이 교회의 주인은 나다. 내가 주인이다. 그래서 목사가 자기 자식을 후계자로 세우는 일이 정당화되는 곳이 바로 한국 개신교회들이다. 이것은 하나님의 목적을 설교하려는 사람에게는 반드시 짚고 넘어가야 하는 교회론이다.

그래도 교회가 당신의 것이라 고집하겠는가? 그러면 그리스도도 당신의 발아래 두겠다는 심산인가? 우리는 깊이 회개해야 한다. 여기에 동조한 사람들도 회개해야 한다. 사람을 기쁘게 할 것인지 하나님을 기쁘시게 할 것인지 스스로 결정하라. 이것이 당신의 영원한 운명을 결정하는 것이다. 설교자가 우리는 하나님의 가족으로 거듭난 하나님의 자녀들이라는 하나님의 목적에 입각한 분명한 메시지를 청중에게 전달하면 그들의 삶은 반드시 하나님 중심, 교회 중심, 하나님 나라 중심의 신앙을 갖게 될 것이다. 그러나 이런 하나님의 관점이 없는 설교자는 청중을 마치 불신자와 다를 바 없는 세계관을 갖고 살도록 만들 것이다. 지금 한국 교회가 이렇게 혼란한 이유가 무엇인가? 우리는 하나님의 가족이라는 목적의식이 없이 마치 종교인처럼 성도들을 개인적으로 복 받고 잘살게 하는 것이 신앙의 궁극적인 목적인 것처럼 잘 못 이끌기 때문이다.

*가족은 삶을 함께 경험하는 것이다.

옛날에 인기 드라마의 제목이 갑자기 생각이 난다. '한 지붕 세 가족'내용은 잘 모르겠다. 그러나 얼른 떠오르는 이 가족의 이미지는 한 지붕 아래 한집에서 사는데 삶은 제각각이라는 것이다. 그러나 교회 공동체, 하나님의 가족 공동체에서는 이런 일이 벌어지면 안 된다.

"평강을 위하여 너희가 한 몸으로 부르심을 받았나니" (골 3:15)

우리의 몸을 유기체라고 한다. 우리 몸은 서로가 긴밀하게 연결이 되어 있다는 뜻이다. 눈은 눈 대로, 귀는 귀대로, 이는 이대로, 팔은 팔대로, 다리는 다리대로 제각각 사는 것이 아니다. 얼마 전 아내가 집안에서 작은 물건에 걸려 넘어지면서 오른팔이 부러졌다. 병원에 가서 수술하고 지금 한 달이 넘었는데 주부로서 아무 일도 하지 못한다. 그래서 내가 지금 억지 주부 노릇을 하고 있다. 그러다 보니 저녁은 단골 메뉴가 라면이다. 아내가 화를 내면서 라면 먹기 싫다고 아우성친다. 그래도 할 수 없다. 아내가 한쪽 팔만 다쳤는데 온몸이 제 기능을 못 한다. 이것이 우리 몸이다.

그리스도의 몸인 교회도 똑같다. 그래서 교회의 지체들은 서로 삶을 함께 나누는 것이 무엇보다 중요하다. 우리 한국의 오래된 문화는 유교문화이다. 유교는 혈족을 가장 중요하게 여긴다. 그래서 한국 교회가 영적인 몸이요 한 가족 공동체 의식이 부족하다. 설교자는 이 문제를 덮어두면 안 된다. 우리는 하나님과의 교제를 굉장히 중요하게 여겨야 하듯이 지체들과의 교제 역시 중요한 시각으로 보아야 한다.

"이러므로 너희는 서로 죄를 고하며 병 낫기를 위하여 서로 기도하라"(약 5:16)

성경은 지체들끼리는 이렇게 서로 자기의 숨겨진 죄를 고백할 정도로 진실하고 신뢰하고 사랑하는 관계를 요구한다. 내가 내 몸에 아픈 곳이 있으면 즉시 눈으로 살피고 손으로 돌본다. 하나님의 가족들도 이렇게 하라는 것이다. 이것이 섬김과 나눔의 교제로 나타난다. 서로의 짐을 함께 지고 슬픔도 기쁨도 함께 나누는 것이다. (갈 6:2)

이때 그리스도의 법은 사랑의 법이다. 하나님 나라에서 최고의 법은 바로 사랑의 법이다. 교회는 은혜의 장소이고 하나님의 가정이다. 이곳에서는 우리의 실수가 드러나지 않고 약점이 덮인다. 이런 사랑의 교제는 자비가 정의보다 강하게 역사하는 가족 공동체의 특징이다. 우리는 모두 심지어 설교자조차도 불완전한 죄인이기에 함께 오랜 시간을 보내면 의식적으로 때로는 무의식적으로 상대방에게 상처를 준다. 이때 주님은 말씀하신다.

"뉘가 뉘게 혐의가 있거든 서로 용납하여 피차 용서하되 주께서 너희를 용서하신 것과 같이 너희도 그리하라"(골 3:13)

설교자는 교회의 주인이신 주님으로부터 주님의 몸인 교회를 건축하는 '교회 건축가'라는 청지기로 부름을 받았다. 그러므로 주님의 몸인 공동체를 어떻게 세워갈 것인가에 대한 목적과 목표가 분명해야 한다. 그래서 항상 강단 위에서 선포되는 설교를 통해 하나님의 가족으로서의 목적을 강조하고 또 그런 공동체를 이루기 위한 목표를 끊임없이 솔선수범하면서 말씀으로 가르쳐야 한다.

3) 우리의 목적은 그리스도를 닮도록 새롭게 창조되었다는 것이다.

"하나님이 미리 아신 자들로 또한 그 아들의 형상을 본받게 하기 위하여 미리 정하셨으니"(롬 8:29)

하나님께서 태초에 인간을 창조하실 때 계획은 우리를 당신의 아들 예수님처럼 만드는 것이었다. 이것이 하나님께서 우리를 향하신 영원하신 목적이다.

이렇게 모든 피조물 가운데 유일하게 인간만이 하나님의 형상으로 창조되었다. 이것은 인간의 위대한 특권이며 존엄성이다. 우리도 하나님처럼 영적인 존재로 창조되었다. 또 우리는 지적인 존재이다. 우리는 생각하고 논리에 따라 사고하며 문제를 해결한다. 또 우리는 하나님처럼 관계를 중요하게 여긴다. 우리는 진정한 사랑을 주고받는다. 그리고 우리는 도덕적인 의식을 하고 있다. 우리는 선과 악을 구분하고 이것 때문에 하나님에 대한 책임을 지고 있다. 하지만 그 하나님의 형상이 완전하지 않고 죄에 의해 치명적으로 손상되고 왜곡되었다. 그래서 하나님께서는 인간이 잃어버린 완전한 하나님의 형상을 다시 회복하도록 이 땅에 예수님을 보내셨다.

그러면 완전한 하나님의 형상, 하나님의 모습은 어떤 것인가? 그 것은 바로 예수 그리스도의 모습이다. 성경은 예수님이 하나님과 완전히 일치하는 분이고 또 보이지 않는 하나님의 형상이라고 한 다. (고후 4:4, 골 1:15) 우리는 종종 부모와 자녀가 닮은 모습을 붕어 빵이라고 하고 옛날에는 부전자전이라고 했다. 나도 내 아이들의 모습에서 사람들이 나를 찾으면 왠지 기분이 좋다. 하나님 역시 우 리가 하나님의 형상과 모습을 닮기를 원하신다.

> "하나님을 따라 의와 진리의 거룩함으로 지으심을 받은 새사람을 입으라."
> (엡 4:24)

여기서 분명히 짚고 넘어갈 것이 있다. 우리는 절대로 하나님이 될 수 없고 어떤 신도 될 수 없다. 사탄은 아담과 하와에게 접근해 서 자기 말을 들으면 '하나님같이 될 것'이라고 거짓말로 유혹했다. 그러나 우리는 피조물에 불과한 존재로 절대 창조주가 될 수 없다. 그러나 하나님께서는 우리가 하나님의 도덕적 성격을 지닌 하나님 을 닮은 사람이 되기를 원하신다.

> "너희는 유혹의 욕심을 따라 썩어져 가는 구습을 따르는 옛사람을 벗어버리고 오직 너희의 심령이 새롭게 되어 하나님을 따라 의와 진리의 거룩함으로 지으심을 받은 새사람을 입으라." (엡 4:22~24)

그러므로 우리는 분명하신 하나님의 세 번째 목적을 발견했다. 그것은 우리가 편안한 삶을 사는 것이 아니라 그리스도와 같은 인격을 소유한 새사람이 되는 것이다. 하나님께서는 우리가 성격을 바꾸는 것이 아니라 그리스도의 성품을 소유하기를 원하신다. 예수님께서 말씀하신 팔 복(마 5:1~12) 성령의 열매(갈 5:22, 23) 사랑 장(고전 13장) 그리고 베드로 사도가 말하는 믿음의 덕목들이다. (벧후 1:5~8) 자, 분명히 살펴보자. 이런 것은 파라다이스, 낙원을 누리는 조건들이 아니다. 구원받은 사람은 이 세상에서부터 지상낙원을 누린다는 착각이 있다. 분명한 사실은 여기서부터 하나님 나라를 산다. 천국을 누린다.

하나님께서 약속하신 천국은 건강한 생활이나 편안한 삶이나 즐거움이나 믿음과 기도를 통한 빠른 문제해결 같은 것이 아니다. 예수님께서 우리에게 주신 천국은 물리적인 세상이 아니고 영적인 나라다. 하나님의 나라는 영이신 하나님과 함께 사는 영적인 나라이고 우리가 거듭났을 때 누린다. 우리의 거듭남은 바로 하나님과의 관계가 단절된 상태였던 영적으로 죽었던 우리가 영혼이 살아남으로 다시 영이신 하나님과 연결되는 것을 말한다. 그리고 이렇게 새로운 피조물로 거듭난 우리 안에는, 성령 하나님께서 우리와 함께 하신다.

"우리가 다 수건을 벗은 얼굴로 거울을 보는 것 같이 주의 영광을 보매 저와 같은 형상으로 화하여 영광으로 영광에 이르니 곧 주의 영으로 말미암음이니라" (고후 3:18)

이렇게 우리가 예수님을 닮아가는 것이 우리 삶의 세 번째 목적이다. 그런데 이 목적은 절대 우리 힘으로만 이루어지지 않는다. 주의 영, 곧 성령께서 우리와 함께하실 때 가능한 일이다. 다만 분명히 알아야 할 것은 구원은 우리의 노력으로 이루어지는 것이 아니지만 하나님의 형상으로 변화되는 것은 우리가 노력하지 않으면 얻을 수 없다.

"너희는 유혹의 욕심을 따라 썩어져 가는 구습을 좇는 옛사람을 벗어버리고 오직 심령으로 새롭게 되어 하나님을 따라 의와 진리의 거룩함으로 지으심을 받은 새사람을 입으라." (엡 4:22, 24)

옛사람을 벗어버리라, 새사람을 입으라, 이것은 우리가 적극적으로 노력하라는 말이다. 이를 위해서 우리는 우리의 생각, 우리의 관점을 바꾸어야 한다. 세상 나라의 관점이 아닌 하나님 나라의 관점으로 바꾸어야 한다. 그리고 날마다 목표를 세우고 새롭고 거룩한 습관을 발전시킴으로 그리스도의 성품을 입어야 한다. 다만 하나님께서는 우리가 하나님의 형상으로 변화되는 것을 위해 말씀과 기도와 주변의 사람들을 사용하신다는 사실이다.

"그 말씀이 너희를 능히 든든히 세우사 거룩케 하심을 입은 모든 자 가운데 기업이 있게 하시리라" (행 20:32)

하나님의 말씀은 능력이 있다. 그래서 우리를 교훈하고 책망하고 바르게 하고 의로 교육하기에 유익한 말씀이다. 이렇게 겸손과 열정으로 진리를 내 것으로 만드는 순종과 수고를 통해 우리는 변화되어 간다. 또 한 가지 중요한 팁이 있다. 우리는 고난을 통해 성숙해지고 변화되어 간다.

"우리의 잠시 받는 환난의 경한 것이 지극히 크고 영원한 영광의 중한 것을 우리에게 이루게 함이니"(고후 4:17)

"고통의 불이 거룩한 금을 만든다."**-귀용 부인.**

우리는 구원받은 이후에도 여전히 많은 문제에 둘러싸여 산다. 그런 많은 문제의 이면에는 하나님의 거룩하신 목적이 있다. 하나님께서는 고난을 통해 우리를 변화시키신다. 우리가 하나님의 형상으로 변화하는 데 중요한 한 가지 하나님의 방법이 있다. 그것은 바로 시험을 통해 성장하는 것이다.

"시험을 참는 자는 복이 있도다. 이것에 옳다 인정하심을 받은 후에 주께서 자기를 사랑하는 자들에게 약속하신 생명의 면류관을 얻을 것이니라"(약 1:12)

"내가 겪은 시험들은 신성함을 가르쳐 준 스승이었다."**-마틴 루터.**

사탄은 우리를 파괴하는 중요한 도구로 시험을 사용하는 반면, 하나님께서는 시험을, 우리를 성장시키는 데 사용하신다. 성경에서 하나님의 목적하심 다섯까지를 찾아내어 우리가 목적이 이끄는 설교를 어떻게 할 것인가에 대해 알기 위해 이 하나님의 목적 다섯까지를 다루려고 했는데 생각보다 내용이 길어졌다. 이 시험에 관한 것도 단순하지 않은 내용이다. 그러므로 이 정도에서 다루고 이제 다음 목적을 살펴보는 것이 유익하겠다.

4) 우리의 목적은 하나님을 섬기기 위해 지금의 모습으로 지음을 받았다.

"그런즉 아볼로는 무엇이며 바울은 무엇이냐, 그들은 주께서 각각 주신대로 너희로 하여금 믿게 한 사역자들이니라, 나는 심었고 아볼로는 물을 주었으되 오직 하나님께서 자라나게 하셨나니" (고전 3:5, 6)

하나님께서는 우리의 삶을 통해 하나님의 뜻을 이루라고 우리를 세상에 보내셨다. 세상은 우리가 어떻게 하면 많은 것을 얻을 수 있는가에 대해 말하지만, 이것은 하나님께서 우리를 이 세상에서 살게 하시는 이유가 아니다. 이 세상에서 우리가 하나님의 선하신 뜻을 이루는 것이 하나님의 네 번째 목적이다. 하나님의 선하신 뜻은 하나님을 섬기고 이웃을 섬기는 것이다. 그래서 세상에서는 섬김을 받는 자가 큰 자지만 하나님 나라에서는 섬기는 사람이 큰 자로 인정받는다. 하나님께서 예레미야에게 하신 말씀은 그대로 우리에게도 적용된다.

"내가 너를 복중에 짓기 전에 너를 알았고 네가 태에서 나오기 전에 너를 구별하였고 너를 열방의 선지자로 세웠노라 하시기로" (렘 1:5)

이렇게 우리는 하나님께서 우리를 향하신 뜻이 있어 이 땅에 태어났다. 성경은 이 사실을 기회 있을 때마다 우리에게 상기시킨다.

"하나님이 우리를 구원하사 거룩하신 부르심으로 부르심은 우리의 행위대로 하심이 아니요 오직 자기 뜻과 영원한 때 전부터 그리스도 예수 안에서 우리에게 주신 은혜대로 하심이라" (딤후 1:9)

그러므로 만일 나에게 다른 사람을 사랑하는 마음이 없고 다른 사람을 섬기고 싶은 마음도 없으며 오직 나에게만 신경을 쓴다면 정말 예수님께서 내 속에 계시는지 반문해 보아야 한다. 구원받은 우리에게 하나님께서 주신 마음은 바로 예수님의 마음이요 예수님의 마음은 섬기고 싶어 하는 마음이기 때문이다. 하나님을 섬긴다는 것을 사역이라고 할 수 있는데 이 말을 많은 사람이 잘못 이해하고 있다. 사역자라고 하면 우리는 교회나 복음을 위해 전적으로 일하는 사람만을 생각하지만, 성경은 모든 하나님의 가족은 이 세상에서 사역자라고 말한다. 성경에서는 섬김과 사역, 그리고 종과 사역자라는 말이 동의어로 사용된다. 우리가 그리스도인이면 바로 우리가 사역자요 우리가 가정에서나 직장에서나 누군가를 섬기고 있다면 우리는 사역하는 것이다.

우리가 구원받은 순간부터 하나님께서는 우리를 통해 이와 같은 일을 하시기 위해 우리를 사용하신다. 하나님께서는 우리가 주님의 몸인 교회에서 그리고 세상 속에서 해야 할 사역이 있다고 말씀하신다. 그런데 많은 그리스도인이 교회 안에 들어와서도 섬김을 받기를 원하고 교회 밖에서도 섬김을 받기를 원한다. 마치 스포츠 경기를 하는 운동선수들에게 손뼉을 치며 즐기는 관중처럼 신앙생활을 하는 사람들 때문에 수많은 교회가 죽어가고 있다. 하나님께서는 우리를 구원하시고 동시에 섬기라고 많은 은사와 시간과 재물과 건강과 성품을 주셨다. 우리는 이렇게 청지기로 부름을 받았다는 사실을 설교자는 설교 속에서 끊임없이 일깨워 주어야 한다. 이것이 설교의 목적이 되도록 설교자 자신부터 하나님의 목적에 이끌리는 삶을 솔선수범해야 한다.

5) 우리의 목적은 사명을 위해 지음을 받았다.

"의인의 열매는 생명나무라 지혜로운 자는 사람을 얻느니라"(잠 11:30)

"아버지께서 나를 세상에 보내신 것 같이 나도 저희를 세상에 보내었고"(요 17:18)

우리는 사명을 위해 하나님의 백성으로 지음을 받았다. 하나님께서는 지금도 이 세상에서 일하고 계시고 또한 우리가 당신과 함께 일하기를 원하신다. 이것을 우리는 사명이라고 부른다. 하나님께서는 우리가 그리스도의 몸 안에서의 사역과 이 세상에서의 사명, 이 둘을 다 감당하기를 원하신다. 우리의 사역은 그리스도의 몸 안에 있는 지체들을 대상으로 하는 섬김이고 사명은 이 땅에 있는 믿지 않는 사람들을 향한 섬김이다. 이것이 우리의 삶의 다섯 번째 목적이다. 우리의 삶의 사명은 공유되며 또한 구체적이다. 한 부분은 다른 크리스천들과 나누어야 하는 책임이고 다른 하나는 우리 자신에게 주어진 과제이다.

영어, 사명-mission은 라틴어, 보내다-sending에서 왔다. 그리스도인이 되는 것은 예수 그리스도를 대표해서 이 세상에 보내지는 것을 포함한다. 예수님은 "아버지께서 나를 보내신 것같이 나도 너희를 보내노라,"(요 20:21)고 하셨다. 예수님은 이 세상에서의 당신의 사명을 명확하게 이해하셨다. 아직 어린 열두 살 때 벌써 예수님은 "나는 아버지의 일을 한다," (눅 2:49, KJV)고 말씀하셨고 21년 후 십자가에 돌아가시면서 "다 이루었다"(요 19:30)라고 말씀하셨다. 예수님께서 이 세상에서 감당하셨던 사명은 이제 우리의 것이 되었다. 우리가 그리스도의 몸이기 때문이다. 그 사명은 무엇인가? 사람들에게 하나님을 알리는 것이다. 성경은 말한다. "그리스도는 우리를 그의 적에서 친구로 바꾸셨고 다른 사람들도 그의 친구가 되게 하는 사명을 우리에게 주셨다." (고후 5:18, TEV)

하나님께서는 우리를 사탄으로부터 구원해 당신과 화해하고 우리를 창조하신 다섯 가지 목적을 성취하기를 바라신다. 우리는 그 일을 설교사역에서 집중적으로 더욱 열정적으로 그리고 반복해서 감당해야 한다. 그 목적은 하나님을 사랑하고 하나님의 가족이 되며 하나님을 닮아가고 하나님의 섬기며 다른 사람들에게 하나님을 전하는 일이다.

*사명의 중요성

이 세상에서 우리가 하나님의 백성으로 사명을 완수하는 것은 하나님의 영광을 위해서 사는 본질적인 부분이다. 성경은 우리의 사명이 왜 중요한지 몇 가지 이유를 제시한다.

1) 우리의 사명은 이 세상에서 예수님의 사명을 계속 이어가는 것이다. 우리는 주님의 제자로서 예수님께서 명하신 것을 완수해야 한다. 주님께서는 우리를 부르시고 또 가라고 하셨다.

2) 우리의 사명은 위대한 특권이다. 비록 무거운 책임이지만 하

나님께 사용 받는 엄청난 영광이기도 하다. "모든 것이 하나님께로 났나니 저가 그리스도로 말미암아 우리를 자기와 화목하게 하시고 또 우리에게 화목하게 하는 직책을 주셨으니"(고후 5:18)

우리의 사명은 크게 두 가지 특권을 포함하고 있다. 하나님과 함께 일하는 것과 하나님을 대표하는 것이다.

3) 영원한 삶을 소유하는 방법을 이야기해 주는 것은 다른 사람을 위해 할 수 있는 가장 위대한 일이다. 만일 우리의 이웃이 불치병인 암이나 치매에 걸렸는데 우리가 그 치료법을 알고 있으면서도 말하지 않는다면 우리는 죄를 범하는 것이다. 우리는 이 세상에서 가장 좋은 소식을 알고 있고 이것을 모르는 사람에게 알려주는 것은 이 세상에서 우리의 이웃을 위해 할 수 있는 가장 선하고 아름답고 위대한 일이다.

4) 우리의 사명은 영원한 중요성이 있다.

우리가 설교자로서 복음을 전하는 것은 다른 사람들의 운명에 영원한 영향을 미칠 것이다. 그래서 이 사명은 그 어떤 직업, 성취 그리고 이 세상에서 이루게 될 어떤 목표보다 중요하다. 우리의 사명에 관한 결과는 영원히 남는다. 그러므로 다른 사람들이 하나님과 영원한 관계를 맺도록 도와주는 것보다 중요한 일은 없다. 이것이 사명을 우리 인생의 중요한 목적으로 삼는 이유이다.

5) 우리의 사명은 우리 자신의 삶에 의미를 부여한다.

윌리엄 제임스는 말한다. "우리의 삶을 가장 잘 사용하는 방법은 삶보다 오래 남을 수 있는 일에 우리 삶을 사용하는 것이다." 그리고 영원히 남는 것은 하나님 나라의 일 뿐이다. 그 밖의 모든 것은 사라지고 없어질 것이다. 그래서 우리는 설교를 통해 성도를 목적이 이끄는 삶을 살도록 이끌어야 한다. 예배, 교제, 영적인 성장, 사역, 그리고 이 세상에서의 사명에 헌신해야 한다. 그 헌신의 결과는 영원히 하늘의 별과 같이 빛날 것이다.

6) 역사의 종말에 대한 하나님의 시간표는 사명을 완수하는 것과 연결된다.

예수님의 재림과 세상의 종말에 관한 관심은 날로 높아지고 있다. 그것이 언제 일어날 것인가? 예수님은 말씀하셨다.

> "가라사대 때와 기한은 아버지께서 자기의 권한에 두셨으니, 너희의 알 바 아니요 오직 성령이 너희에게 임하시면 너희가 권능을 받고 예루살렘과 온 유다와 사마리아와 땅끝까지 이르러 내 증인이 되리라 하시니라"(행 1:7, 8)

제자들이 재림에 대해 알고자 할 때 예수님은 재빨리 화제를 전도로 돌리셨다. 예수님은 제자들이 이 땅에서의 사명에 집중하기를 원하셨다. 예수님은 "나의 재림에 대한 구체적인 사항들은 너희가 신경 쓸 것이 아니다. 너희가 관심을 두어야 하는 것은 내가 너희에게 준 사명이다. 그것에 집중하라고 강조하셨다.

사명을 감당하기 위해 대가를 치르는 일을 각오해야 한다. 우리가 세상을 향해 가졌던 목표를 버리고 우리를 향하신 하나님의 계획을 받아들여야 한다. 예수님처럼 "내 원대로 마옵시고 아버지의 원대로 되기를 원하나이다"(눅 22:42) 하고 말해야 한다. 꿈, 권리, 희망, 계획,

그리고 야망을 모두 주님께 양보해야 한다. 지금까지 함께 나눈 이 그리스도인의 목적에 대해 설교자는 절대 포기하거나 희미하게 말하지 말고 확실하고 분명하게 매 주일 강단에서 이 하나님의 목적을 선포함으로 성도들이 하나님의 목적에 이끌리는 하나님 나라의 백성들로 살아가도록 잘 인도하는 영적 아비요 어미의 책임을 신실하게 감당해야 한다.

지금까지 하나님의 관점으로 보는 그리스도인의 삶의 5대 목적에 대해 집중적으로 살펴보았다. 설교자는 이 5대 목적을 절대 잊지 말아야 한다. 이것은 성경 전체를 통해 하나님의 관점으로 정리한 목적이기 때문에 설교자가 하나님의 관점으로 설교할 때 항상이 부분을 강조해야 한다.

이제 좀 더 세부적인 부분을 살펴보자.

* 설교에서 목적과 목표의 개념 정리

인간이 하는 모든 의미 있는 일에는 반드시 목적과 목표가 있다. 공부, 운동, 일, 여행, 경제 활동, 직장생활 등. 마찬가지로 설교자의 설교 한 편 속에는 반드시 설교의 목적과 목표가 있어야 설교의 열매가 좋다. 그리고 이 목표는 세속적인 목적과 목표가 아니라 거룩한 목적과 목표가 되어야 한다. 더욱이 목회자 개인의 사사로운 목적과 목표가 아니라 하나님 나라의 목적과 목표다. 설교의 목적은 설교자가 어떤 목적의식을 가지고 설교를 구성하고 설교를 전하는 것이다. 설교자가 신학적, 목회적 차원에서 일정한 의도와 목적을 가지고 설교하는 것이다. 또한 설교를 구성하는 논리적 전개의 의도이고 목적이다.

설교는 설교자의 의도에 의해서 일정한 틀과 논리로 전개된다. 우리는 **지저스 프레임**에 따라 논리 프레임으로 논리를 전개한다. 설교 전에 설교자는 청중을 어떻게 교육할 것인가를 정하고 설교를 작성하고 설교한다. 이때 설교자는 반드시 성령의 조명을 받아야 한다. 이것이 설교의 목적이고 목표이다. 설교의 목적은 설교자를 위한 것이고 설교의 목표는 청중을 위한 것이다. 그러므로 설교의 목표는 설교의 목적을 이루기 위한 수단으로 설교의 목적에 종속된다.

*설교의 목적의식과 목표 의식의 중요성

설교자가 설교의 목적의식과 목표 의식으로 무장하면 설교가 급속하게 발전한다. 설교의 목적이 성령 충만한 설교자로 무장하게 만들고 사역에서 더욱 사명감을 느끼도록 만든다. 또 목적과 목표가 분명하기에 쓸모없이 방황하지 않고 직선으로 가기 때문에 설교 준비가 쉽고 빠르다. 설교자가 목적의식을 가지고 설교하기 때문에 자신감을 가지고 설교한다. 목표 의식이 확고하면 청중을 향해 확신하고 나간다. 그 결과 설교의 논리 에너지, 이해 에너지, 설득 에너지, 변화 에너지가 많이 나온다. 목표가 분명하면 설교에서 설교자가 다양한 방법들을 활용할 수 있다. 마음의 여유가 생기기 때문이다. 이런 경우 성령의 역사하심이 강하게 나타난다. 또 목표 의식을 분명히 할 때 청중을 원하는 방향으로 이끌어 갈 수가 있다. 그 결과 설교로 효율적인 목회를 할 수 있다.

우리는 프레임으로 설교를 구성하기 때문에 설교의 목적과 목표가 분명하면 설교 프레임 만들기가 쉬워진다. 프레임마다 목표가 분명하기 때문이다. 그래서 프레임의 특성을 살려서 설교를 이끌어 갈 수 있다. 또한 프레임마다 독특한 설교의 목표가 분명하므로 설교 원고를 암기하기가 수월해진다. 당연히 설교의 창의성이 좋아진다. 왜냐면 하나의 목적과 목표로 설교 프레임을 만들면 사고가 깊어지기 때문이다. 남들이 볼 수 없는 창의성은 설교 목표지향적 준비와 선포와 깊은 연관이 있다. 목표가 정확하면 설교가 진행 중에도 성령께서 깊이 강력하게 역사한다. 설교의 목적과 목표는 설교의 논리적 발전이 아주 빠르다. 목표 지향성이 강하기 때문에 논리의 구성이 탄탄해진다. 이런 설교는 청중이 듣기가 쉽고 이해가 빠르다. 이미지가 그려지고 하나님의 음성이 들리고 하나님이 보이기 때문이다. 그 결과 청중을 변화시키는 설교를 할 수 있다.

* 어떻게 설교의 목적과 목표를 정하고 설교할 것인가?

1) 하나님 중심

설교의 목적은 인간 중심이 아니고 하나님 중심이어야 한다. 하나님 중심은 하나님의 영광과 뜻을 드러내는 것이다. 성경 본문을 선택하고 그 본문에서 하나님의 목적이 무엇인지를 하나님의 관점으로 찾아내서 설교를 작성해야 한다. 설교는 인간의 이야기가 아니고 하나님의 이야기다. 그러므로 본문에 하나님의 속성이 분명히 청중에게 전달되어야 한다. 특히 하나님의 신성 즉 영원, 사랑, 선하심, 거룩, 전지전능 등 유일한 하나님을 설교의 핵심 목표로 삼아서 어떤 본문을 선택하더라도 이 부분이 강조되어야 한다. 무엇보다 하나님의 구원 사역과 하나님 나라 중심으로 설교의 목표를 정해야 한다. 그래서 설교 전체에서 하나님의 목적, 목표, 의도, 뜻, 이유가 명확하고 분명히 나타나야 한다.

2) 설교자 중심

설교자는 항상 건전하고 성경 신학적이고 구속 사적이고 하나님의 관점에 근거한 성경 관을 가지고 있어야 한다. 어느 설교 코칭기관에서는 초교파적으로 모이는 설교자들에게 천의 관점을 가지고 성경을 보고 자기 눈으로 보이는 대로 설교하라고 요구한다. 이것은 마치 하나님의 말씀인 성경을, 만화책을 보듯이 보아도 무방하다고 강조하는 것과 전혀 다를 바 없는 것이다. 설교자는 단순히 설교를 위해 설교하는 것이 아니다. 자기가 맡은 영혼이 있다. 그래서 목회자는 영적인 아비요 어미로서 건전한 목회 철학이 있어야 하고 성경에서 말하는 목회 방법이 있어야 한다. 설교의 목적과 목표는 여기에 초점이 맞추어져야 한다. 이를 위해 설교자는 내가 무엇 때문에 설교하는가에 대한 성경에서 말하는 답을 가지고 있어야 한다. 설교자가 도덕 선생이나 철학 교수 같은 마음으로 설교하는 것은 천하보다 귀한 한 영혼을 팔아먹는 장사꾼에 지나지 않는다. 그러므로 설교자는 자신이 섬기는 영혼들을 위한 장기적인 목회적 방향을 설정하고 매주 거기에 초점을 맞춘 설교의 목적과 목표를 정해야 한다.

3) 청중 중심

사람들은 누구나 하나의 세계관과 가치관으로 살아간다. 그렇다고 설교자가 청중에게 다양한 세계관과 다양한 가치관을 제공해서는 안 된다. 설교자가 상대하는 청중은 예수 그리스도의 복음을 통해 거듭나고 구원받아 하나님 나라의 백성이 된 사람들이다. 이들에게 필요한 것은 하나님 나라 세계관을 심어주고 가치관을 갖도록하는 것이다. 이렇게 청중을 하나님 나라의 백성과 청지기로 성장시키고 성숙시킬 목적과 목표를 가지고 설교의 목적과 목표를 정해야 한다. 이를 위해 청중을 어떤 신앙의 자세로 얼마만큼 변화시킬지에 대해 설교자는 계획이 있어야 한다. 청중이 장기간의 신앙생활 속에서 어떻게 점진적으로 얼마만큼 변화시킬지 미리 생각이 있어야 한다.

그래서 체계적인 목적과 목표를 가지고 설교해야 한다. 한국 교회가 사회에서 불교나 케토릭보다 신뢰성을 얻지 못하는 이유는 무엇인가? 그동안 우리 선배 설교자들이 하나님 나라를 목적으로 하지 않고 세상 나라를 목적으로 하고 세상의 가치관을 그대로 답습하는 설교를 분별력이 없는 청중에게 끊임없이 주입했기 때문이다. 만일 이런 설교의 목적과 목표가 우리 시대에도 계속해서 남발된다면 한국 개신교는 2, 30년 이내에 한국 사회에서 그 영향력을 찾기 어려울 것이다. 그러므로 우리는 몸부림을 치며 복음을 설교해야한다.

*설교의 목적과 목표를 만드는 방법

1) 설교의 본문을 리서치한 후 가장 먼저 설교의 목적과 목표를 정한다. 이것은 설교를 디자인할 때 가장 우선해야 한다. 설교의 목적과 목표가 정해지지 않은 상황에서는 설교 준비는 단 한 발짝도 앞으로 나갈 수 없다.

2) 설교 전에 설교자는 자신이 사역하는 교회의 목회적 목표 즉 설교자의 목적과 이 목적을 이루기 위한 수단으로 청중의 목표를 정해야 한다. 목회는 설교자가 하지만 대상은 오직 청중이다. 이 청중을 하나님 나라의 백성으로 성장시키고 성숙시키는 일을 위해 설교의 목적과 목표를 정해야 한다.

3) 설교 내용을 한 문장으로 요약할 수 있도록 설교의 목적 단어와 목표 단어를 설교자가 만들어야 한다. 그리고 설교의 목적 단어와 목표 단어를 합한 것이 핵심 메시지가 된다. 이것을 보통 원 포인트 설교라고 부른다.

4) 설교의 구성이 A, B, C, D 프레임으로 되어 있다. 이 4개의 메인 프레임 안에 13개의 서브 프레임이 있다. 10개의 논리 프레임으로 프레임 채우기 한다. 이때 설교에 사용되는 모든 에피소드는 설교의 목적과 목표에 맞춘다.

5) 설교의 목표를 정하는 것은 항상 설교의 목적을 정하는 것에 우선한다. 이때 설교의 목표는 설화체인 경우는 본문의 가주어, 인간 주인공에게서 나오고 강화체인 경우는 본문의 핵심 내용에서 나와야 한다. 그래야 그 설교 목표가 설교의 모든 내용을 만들고 또 논리를 대표하는 대표성을 확보할 수 있다.

6) 설화체의 경우 본문에 등장하는 등장인물이 설교의 목표로 재구성된다. 창 12:1~9에 보면 아브라함이 하나님의 부르심을 받고 본토 친척 아비 집을 떠나 하나님께서 지시하시는 땅으로 간다. 이 본문에서 설교 목표를 '말씀을 따라가다' 이렇게 잡는다면 이 본문에 등장하는 인물들이 모두 이 설교 목표 단어로 재구성되어야 한다. 그래야 설교가 기승전결, 즉 A, B, C, D로 전개가 된다.

7) 설교자가 설교하는 본문 전체를 설교 목표 단어로 재편집되도록 한다. 다시 말하면 창 12:1~9에서 '말씀을 따라가다'라는 설교 목표를 잡는다면 이 본문 전체가 '말씀을 따라가다'라는 설교 목표로 재편집이 되어 설교 목표 단어가 이 본문 전체를 새롭게 의미를 부여하도록 해야 한다.

* 설교의 목적 단어(Object Word)와 목표 단어(Target Word)

1) 설교 목적 단어와 목표 단어의 개념

①설교의 프레임은 다양하게 구성되어 있다. 이 다양하고 많은 프레임을 설교하고자 하는 하나의 목적이 되도록 통일시켜야 한다. 그렇게 해서 설교가 하나님의 통일성 속에 이끌어져야 한다. 이를 위해서 설교의 목적 단어와 목표 단어를 통해서 다양한 프레임을 하나로 통일하는 것이다.

②설교 전체를 통해서 말하고자 하는 가장 핵심 된 단어가 바로 설교 목적 단어와 설교 목표 단어이다. 설교자가 설교하는 목적이고 목표이다. 이 목적과 목표를 달성하기 위해 프레임에

따라 설교를 진행하는 것이다. 그러므로 설교 목적 단어와 설교 목표 단어가 강할수록 설교의 에너지가 강하다.

③설교의 목적 단어인 OW와 목표 단어인 TW는 청중에게 가장 강력하게 기억되어야 한다. 이를 위해 설교 한 편에서 설교의 목표 단어는 적어도 80번 이상 반복해서 강조되어야 한다. 그래서 설교가 끝난 뒤에도 오랫동안 청중은 설교의 목적 단어와 목표 단어에 심취되어야 한다.

④ 설교에서 설교의 목적 단어인 OW와 목표 단어인 TW가 있어야 설교의 에너지가 극대화된다. 일반 학문에서도 OW, TW는 상식적이다.

⑤ 예/ '독서는 도끼다.' '관계는 통화다.' '검진은 생명이다.' '안전은 관심이다.'

2) 설교 목적 단어와 목표 단어의 사용 방법

선정된 OW, TW는 설교 전체의 흐름과 일맥상통할 뿐만 아니라 설교의 내용을 강력하게 이끌어가는 역할을 하도록 설교자는 의도적으로 사용해야 한다.

①설교의 흐름은 반드시 목적 지향적으로 진행되어야 한다. 목적이 없는 목표는 아주 위험하다. 목적이 선명하고 성경적이고 진리가 뒷받침되어야 한다.

②TW는 강력하고 긍정적인 동사가 되어야 한다. 성경에서 주동사가 무엇인지를 찾는 것은 아주 중요하다. 그러나 보이는 단어보다는 보이지 않는 단어를 설교자가 관점으로 찾아야 한다.

이것이 설교자의 관점 수준이다. 이것이 될 때까지 설교자는 부단한 노력과 훈련이 필요하다. 물론 TW를 수식하는 STW는 형용사, 부사, 혹은 명사가 붙어 사용될 수 있다. 되도록 지저스 프레임에서는 인간의 헌신적 단어들을 사용해서 OW, TW를 만든다.

③설교의 목적 단어인 OW는 목표 단어인 TW보다 의미가 큰 단어로 정한다.

예/ 믿음, 사랑, 소망, 감사, 하나님 나라, 전도, 행복 등.

에필로그 (Epilogue)

얼마 되지 않는 나의 인생을 뒤돌아보면 사랑이신 하나님 아버지의 손길이 닿지 않은 곳이 없을 정도로 하나님의 사랑을 많이 받았다. 어릴 적 서당에서 천자문을 외우고 교회학교에서, 많은 성경을 암송하고 신학교에 입학하고 목사가 된 모든 여정이 내 뜻과 내 계획대로 이루어진 것이 아니라 모두 하나님의 계획과 섭리 속에 진행되었다. 그래서 나는 하나님의 사람으로 복음을 설교하는 설교자가 되었다. 그런데 막상 목사가 되고 보니 설교는 쉽지 않았다. 그러면서 또 설교는 잘한다는 소리를 듣고 싶었다. 이제 돌아보면 내가 설교를 잘한다는 소리를 듣는 것이 문제가 아니다. 하나님께서 기뻐하시는 복음을 설교하느냐 못하느냐가 설교자의 지상 과제임을 뒤늦게 깨닫게 되었다.

수년 전 용인으로 이사를 한 어느 날 주님께서 갑자기 나에게 찾아오셨다. 그리고 물으셨다. "이 목사야, 네가 죽어서 내 앞에 설 때 너는 나에게 무슨 말을 할 수 있겠느냐?" 이것이 주님께서 내게 묻는 유일한 질문이었다. 그날 이후 주님께서는 오른쪽으로 가면 오른쪽을 막고 물으시고 왼쪽으로 가면 왼쪽을 막고 물으시기를 하루에도 어느 때는 수십 번을 반복해서 물으셨다. 그때는 귀찮기만 했지만 지금 깨닫는 것은 내가 얼마나 완악하고 강퍅하면 그렇게 다루셨을까? 또 하나는 나 같은 죄인 중의 괴수를 포기하지 않으시고 사람 만드시려는 하나님의 열심이 깨달아졌다. 그날 이후로 나는 내 생을 마치고 주님 앞에 가서 주님을 얼굴과 얼굴을 대하여 보면서 최선을 다해 복음을 설교하다 왔노라고 눈물을 흘리며 말씀드리겠노라고 다짐하고 또 다짐했다.

그리고 하나님께서 나에게 주신 **하나님의 관점과 지저스 프레임**을 내가 아직 건강이 있을 때 최선을 다해 전하는 것이 작은 힘이나마 하나님 나라를 위해 보탬이 되리라는 생각으로 이 책을 쓰게 되었다. 나는 설교로 학위를 받은 신학자는 아니다. 그러나 정말 미치도록 설교를 연구했다. 특히 프레임 설교 기법을 접하고 하나님께서 내게 주신 은혜를 어떻게 하면 많은 설교자와 나눌까를 고민했다. 어느 때는 두 명의 설교자가 기다리는 남쪽 지방까지 마다하지 않고 수개월 동안 수백 Km를 운전하며 달려가서 아침 9시부터 저녁 6시까지 강의하기도 했다. 이렇게 해서 깨달은 은혜를 나누기를 원하며 이 책을 썼다.

나는 지금까지 오픈 세미나를 통해 수천 명의 설교자를 상대했다. 또 아카데미를 통해 수백 명을 훈련했다. 그런데 많은 설교자를 접하면서 알게 된 것은 목사들이 설교를 너무 가볍게 생각하고 사역한다는 것이다. **캠벨 몰간**은 "사역자의 최상 임무는 설교다. 우리가 범할 수 있는 큰 위험 중 하나는 수천 가지의 작은 일에 집중하다가 한 가지 일, 곧 설교하는 일을 게을리하는 것"이라고 경고했다. 설교는 복음을 가지고 잃어버린 영혼을 주께로 인도해서 '새로운 삶'을 살게 하고 '풍성한 삶'을 경험하게 하는 은혜의 통로다. 이 일은 누가 해야 하는가? 설교자인 여러분과 내가 죽을 때까지 포기하지 않고 숟가락을 들어 올릴 힘이 있을 때까지 복음을 전해야 한다. 이 일을 위해 우리는 부름을 받았다. 이 사명에 목숨을 바치는 것은 행복한 일이고 성공하는 인생이다.

마지막으로 감히 겸손히 이야기하고 싶은 것은 나에게 하나님께서 주신 하나님의 관점과 지저스 프레임은 현대 신학자들이 만든 어떤 프레임보다 탁월하게 복음을 설교하고 또 모든 성경의 다양한 장르를 이 하나의 지저스 프레임으로 얼마든지 설교할 수 있다는 탁월함이 있다. 여러분이 이 책이 안내하는 대로 하나님의 관점을 붙잡고 지저스 프레임으로 설교하는 일을 넉넉히 **6개월**만 훈련하기를 바란다. 그러면 그다음부터는 평생을 설교가 발전하는 가운데 표절 설교가 아닌 나의 설교를 당당히 외칠 수 있는 행복을 누릴 것이다.

그래서 감히 우리 아카데미의 명칭을 '**행복한 설교 아카데미**'라고 했다. 설교자는 하나님의 말씀을 맡은 하나님 나라의 청지기다. 청지기에게 구할 것은 충성이다. 설교는 영혼을 향한 영적인 사역이다. 그러므로 무엇보다 설교자는 기도하는 일과 말씀대로 순종하는 삶을 힘써야 한다. 복음은 죽은 영혼을 살리는 능력이다. 어떤 시스템이나 프로그램이나 돈이 아닌 복음의 능력을 믿자!

필립스 브룩스(Phillips Brooks)의 효과적인 기도를 마지막으로 함께 드리자

"오, 편안한 삶을 위해 기도하지 마십시오. 더욱 강한 사람이 되

기 위해 기도하십시오. 당신의 능력에 맞는 임무만 구하지 마십시
오. 당신에게 주어진 임무를 감당할 능력을 구하십시오. 그러면 당
신의 일이 기적이 되는 것이 아니라 당신 자신이 기적이 될 것입니
다. 날마다 당신은 자신을 보고 깜짝 놀랄 것이며 하나님의 은혜로
말미암아 당신에게 다가온 삶의 풍요로 인해 깜짝 놀라게 될 것입
니다."

"살리는 것은 영이니 육은 무익하니라 내가 너희에게 이른 말이 영이요 생명이
라"(요 6:63)

"내가 복음을 부끄러워하지 아니하노니 이 복음은 모든 믿는 자에게 구원을 주
시는 하나님의 능력이 됨이라 먼저는 유대인에게요 그리고 헬라인에게로다"(롬
1:16)